COURS

DE GÉOMÉTRIE

THÉORIQUE ET PRATIQUE

A LA MÊME LIBRAIRIE

ENSEIGNEMENT PRIMAIRE SUPÉRIEUR

Cours normal de géographie, par M. MARCEL DUBOIS.
1re ANNÉE. — *Notions générales de géographie physique.* — L'Océanie, l'Afrique, l'Amérique, avec la collaboration de A. BERNARD et A. PARMENTIER. Nouvelle édition. 1 volume............ 2 fr. »
2e ANNÉE. — Europe, Asie, avec la collaboration de P. DURANDIN et de A. PARMENTIER. Nouvelle édition..................... 2 fr. »
3e ANNÉE. — France et Colonies. Nouvelle édition............ 2 fr. »
Cartes d'étude pour servir à l'enseignement de la géographie, par MM. MARCEL DUBOIS et E. SIEURIN.
1re ANNÉE. — Océanie, Afrique, Amérique, précédées de 13 cartes de Géographie générale. Nouvelle édition................ 2 fr. 25
2e ANNÉE. — Europe, Asie. Nouvelle édition................. 2 fr. 25
3e ANNÉE. — France et colonies. Nouvelle édition............ 1 fr. 80
Cartes d'étude pour servir à l'enseignement de l'histoire, par MM. F. CORRÉARD et SIEURIN, 3e édition. Un atlas in-4°.... 2 fr. 50
Cours d'histoire, par E. SIEURIN et C. CHABERT.
1re ANNÉE. — La France de 1453 à 1789. Nouvelle édition... 1 fr. 75
2e ANNÉE. — La France de 1789 à nos jours. Nouvelle édit. 2 fr. »
3e ANNÉE. — Le Monde contemporain. Nouvelle édition.. 1 fr. 75
Cours de physique et de chimie, par P. MÉTRAL.
1re ANNÉE. — Physique et Chimie. Nouvelle édition...... 2 fr. 50
2e ANNÉE. — Physique et Chimie. Nouvelle édition...... 3 fr. 50
3e ANNÉE. — Physique et Chimie. Nouvelle édition...... 2 fr. 50
Ce cours se vend également ainsi divisé :
Cours de physique (1re, 2e et 3e années)................ 4 fr. »
Cours de chimie (1re, 2e et 3e années).................. 3 fr. 50
Cours d'arithmétique théorique et pratique, par M. H. NEVEU. Nouv. éd.. 3 fr. »
Cours d'algèbre théorique et pratique, par M. H. NEVEU. Nouv. édit.. 3 fr. »
Cours de géométrie théorique et pratique, par MM. H. NEVEU et BELLENGER.
1re ET 2e ANNÉES. — Géométrie plane................... 3 fr. 50
3e ANNÉE. — Géométrie dans l'espace.
Cours de comptabilité, par M. GABRIEL FAURE............ 3 fr. »
Cours d'histoire naturelle, par MM. M. BOULE, CH. GRAVIER et H. LECOMTE, 3 volumes.
1re ANNÉE. — Avec 398 figures........................ 2 fr. 50
2e ANNÉE. — Avec figures.
3e ANNÉE. — Avec figures.
Cours d'instruction civique, par ALBERT MÉTIN. 1 volume. 1 fr. 50
Cours d'économie politique et de droit usuel, par ALBERT MÉTIN, 1 volume.. 2 fr. »
Lectures méthodiques allemandes (1re et 2e années), par E. CLARAC et E. WINTZWEILLER.................................... 3 fr. »

COURS
DE GÉOMÉTRIE

THÉORIQUE ET PRATIQUE

À L'USAGE

DES ÉLÈVES DES ÉCOLES PRIMAIRES SUPÉRIEURES
ET DES CANDIDATS AUX ÉCOLES NATIONALES D'ARTS ET MÉTIERS

PAR

Henri NEVEU	Henri BELLENGER
Professeur de Mathématiques à l'École Lavoisier. Agrégé de l'Université.	Professeur de Mathématiques à l'École Lavoisier et au collège Sainte-Barbe.

DEUXIÈME PARTIE

GÉOMÉTRIE DANS L'ESPACE

PARIS

MASSON ET Cie, ÉDITEURS

120, BOULEVARD SAINT-GERMAIN

1908

Tous droits de traduction et de reproduction réservés pour tous pays.

GÉOMÉTRIE

LIVRE V
DU PLAN

CHAPITRE PREMIER
DROITES ET PLANS.

417. — *Définitions*. — On a vu (14) que le plan est une surface telle qu'une droite joignant deux points *quelconques* de cette surface y est contenue tout entière.

La surface d'une glace, d'une table de marbre, d'un tableau noir, en donne l'image.

En regardant la surface d'une table, on l'aperçoit *sensiblement* sous la forme d'un parallélogramme. (¹). Ceci conduit naturellement à l'idée de représenter un plan par un parallélogramme. On le désigne par une seule lettre ; ainsi, on énonce : *le plan* P (*fig.* 437).

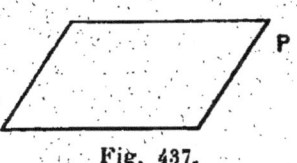

Fig. 437.

Mais ce n'est là qu'une représentation. Un plan étant

(¹) La théorie de la perspective apprend qu'en réalité les perspectives de deux droites parallèles sont des droites concourantes; de sorte que la figure perspective d'un rectangle n'est pas un parallélogramme exactement.

une surface *illimitée*, ne doit pas être considéré comme limité au contour du parallélogramme qui le représente.

Un plan partage donc l'espace en deux régions situées de chaque côté du plan ; de sorte que si l'on joint par une droite deux points A et B situés de part et d'autre du plan (*fig.* 438), la droite AB perce le plan en un point C : ce point est le *pied* ou *trace* de la droite AB sur le plan P.

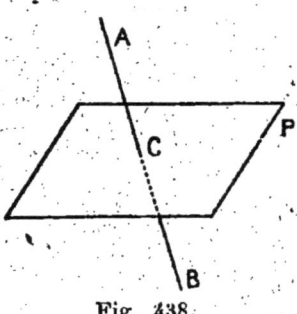

Fig. 438.

Il résulte de la définition du plan qu'une droite qui coupe un plan n'a qu'un seul point commun avec lui, car, si elle avait deux points communs avec lui, elle y serait contenue tout entière.

— Etant donné un plan P, une droite indéfinie AB tracée dans ce plan le partage en deux parties situées de part et d'autre de la droite AB. Chaque partie du plan limitée à la droite AB s'appelle un *demi-plan*.

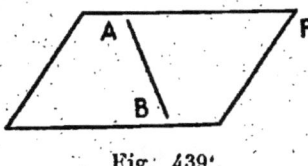

Fig. 439.

418. — *Par une droite AB, on peut faire passer une infinité de plans.*

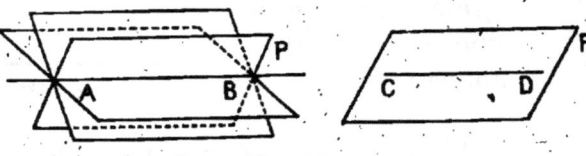

Fig. 440.

En effet, dans un plan P quelconque je mène une droite CD et je déplace ce plan de manière à ce que la droite CD vienne coïncider avec la droite AB. A ce moment, on aura un plan P passant par la droite AB.

Si l'on imagine maintenant que l'on fasse tourner ce plan autour de AB comme charnière, on aura une infinité de plans passant par la droite AB.

§ I. — De la détermination du plan. — Intersection de deux plans. — Angle de deux demi-droites.

Théorème.

419. — *Par trois points non en ligne droite, on peut toujours faire passer un plan et on n'en peut faire passer qu'un seul.*

Soient les trois points A, B, C, non en ligne droite.

Par les deux points A et B passe une droite et une seule, et, par cette droite, on peut toujours faire passer un plan (118). Si l'on fait tourner ce plan autour de AB comme charnière, il passe

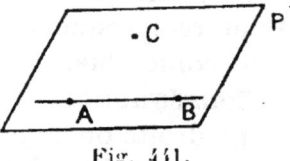

Fig. 441.

successivement par tous les points de l'espace ; donc il arrivera forcément un moment où il passera par le point C. A ce moment, on aura un plan P passant par les trois points A, B, C.

Je dis maintenant qu'on n'en peut faire passer qu'un seul.

En effet, je suppose un deuxième plan P' passant par les trois points A, B, C ; je vais démontrer que ce plan se confond avec le plan

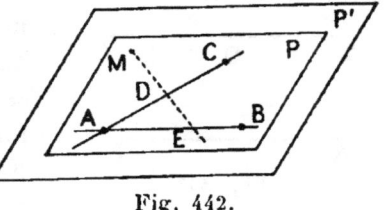

Fig. 442.

P. Il suffit, pour cela, de démontrer que tout point du plan P appartient au plan P', et réciproquement.

Soit donc M un point quelconque du plan P. Je mène les droites AB et AC; ces droites ayant chacune deux points dans les plans P et P' appartiennent à ces deux plans.

Dans le plan P, je mène une droite MDE qui rencontre la droite AC au point D et la droite AB au point E. Ces deux points D et E situés sur deux droites AC et AB du plan P' appartiennent à ce plan. Par suite, la droite MDE ayant deux points dans le plan P' y est contenue tout entière, et le point M de cette droite appartient au plan P'.

Le même raisonnement montre que réciproquement tout point du plan P' appartient au plan P.

Un point *quelconque* du plan P appartenant au plan P' et réciproquement, il en résulte que les deux plans sont confondus.

Conséquence. — Comme par trois points non en ligne droite on ne peut faire passer qu'un seul plan, on dit que : *trois points non en ligne droite déterminent un plan.*

— On démontrerait de la même manière que :

Par une droite et un point non situé sur cette droite on peut faire passer un plan et un seul.

Par deux droites concourantes on peut faire passer un plan et un seul. C'est le plan passant par l'une des droites et un point de l'autre.

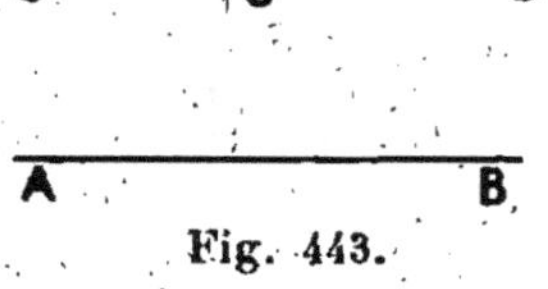

Enfin, *par deux droites parallèles on peut faire passer un plan et un seul.*

Fig. 443.

En effet, soient les deux droites parallèles AB et CD (*fig.* 443). Par la droite AB et un point O de CD on peut faire passer un plan et un seul; or, les deux droites parallèles AB et CD sont dans un même plan, donc ce plan contenant AB et O se confond avec le plan unique passant par la droite AB et le point O.

420. — Ainsi, en résumé, on dira :
Un plan est déterminé soit :
1° *Par trois points non en ligne droite;*
2° *Par une droite et un point non situé sur la droite;*
3° *Par deux droites concourantes;*
4° *Par deux droites parallèles.*

GÉNÉRATION D'UN PLAN.

421. — Un plan peut être engendré de plusieurs manières par une droite qui se déplace.

1° Soit une droite fixe indéfinie XY et un point O en dehors de cette droite (*fig.* 444). Par le point O, je mène une droite indéfinie OA qui rencontre XY en M.

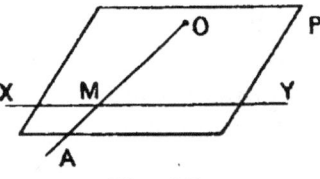

Fig. 444.

Si l'on imagine que la droite OA tourne autour du point O en s'appuyant constamment sur XY, elle sera toujours contenue dans le plan P déterminé par la droite XY et le point O, puisque cette droite OA aura toujours deux points dans ce plan, savoir : le point O et le point où elle rencontre XY. Donc la droite OA tournant autour du point O, en s'appuyant sur XY, passera successivement par tous les points du plan P, et, réciproquement, on pourra toujours, par un point quelconque du plan, faire passer la droite OA.

On peut donc dire que la droite mobile OA engendre le plan P.

2° Soit une droite mobile AB qui se déplace parallèlement à elle-même en s'appuyant constamment sur une droite fixe indéfinie XY (*fig.* 445). Je dis qu'elle engendre un plan.

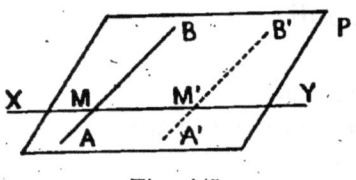

Fig. 445.

En effet, si l'on considère deux positions AB et A'B' de la droite mobile, les deux droites parallèles AB et A'B' sont dans un même plan P, et ce plan contient la droite XY puisqu'il contient les deux points M et M' de cette droite ; de sorte que le plan P déterminé par les deux parallèles AB et A'B' n'est autre que le plan déterminé par les deux droites concourantes AB et XY. Il résulte de là que la droite mobile AB sera toujours contenue dans ce plan, et elle passera successivement par tous les points du plan P.

Réciproquement, par un point quelconque du plan P on pourra toujours faire passer une parallèle à la droite AB. On peut donc dire que la droite AB, en se déplaçant parallèlement à elle-même de manière à ce qu'elle s'appuie constamment sur la droite indéfinie XY, engendre un plan.

— On voit de même qu'une droite AB qui se déplace en s'appuyant constamment sur deux parallèles XY et X'Y' engendre le plan déterminé par ces deux parallèles.

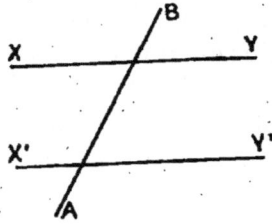

Fig. 446.

Il en serait de même d'ailleurs si les droites XY et X'Y' étaient concourantes.

EXEMPLE. — Un maçon qui veut dresser une partie plane avec du plâtre, place deux règles ou *guides* parallèles ; puis il enduit de plâtre la partie du mur comprise entre les deux règles. Avec une troisième règle qu'il fait glisser régulièrement sur les deux autres, il détache ou comprime tout le plâtre saillant au-dessus du *plan* déterminé par les deux guides.

INTERSECTION DE DEUX PLANS.

422. — **Théorème**. — *Deux plans distincts qui ont un point commun se coupent suivant une droite.*

Soient les deux plans distincts P et Q qui ont le point O commun.

Dans le plan P, par le point O, je mène deux droites quelconques XX' et YY'. On peut toujours supposer que ni l'une ni l'autre de ces droites n'appartient au plan Q; sans quoi le théorème serait démontré. Alors les droites XX' et YY' traversent le plan Q.

Sur l'une de ces droites, je prends un point A et sur

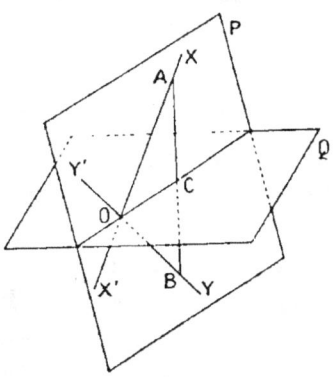

Fig. 447.

l'autre un point B, de telle manière que ces points soient placés de part et d'autre du plan Q, puis je mène la droite AB. Cette droite joignant deux points situés de part et d'autre du plan Q le traverse forcément en un point C : je dis que la droite OC appartient aux deux plans.

En effet, tout d'abord elle appartient au plan Q puisqu'elle a deux points O et C dans ce plan. Ensuite, la droite AB ayant deux points A et B dans le plan P est contenue tout entière dans ce plan ; donc le point C situé sur cette droite appartient aussi au plan P. La droite OC ayant deux points dans le plan P est donc contenue tout entière dans ce plan.

Ce qui démontre que les deux plans P et Q ont la droite commune OC.

D'autre part, les deux plans n'ont certainement pas de point commun en dehors de OC, sans quoi, ils seraient confondus ; ce qui est contraire à l'hypothèse, puisqu'on les suppose distincts.

Il résulte de là que la droite OC contient tous les points communs aux deux plans P et Q, donc l'intersection des deux plans est la droite OC.

— Dans le but de généraliser la notion d'angle, nous démontrerons les théorèmes suivants relatifs aux droites parallèles.

Théorème.

423. — *Par un point quelconque de l'espace, on peut toujours mener une parallèle à une droite, et on n'en peut mener qu'une seule.*

En effet, soit la droite AB et le point O quelconque dans l'espace. Par cette droite et le point O on peut toujours faire passer un plan P et un seul ; et, dans ce plan, on peut toujours par le point O, mener une parallèle à la droite AB.

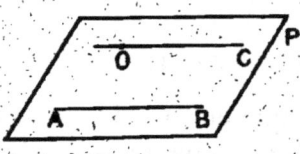

Fig. 448.

Je dis maintenant que cette parallèle OC est la seule. En effet, on sait que deux droites parallèles doivent être dans un même plan ; or, par la droite AB et le point O on ne peut faire passer qu'un seul plan P, donc toute parallèle à la droite AB menée par le point O sera dans le plan P. Or, dans le plan P on ne peut mener, par le point O, qu'une seule parallèle à AB *(postulatum d'Euclide)*, donc la parallèle OC est unique.

Théorème.

42 — *Si deux droites sont parallèles, tout plan qui coupe l'une coupe l'autre.*

Soient les deux droites parallèles AB et CD et le plan P qui coupe la droite AB au point A. Je dis qu'il coupe aussi la droite CD.

En effet, les deux droites AB et CD étant parallèles déterminent un plan ; ce plan ayant le point A commun avec le plan P a une droite commune EA avec lui (422).

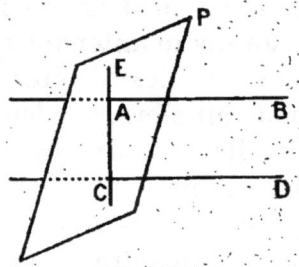

Fig. 449.

Or, on a démontré en géométrie plane (96) que si deux droites sont parallèles, toute droite de leur plan qui coupe l'une coupe l'autre ; donc la droite EA rencontrant la droite AB et étant dans le plan des deux parallèles, rencontre aussi la droite CD en un point C. Ce point C appartenant à la droite EA du plan P appartient aussi à ce plan. Ceci montre que le plan P coupe la droite CD au point C.

Théorème.

425. — *Deux droites parallèles à une troisième droite sont parallèles entre elles.*

Soient les deux droites AB et CD qui sont parallèles à la même droite EF. Je dis que AB et CD sont parallèles entre elles.

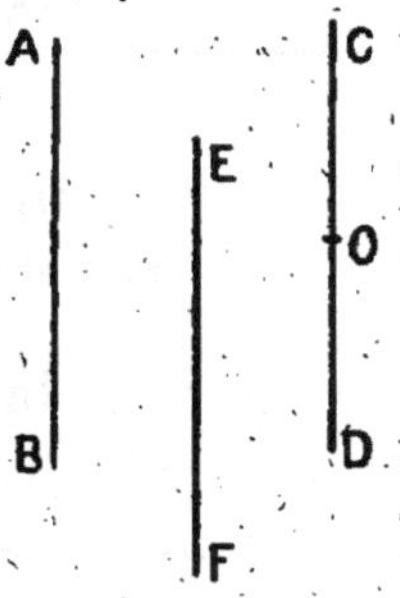

Tout d'abord, je vais démontrer que AB et CD sont dans un même plan. En effet, je suppose que AB et CD ne soient pas dans un même plan ; alors, par la droite AB et un point O de CD on peut faire passer un plan P qui, coupant CD au point O, coupe aussi sa parallèle EF (*th. précédent*). Le plan P coupant la droite EF devrait aussi couper sa parallèle

Fig. 450.

AB, ce qui est impossible, puisque la droite AB est contenue tout entière dans ce plan. Donc les droites AB et CD sont dans un même plan.

Je dis maintenant qu'elles ne se rencontrent pas. En effet, si les droites AB et CD se rencontraient, on pourrait alors, par leur point de rencontre, mener deux parallèles distinctes à une même droite EF, ce qui est impossible.

Les droites AB et CD étant dans un même plan, et ne se rencontrant pas, sont parallèles.

REMARQUE. — On observera que pour démontrer le parallélisme de deux droites *dans l'espace*, on ne s'est pas borné à démontrer, comme dans la géométrie plane, que ces droites ne se rencontrent pas. On a démontré d'abord *qu'elles sont dans un même plan* et ensuite *qu'elles ne se rencontrent pas*.

On peut concevoir en effet que deux droites ne se rencontrent pas, sans être pour cela parallèles.

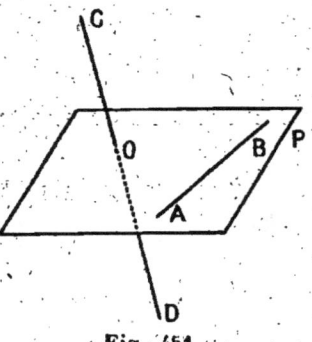

Fig. 451.

Considérons, par exemple, un plan P, une droite AB dans ce plan et une droite CD qui *traverse* le plan en un point O non situé sur AB. Il est évident que la droite CD ne rencontre pas la droite AB. En effet, si elle rencontrait AB, la droite CD aurait alors deux points dans le plan P; donc elle y serait contenue tout entière et, par suite, elle ne pourrait pas traverser le plan. Donc les deux droites AB et CD ne se coupent pas.

On peut alors remarquer que les droites AB et CD ne sont pas dans un même plan.

DROITES ET PLANS. 15

426. — Définition. — *Angle de deux demi-droites*.
— Étant données deux demi-droites OX et O'X' *non situées dans un même plan*, on appelle angle de ces deux demi-droites l'angle formé en menant, par un point A quelconque de l'espace, des demi-droites AB et AC respectivement parallèles aux demi-droites OX et O'X'.

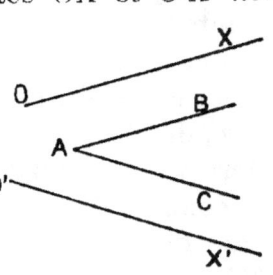

Fig. 452.

Pour justifier cette définition, on établit que l'angle obtenu est indépendant de la position du point choisi A dans l'espace. C'est ce que démontre le théorème suivant :

Théorème.

427. — *Deux angles non situés dans un même plan et qui ont leurs côtés respectivement parallèles et de même sens sont égaux.*

Soient les deux angles $\widehat{XOY}$ et $\widehat{X'O'Y'}$ tels que les côtés OX et O'X' soient parallèles et de même sens, ainsi que les côtés OY et O'Y' : je dis qu'ils sont égaux.

En effet, sur les côtés de ces angles, je prends les longueurs OA = O'A' et OB = O'B',

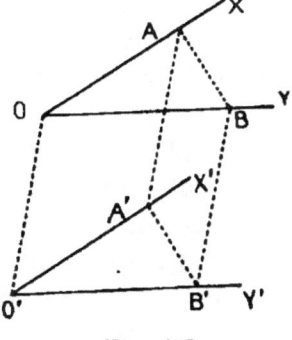

Fig. 453.

puis je mène les droites OO', AA', BB', AB et A'B'. Les deux droites OA et O'A' étant égales, parallèles et de même sens, il en résulte que le quadrilatère convexe OAA'O' est un parallélogramme; donc les droites AA' et OO' sont égales, parallèles et de même sens. De même, les droites OB et O'B' étant égales, parallèles et de même sens, le quadrilatère convexe OBB'O' est un parallélogramme ; donc les droites BB' et OO' sont égales, parallèles et de même sens. Les deux droites AA' et BB' étant égales et parallèles à OO' sont égales et parallèles entre elles ; de plus, elles sont de même sens, donc le quadrilatère convexe ABB'A' est un parallélogramme, et l'on en conclut l'égalité des droites AB et A'B'.

Les deux triangles OAB et O'A'B' ont alors les trois côtés égaux chacun à chacun, il en résulte l'égalité des angles, et l'on a bien :

$$\widehat{AOB} = \widehat{A'O'B'}.$$

REMARQUE. — On remarquera que si les angles avaient leurs côtés respectivement parallèles dirigés en sens contraire, ils seraient encore égaux.

De même, si deux côtés tels que OX et O'X' étaient de même sens et les deux autres de sens contraires, les angles seraient supplémentaires.

428. — **Conséquence.** — Le théorème précédent montre bien que, lorsqu'on cherche l'angle de deux demi-droites, on obtient toujours le même angle quelle que soit la position du point de l'espace par lequel on mène les parallèles aux deux demi-droites. En effet, les angles obtenus en faisant varier la position du point ont leurs côtés respectivement parallèles et de même sens ; donc ils sont égaux.

Si l'angle obtenu est *droit*, on dit que les deux demi-droites sont *perpendiculaires*, ou encore *orthogonales*.

On remarquera, en outre, que deux droites parallèles font le même angle avec une troisième droite. Ainsi, si une droite AB fait un angle droit avec une droite CD, la droite AB fait un angle droit avec toutes les parallèles à CD.

§ II. — Droites et plans perpendiculaires.

429. — Définition. — Une droite est dite *perpendiculaire* à un plan lorsqu'elle est perpendiculaire à toutes les droites du plan.

On dit inversement que le plan est perpendiculaire à la droite.

On peut concevoir qu'une droite AB soit perpendiculaire à deux droites d'un plan. En effet, en un point O de la droite AB, dans deux plans quelconques passant par AB, menons deux perpendiculaires OC et OD à la droite AB. Les deux droites concourantes OC et OD déterminent un plan P, et l'on peut dire que la droite AB, qui est perpendiculaire aux deux droites OC et OD passant par son pied dans le plan P, est aussi perpendiculaire aux deux droites C' et D' du plan P respectivement parallèles aux deux droites OC et OD. Mais il n'est pas évident que la droite AB est perpendiculaire à *toutes* les autres droites du plan.

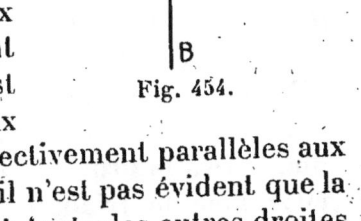

Fig. 454.

Le théorème suivant démontre l'existence de la perpendiculaire au plan.

Théorème.

430. — *Toute droite perpendiculaire à deux droites non parallèles d'un plan est perpendiculaire à toutes les autres droites du plan ; autrement dit, elle est perpendiculaire au plan.*

Soit la droite AA' qui, par hypothèse, est perpendiculaire aux deux droites B' et C' contenues dans le plan

P et *non parallèles* entre elles. Pour établir que cette

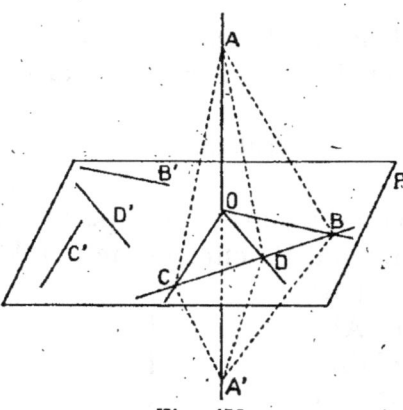

Fig. 455.

droite est perpendiculaire à toutes les autres droites du plan, il suffit de démontrer qu'elle est perpendiculaire à une droite *quelconque* D' du plan P.

En effet, par le pied O de la droite AA', je mène les parallèles OB, OC et OD aux droites B', C' et D'; ces droites sont dans le plan P.

Dans ce plan, je mène une droite CB qui coupe les trois demi-droites OC, OD et OB; puis, sur la droite AA', et de part et d'autre du plan, je prends deux longueurs égales OA = OA', et je joins les points A et A' aux points B, D, C.

Dans le triangle CAA', la médiane CO est en même temps hauteur, puisque, par hypothèse, AA' est perpendiculaire à la droite C' et, par cela même, à sa parallèle OC; donc le triangle CAA' est isocèle. Il en est de même du triangle BAA', et l'on a :

$$CA = CA' \quad \text{et} \quad BA = BA'.$$

Il résulte de là que les deux triangles ACB et A'CB sont égaux comme ayant les trois côtés égaux chacun à chacun, savoir :

$$CA = CA', \quad BA = BA' \quad \text{et} \quad CB \text{ commun};$$

donc les angles $\widehat{ACD}$ et $\widehat{A'CD}$ sont égaux.

Si l'on considère alors les deux triangles ACD et A'CD, ils ont un angle égal compris entre deux côtés égaux chacun à chacun,

$$\widehat{ACD} = \widehat{A'CD}, \quad CA = CA' \quad \text{et} \quad CD \text{ commun};$$

ces triangles sont donc égaux, et, par suite, on a :

$$DA = DA'.$$

Ceci démontre que le triangle DAA' est isocèle, et la droite DO qui est médiane est en même temps hauteur.

Donc AA' est perpendiculaire à OD, c'est-à-dire à sa parallèle D'.

Comme la droite D' est une droite *quelconque* du plan P, on en conclut que la droite AA' est perpendiculaire à toutes les droites du plan ; autrement dit, la droite AA' est perpendiculaire au plan P.

Remarque. — Le théorème précédent donne la condition suffisante pour qu'une droite soit perpendiculaire à un plan.

Pour démontrer qu'une droite est perpendiculaire à un plan, il *suffira* de démontrer qu'elle est perpendiculaire à deux droites du plan passant ou non par son pied, ces deux droites étant choisies comme on veut, pourvu qu'elles ne soient pas parallèles entre elles.

Il est évident que si l'on peut démontrer que la droite donnée est perpendiculaire à une droite *quelconque* du plan, elle sera, par cela même, perpendiculaire à *toutes* les droites du plan et, par suite, au plan.

Théorème.

431. — *Par un point O, on peut toujours mener un plan perpendiculaire à une droite AB, et on n'en peut mener qu'un seul.*

Premier cas. — Le point O est sur la droite AB.

Par la droite AB je fais passer deux plans quelconques P et Q, et dans chacun de ces plans, au point O, j'élève une perpendiculaire à la droite AB, soient OC et OD.

Les deux droites concourantes OC et OD déterminent un plan M qui est perpendiculaire à la droite AB.

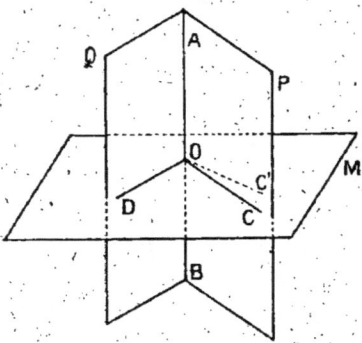

Fig. 456.

En effet, la droite AB étant perpendiculaire aux droites OC et OD du plan M est perpendiculaire à ce plan, et, inversement, le plan M est perpendiculaire à la droite AB.

Je dis maintenant qu'on n'en peut mener qu'un seul.

En effet, je suppose qu'au point O on puisse mener un deuxième plan M' perpendiculaire à la droite AB. Alors le plan P couperait le plan M' suivant une droite OC' perpendiculaire à AB ; mais, dans le plan P, au point O, on ne peut élever qu'une seule perpendiculaire à la droite AB, donc les droites OC' et OC sont confondues, et, par suite, la droite OC appartient au plan M'. On démontrerait de même que la droite OD appartient aussi au plan M'.

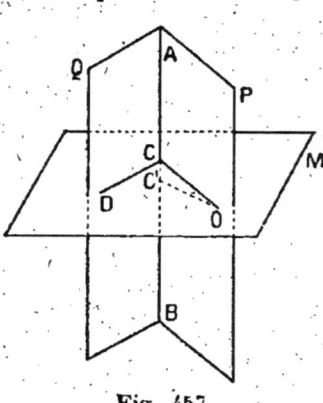

Fig. 457.

Les plans M et M' ayant deux droites communes sont confondus.

Deuxième cas. — Le point O est en dehors de la droite AB.

La droite AB et le point O déterminent un plan P dans lequel, du point O, j'abaisse OC perpendiculaire à AB ; puis, dans un autre plan Q quelconque passant par AB, j'élève CD perpendiculaire à AB. Les deux droites concourantes CO et CD déterminent un plan M perpendiculaire à AB, puisque la droite AB est perpendiculaire à deux droites CO et CD du plan M.

Je dis maintenant qu'on n'en peut mener qu'un seul. En effet, je suppose que, par le point O, on puisse mener un deuxième plan M' perpendiculaire à la droite AB. Alors le plan P couperait le plan M' suivant une droite OC' perpendiculaire à AB. Or, du point O, dans le plan P, on ne peut mener qu'une seule perpendiculaire à AB, donc les droites OC' et OC sont confondues. Les deux plans M et M' étant alors perpendiculaires à la droite AB au même point C (*premier cas*) sont eux-mêmes confondus.

432. — **Définition**. — On appelle *lieu géométrique de droites* un ensemble de droites qui possèdent toutes une même propriété à l'exclusion de toutes les autres droites de l'espace.

Application. — *Le lieu des perpendiculaires à une même droite* AB, *en un point* O *de cette droite, est le plan perpendiculaire à la droite* AB *mené par le point* O.

Soit le plan P perpendiculaire à la droite AB au point O.

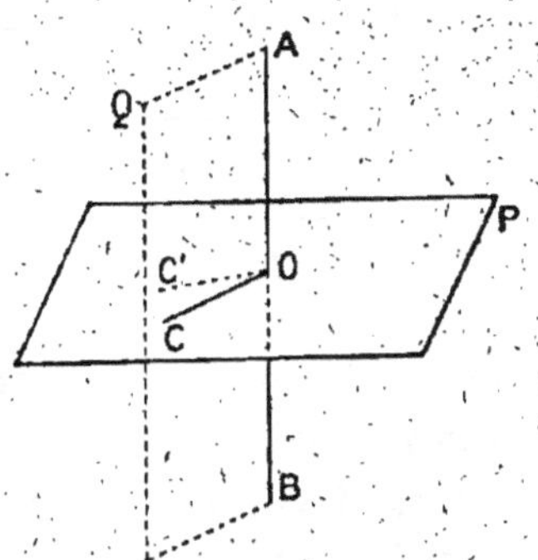

1° Je dis que toute droite OC perpendiculaire à AB au point O est dans le plan P. En effet, les deux droites concourantes OC et AB déterminent un plan Q qui coupe le plan P suivant une droite OC' perpendiculaire à AB. Or, du point O, dans le plan Q, on ne peut élever qu'une seule perpendiculaire à AB,

Fig. 458.

donc OC' et OC sont confondues ; ce qui démontre que la droite OC est dans le plan P.

2° On a démontré (430) que toute droite du plan P

menée ou non par le point O est perpendiculaire à AB, donc toute droite du plan P menée par le point O fait partie du lieu.

Donc le lieu des perpendiculaires à la droite AB menées par le point O est le plan perpendiculaire à la droite AB mené par le point O.

— Le raisonnement serait identique si le point O était en dehors de la droite AB.

Théorème.

433. — *Par un point O on peut toujours mener une perpendiculaire à un plan P, et on n'en peut mener qu'une seule.*

Premier cas. — Le point O est sur le plan P.

Dans le plan P, je mène une droite quelconque AB, puis, par le point O, je mène le plan Q perpendiculaire à la droite AB; ce plan Q coupe le plan P suivant la droite CD perpendiculaire à AB. Enfin, dans le plan Q, je mène OE perpendiculaire à CD : je dis que OE est perpendiculaire au plan P.

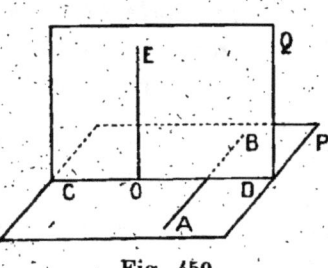

Fig. 459.

En effet, puisque AB est perpendiculaire au plan Q, elle est perpendiculaire à la droite OE contenue dans ce plan; d'autre part, la droite OE est perpendiculaire à la droite CD par construction; la droite OE étant perpendiculaire aux deux droites AB et CD non parallèles du plan P est perpendiculaire à ce plan (430).

— Je dis maintenant qu'on n'en peut mener qu'une.

En effet, je suppose que l'on puisse mener une deuxième perpendiculaire OE' au plan P. Les deux droites concourantes OE et OE' déterminent alors un plan qui coupe le plan P suivant la droite OA. Les deux droites OE et OE' étant supposées perpendiculaires au plan P sont alors perpendiculaires à la droite OA dans un même plan, donc elles sont confondues.

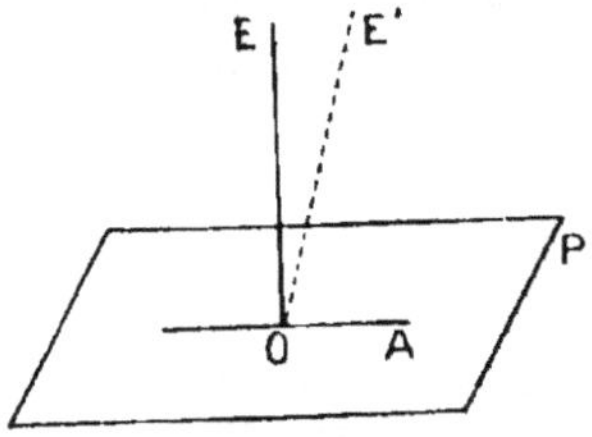

Deuxième cas. — Le point O est en dehors du plan P.

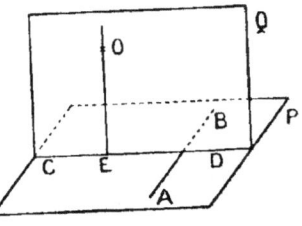

Fig. 460.

Le raisonnement est le même que dans le premier cas. Dans le plan P, je mène une droite quelconque AB, puis, du point O, je mène le plan Q perpendiculaire à la droite AB ; ce plan coupe le plan P suivant la droite CD perpendiculaire à AB. Enfin, du point O, dans le plan Q, j'abaisse OE perpendiculaire à CD : je dis que OE est perpendiculaire au plan P.

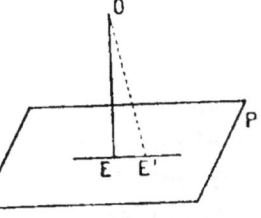

Fig. 461.

En effet, puisque AB est perpendiculaire au plan Q, elle est perpendiculaire à la droite OE contenue dans ce plan ; d'autre part, la droite OE est perpendiculaire à la droite CD par construction ; la droite OE étant perpendiculaire aux deux droites AB et CD non parallèles du plan P est perpendiculaire à ce plan.

— Je dis maintenant qu'on n'en peut mener qu'une.

En effet, je suppose que, du point O, on puisse abaisser une deuxième perpendiculaire OE' sur le plan P. Les deux droites concourantes OE et OE' déterminent alors un plan qui

Fig. 462.

coupe le plan P suivant la droite EE'. Les deux droites OE et OE' étant supposées perpendiculaires au plan P, sont alors perpendiculaires à la droite EE' dans un même plan, donc elles sont confondues.

Théorème.

434. — *Si deux droites sont parallèles, tout plan perpendiculaire à l'une est perpendiculaire à l'autre.*

Soient les deux droites AB et CE parallèles et le plan P perpendiculaire à la droite AB : je dis que le plan P est aussi perpendiculaire à la droite CE.

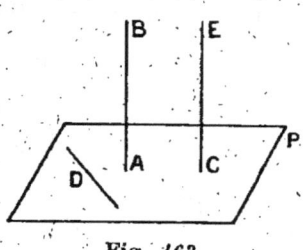

Fig. 463.

En effet, la droite AB étant perpendiculaire au plan P est perpendiculaire à une droite quelconque D du plan P ; en d'autres termes, la droite AB fait avec D un angle droit, d'où il résulte que sa parallèle CE fait aussi avec D un angle droit.

La droite CE étant perpendiculaire à une droite *quelconque* du plan P est perpendiculaire à ce plan, et, inversement, le plan P est perpendiculaire à la droite CE.

Théorème réciproque.

435. — *Deux droites perpendiculaires à un même plan sont parallèles.*

Soient les deux droites AB et CE perpendiculaires au même plan P : je dis qu'elles sont parallèles.

En effet, par le pied C de la droite CE, je mène CE' parallèle à AB. Comme, par hypothèse, la droite AB est perpendiculaire au plan P, sa parallèle CE' est aussi perpendiculaire à ce plan. D'autre part, la droite CE est aussi perpendiculaire au plan P, par hypothèse ; comme, au point C, on ne peut mener qu'une seule perpendiculaire au plan P, il en résulte que les deux droites CE' et CE sont confondues. La droite CE étant confondue avec la parallèle à AB menée par le point C est donc elle-même parallèle à AB.

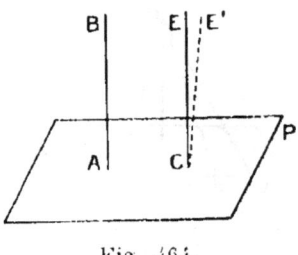

Fig. 464.

§ III. — Perpendiculaires et obliques.

436. — **Définition.** — Une droite non perpendiculaire à un plan et rencontrant ce plan est dite une **oblique** au plan.

Le point où elle rencontre le plan est appelé le *pied* de l'oblique.

Théorème.

437. — *Si d'un point O de l'espace on abaisse sur un plan P la perpendiculaire et différentes obliques :*

1° *La perpendiculaire est plus courte que toute oblique.*

2° *Deux obliques dont les pieds s'écartent également du pied de la perpendiculaire sont égales.*

3° *De deux obliques dont les pieds s'écartent inégalement du pied de la perpendiculaire, celle dont le pied s'écarte le plus est la plus grande.*

1° Soit, en effet, la perpendiculaire OA au plan P et une oblique quelconque OB partant du même point.

Les deux droites concourantes OA et OB déterminent un plan qui coupe le plan P suivant la droite AB, et comme la droite OA est perpendiculaire au plan P, elle est perpendiculaire à la droite AB, et la droite OB est une oblique par rapport à cette même droite.

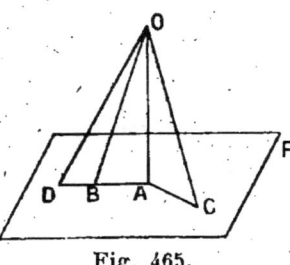

Fig. 465.

On est ainsi ramené à un théorème de géométrie plane; car on a démontré (55) que, dans le plan OAB, on a :

$$OA < OB.$$

2° Soient les deux obliques OB et OC, telles que l'on ait AB = AC : je dis qu'elles sont égales.

En effet, la droite OA étant perpendiculaire au plan P est perpendiculaire aux deux droites AB et AC. Les deux triangles rectangles OAB et OAC ont alors les deux côtés de l'angle droit égaux chacun à chacun, savoir : AB = AC par hypothèse, et OA commun ; donc ils sont égaux, et l'on a bien :

$$OB = OC.$$

3° Soient deux obliques OD et OC, telles que l'on ait AD > AC ; je dis que l'on a :

$$OD > OC.$$

En effet, sur AD je prends AB = AC et je mène OB. Comme, par hypothèse, on a AD > AC, on a aussi AD > AB; de sorte que, dans le plan OAD, on a, comme on l'a vu en géométrie plane :

$$OD > OB.$$

Or, on a :

$$OB = OC \ (2°);$$

il en résulte :

$$OD > OC.$$

Remarque I. — Les réciproques de ces théorèmes sont vraies et résultent immédiatement des théorèmes directs. Il suffit de raisonner comme on l'a fait en géométrie plane (56).

Remarque II. — D'un point O pris hors d'un plan P, on peut mener au plan une infinité d'obliques égales entre elles. Comme les pieds de ces obliques sont également distants du pied de la perpendiculaire OA menée du point O sur le plan, on en conclut que les pieds des obliques égales issues du point O sont situés sur une circonférence tracée dans le plan P, et ayant pour centre le pied de la perpendiculaire menée du point O au plan P.

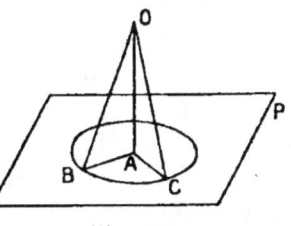

Fig. 466.

438. — **Définition.** — La perpendiculaire menée d'un point O sur un plan P étant la plus courte de toutes les droites comprises entre le point O et le plan P, le segment de perpendiculaire OA (*fig.* 465) est appelé **distance** du point O au plan P.

439. — **Problème.** — *Le lieu des points équidistants de deux points A et B est le plan perpendiculaire à la droite AB en son milieu.*

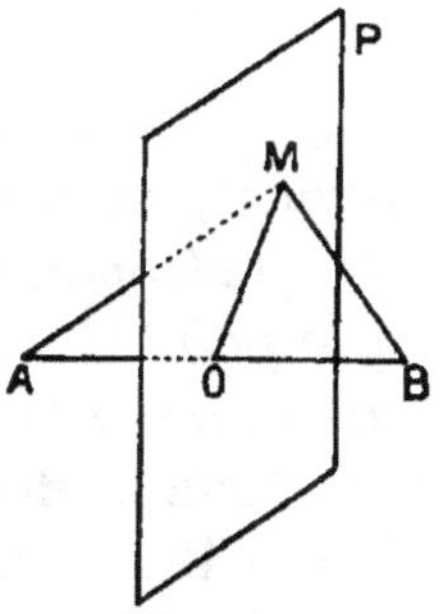

Soit M un point du lieu. J'abaisse la perpendiculaire MO sur la droite AB et je mène les droites MA et MB.

Puisque le point M est un point du lieu, on a MA = MB ; de sorte que, dans le plan MAB, les droites MA et MB sont des

Fig. 467.

obliques égales, donc elles s'écartent également du pied de la perpendiculaire MO, et l'on a OA = OB. Il en résulte que la droite OM, et par suite le point M, est dans le plan P perpendiculaire à la droite AB en son milieu O (432).

— Réciproquement, tout point du plan P fait partie du lieu.

En effet, soit le plan P perpendiculaire à la droite AB en son milieu O, et soit M un point quelconque de ce plan. Je mène les droites MA, MO et MB. Puisque la droite AB est perpendiculaire au plan P, elle est perpendiculaire à la droite OM. D'autre part, on a OA = OB; donc, dans le plan MAB, les deux droites MA et MB sont deux obliques dont les pieds s'écartent également du pied O de la perpendiculaire MO. Il en résulte qu'elles sont égales, et l'on a bien :

$$MA = MB,$$

ce qui démontre que tout point du plan P fait partie du lieu.

Donc : le lieu des points également distants des points A et B est le plan perpendiculaire à la droite AB en son milieu.

Théorème des trois perpendiculaires.

440. — *Si du pied B d'une droite AB perpendiculaire à un plan P, on abaisse une perpendiculaire BC sur une droite quelconque DE du plan P, toute droite CA qui joint le point C à un point A quelconque de AB est perpendiculaire à DE.*

Soit donc la droite AB perpendiculaire au plan P, et la droite BC perpendiculaire à la droite DE contenue dans le plan P ; je dis que CA est perpendiculaire à DE.

En effet, la droite AB étant perpendiculaire au plan P est perpendiculaire à la droite DE contenue dans ce plan. Mais, par hypothèse, la droite BC est perpendiculaire à la droite DE; la droite DE étant perpendiculaire aux deux droites AB et BC est perpendiculaire au plan ABC et, par suite, à la droite CA contenue dans ce plan. Donc, inversement, la droite CA est perpendiculaire à la droite DE.

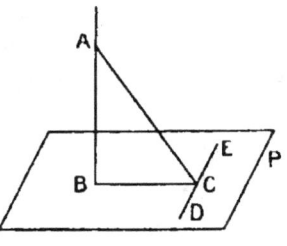

Fig. 468.

Autre démonstration. — De part et d'autre du point C, sur la droite DE, je porte deux longueurs égales CD = CE, puis je mène les droites BD, BE, AD et AE.

Dans le plan P, les deux triangles rectangles BCD et BCE ont les deux côtés de l'angle droit égaux chacun à chacun, savoir CD = CE par construction, et BC commun; donc ils sont égaux, et l'on en conclut BD = BE.

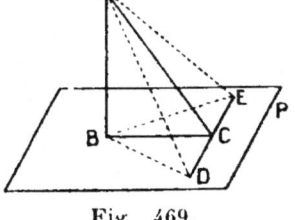

Fig. 469.

Dans l'espace, les deux triangles rectangles ABD et ABE ont les deux côtés de l'angle droit égaux chacun à chacun, BD = BE et AB commun; donc ils sont égaux. Il en résulte AD = AE.

Enfin, le triangle ADE ayant deux côtés égaux est isocèle, et la médiane AC est perpendiculaire sur la base DE.

C. Q. F. D.

— Ces deux démonstrations permettent de constater la simplicité du premier raisonnement par la considération des droites orthogonales.

Théorème réciproque.

441. — *Si d'un point A quelconque d'une droite AB perpendiculaire à un plan P on abaisse une perpendi-*

culaire AC sur une droite quelconque DE du plan P, *la droite* BC *qui joint le pied de la perpendiculaire* AB *au pied de la droite* AC *est perpendiculaire à la droite* DE.

Soit donc la droite AB perpendiculaire au plan P et la droite AC perpendiculaire sur la droite DE contenue dans le plan P : je dis que BC est perpendiculaire à DE.

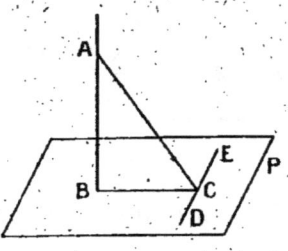

Fig. 470.

En effet, la droite AB étant perpendiculaire au plan P est perpendiculaire à la droite DE contenue dans ce plan. Mais, par hypothèse, la droite AC est perpendiculaire à la droite DE; la droite DE étant perpendiculaire aux deux droites AB et AC est perpendiculaire au plan BAC et, par suite, à la droite BC contenue dans ce plan. Donc, inversement, la droite BC est perpendiculaire à la droite DE.

REMARQUE. — On peut encore démontrer cette réciproque en raisonnant comme on l'a fait dans la deuxième démonstration du théorème direct (440). On démontre d'abord que le triangle ADE (*fig.* 469) est isocèle, d'où l'on conclut AD = AE; et de l'égalité des triangles rectangles ABD et ABE on déduit BD = BE. Dans le triangle isocèle BDE la médiane BC est alors perpendiculaire à la droite DE.

§ IV. — DROITES ET PLANS PARALLÈLES.

442. — **Définition**. — Une droite et un plan sont dits parallèles lorsqu'ils n'ont aucun point commun.

— Le théorème suivant démontre qu'il existe des droites parallèles à un plan.

Théorème.

443. — *Toute droite parallèle à une droite d'un plan est parallèle à ce plan.*

Soit la droite AB parallèle à la droite CD contenue dans le plan P : je dis que la droite AB est parallèle au plan P.

Il suffit de démontrer que la droite AB ne peut pas rencontrer le plan P.

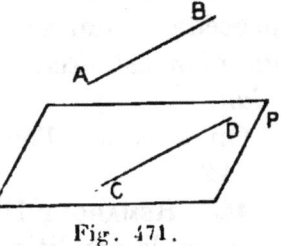
Fig. 471.

En effet, les droites AB et CD étant parallèles sont situées dans un même plan : si donc AB rencontrait le plan P, le point de rencontre serait situé sur la droite CD. Or, AB ne peut pas rencontrer CD, puisque ces droites sont parallèles par hypothèse ; donc AB ne peut pas rencontrer le plan P. Par suite, AB est bien parallèle au plan P.

Théorème.

444. — *Si, par une droite* AB *parallèle à un plan* P, *on fait passer un plan qui coupe le plan* P, *l'intersection des deux plans est parallèle à la droite* AB.

Soit la droite AB parallèle au plan P ; par cette droite AB je fais passer un plan Q qui coupe le plan P suivant la droite CD : je dis que la droite CD est parallèle à la droite AB.

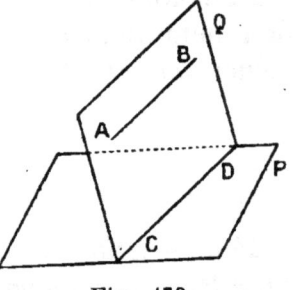
Fig. 472.

En effet, tout d'abord AB et CD sont dans un même plan Q ; ensuite, AB et CD ne peuvent pas se rencontrer, car, si AB rencontrait CD, alors la droite AB aurait un point commun avec le plan P, ce qui est impossible puisque AB est, par hypothèse, parallèle au plan P.

Les droites AB et CD étant dans un même plan, et ne se rencontrant pas, sont parallèles.

Remarque I. — On peut encore énoncer le théorème précédent comme il suit : *Une droite AB parallèle à un plan est nécessairement parallèle à une droite du plan.*

On a alors l'énoncé du théorème réciproque du n° 443.

445. Remarque II. — Les deux théorèmes précédents donnent la condition *nécessaire* et *suffisante* pour qu'une droite soit parallèle à un plan.

On peut en effet énoncer les deux théorèmes comme il suit :

Pour qu'une droite soit parallèle à un plan, il faut et il suffit qu'elle soit parallèle à une droite du plan.

Le premier théorème (443) démontre que la condition est suffisante, et le deuxième théorème (444) démontre que la condition est nécessaire.

On peut encore dire : *Pour qu'un plan soit parallèle à une droite, il faut et il suffit qu'il contienne une parallèle à cette droite.*

Remarque III. — De ce qui précède, il résulte évidemment que : *par un point pris hors d'un plan on peut mener une infinité de parallèles à ce plan.*

Théorème.

446. — *Étant donnée une droite AB parallèle à un plan P, si, par un point O du plan P, on mène une droite parallèle à AB, cette droite est contenue tout entière dans le plan P.*

Soit AB une parallèle au plan P, et par le point O du

plan, la parallèle OC à la droite AB : je dis que OC est contenue tout entière dans le plan P.

En effet, par la droite AB et le point O je fais passer un plan ; ce plan coupe le plan P suivant une droite OC′ parallèle à AB (444). Mais, par hypothèse, OC est aussi parallèle à AB ; comme, du point O, on ne peut mener

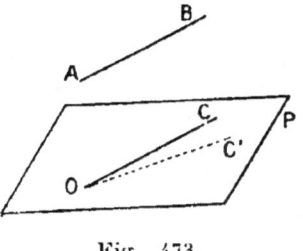

Fig. 473.

qu'une seule parallèle à AB, les deux droites OC et OC′ sont confondues. Donc OC est dans le plan P.

Théorème.

447. — *Si deux plans qui se coupent sont parallèles à une même droite* AB, *leur intersection est parallèle à la droite* AB.

Soient les deux plans P et Q qui se coupent suivant la droite CD et qui sont parallèles à la même droite AB : je dis que CD est parallèle à AB.

En effet, par un point O de la droite CD je mène la parallèle à la droite AB ; cette parallèle doit se trouver dans le plan P qui, par hypothèse, est parallèle à AB (*th. précédent*). Pour la même raison, cette parallèle doit aussi se trouver dans le plan Q.

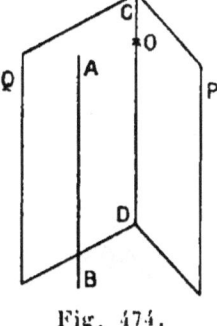

Fig. 474.

Devant se trouver à la fois dans les deux plans P et Q, la parallèle à AB menée par le point O se confond avec l'intersection des deux plans. Donc CD est parallèle à AB.

Neveu et Bellenger. — Géométrie.

Théorème.

448. — *Étant données deux droites parallèles, si, par chacune d'elles, on fait passer un plan et que ces deux plans se coupent, leur intersection est parallèle aux deux droites.*

Soient les droites AB et CD parallèles; par la droite AB je fais passer un plan P et par la droite CD un plan Q qui coupe le plan P suivant la droite EF : je dis que la droite EF est parallèle aux deux droites AB et CD.

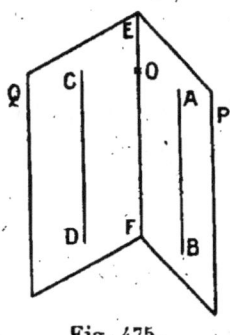

Fig. 475.

En effet, par un point O de la droite EF je mène la parallèle à la droite AB; elle sera en même temps parallèle à la droite CD (425). Le point O appartenant aux deux plans P et Q, la parallèle aux deux droites AB et CD menée par le point O devra se trouver à la fois dans les deux plans P et Q; donc elle se confond avec l'intersection EF des deux plans.

Théorème.

449. — *Par une droite AB on peut toujours mener un plan parallèle à une droite CD, et, en général, un seul.*

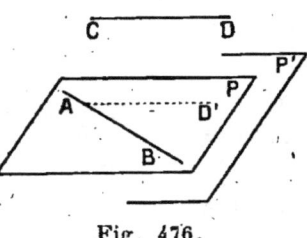

Fig. 476.

Soient les deux droites AB et CD que je suppose non parallèles.

Par un point A de la droite AB je mène AD' parallèle à CD; cette droite ne se confond pas avec AB qui est supposée non parallèle à CD. Les deux droites concourantes AB et AD' déterminent alors un plan P parallèle à CD, puisqu'il contient une droite AD′ parallèle à CD (445).

Je dis maintenant qu'on n'en peut mener qu'un seul. En effet, je suppose que, par la droite AB, on puisse mener un deuxième plan P′ parallèle à CD. Alors la parallèle AD′ menée par le point A doit se trouver dans le plan P′ (446); il en résulte que les deux plans P et P′ ayant deux droites communes AB et AD′ sont confondus. Donc, par la droite AB non parallèle à CD, on ne peut mener qu'un seul plan parallèle à CD.

Remarque. — Dans le cas où les droites AB et CD sont parallèles, alors AD′ se confond avec AB, et par la droite AB on peut faire passer une infinité de plans parallèles à CD.

Théorème.

450. — *Par un point O de l'espace on peut toujours mener un plan parallèle à deux droites données, et, en général, un seul.*

Soient les deux droites AB et CD que je suppose non parallèles.

Par le point O je mène OB′ parallèle à AB et OD′ parallèle à CD; ces deux droites ne sont pas confondues, donc elles déterminent un plan P que je dis parallèle aux droites AB et CD.

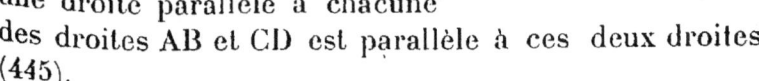

Fig. 477.

En effet, le plan P contenant une droite parallèle à chacune des droites AB et CD est parallèle à ces deux droites (445).

Je dis maintenant qu'on n'en peut mener qu'un seul. En effet, je suppose que, par le point O, on puisse mener un deuxième plan P′ parallèle aux deux droites

AB et CD. Alors, la parallèle OB' à la droite AB devra se trouver dans le plan P' (446); il en est de même de la droite OD' parallèle à CD. Les deux plans P et P' ayant deux droites communes sont donc confondus.

Donc, par le point O, on ne peut mener qu'un seul plan parallèle aux deux droites AB et CD.

REMARQUE. — Si les droites AB et CD sont parallèles, alors les deux droites OB' et OD' sont confondues, et, par le point O, on peut mener une infinité de plans parallèles aux deux droites AB et CD.

Théorème.

451. — *Une droite et un plan perpendiculaires à une même droite sont parallèles.*

Soient la droite AC et le plan P perpendiculaires à la même droite AB : je dis que la droite AC est parallèle au plan P.

En effet, les deux droites concourantes AC et AB déterminent un plan qui coupe le plan P suivant la droite BD. Or, la droite AB est, par hypothèse, perpendiculaire au plan P, donc elle est perpendiculaire à la droite BD du plan P. D'autre part, AC est aussi perpendiculaire à AB ; les deux droites AC et BD étant perpendiculaires à la même droite AB, et dans un même plan, sont parallèles.

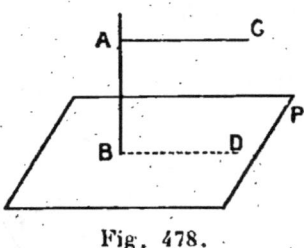

Fig. 478.

La droite AC étant parallèle à une droite BD du plan P est donc bien parallèle à ce plan.

Théorème.

452. — *Une droite et un plan parallèles sont partout également distants.*

Soit la droite AB parallèle au plan P. Des points A et
B quelconques de AB, j'abaisse
les perpendiculaires AC et BD
sur le plan P. Ces perpendiculaires mesurent les distances
des points A et B au plan P :
je dis que l'on a :

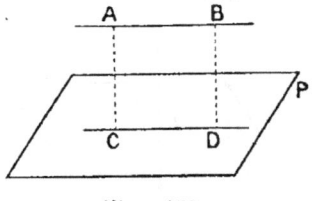

Fig. 479.

$$AC = BD.$$

En effet, les droites AC et BD étant perpendiculaires
à un même plan sont parallèles (435); alors, elles déterminent un plan qui coupe le plan P suivant une droite
CD parallèle à AB (444).

Il en résulte que le quadrilatère ABDC dont les
côtés opposés sont parallèles est un parallélogramme,
qui, dans ce cas, est un rectangle, et l'on a bien :

$$AC = BD.$$

Définition. — Tous les points de la droite AB parallèle au plan P étant également distants du plan, on
appelle *distance* de la droite au plan la distance de l'un
quelconque de ses points au plan.

§ V. — PLANS PARALLÈLES.

453. — **Définition**. — Deux plans sont dits *parallèles*
quand ils n'ont aucun point commun.

Le théorème suivant démontre l'existence de plans
parallèles.

Théorème.

454. — *Deux plans perpendiculaires à une même
droite, en des points différents, sont parallèles.*

Soient deux plans P et Q perpendiculaires à une même droite AB : je dis que ces plans ne peuvent avoir aucun point commun.

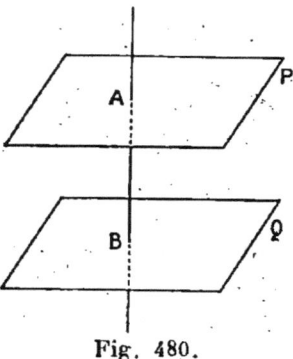

Fig. 480.

En effet, s'ils avaient un point commun, on pourrait alors par ce point mener deux plans distincts P et Q perpendiculaires à une même droite AB, ce qui est impossible (431). Donc les deux plans P et Q sont parallèles.

455. — REMARQUE. — Si deux plans P et Q sont parallèles, toute droite située dans l'un est parallèle à l'autre.

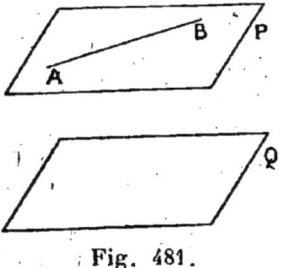

Fig. 481.

En effet, soit la droite AB contenue dans le plan P. Elle ne peut rencontrer le plan Q, car alors les deux plans P et Q auraient un point commun, ce qui est impossible puisque les plans P et Q sont parallèles. Donc toute droite AB du plan P est parallèle au plan Q.

Théorème.

456. — *Si deux plans sont parallèles, tout plan qui coupe l'un coupe l'autre.*

Soient les deux plans parallèles P et Q et le plan M qui coupe le plan P suivant la droite AB (*fig.* 482).

Dans le plan P je mène la droite quelconque CD; cette droite est parallèle au plan Q (455).

La droite CD et un point C' du plan Q déterminent un

plan R qui coupe le plan Q suivant une droite C'D' parallèle à CD (444). Le même plan R coupe le plan M suivant une droite qui rencontre CD en H et, par suite, sa parallèle C'D' en un certain point H'.

Ce point H' est un point commun aux plans Q et M ; donc le plan M coupe le plan Q.

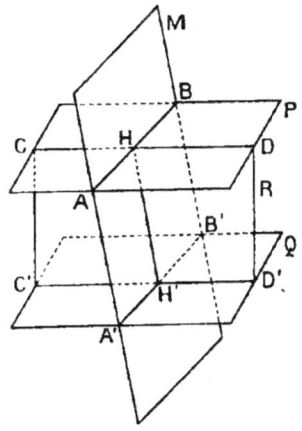

Fig. 482.

Théorème.

457. — *Les intersections de deux plans parallèles par un troisième plan sont parallèles.*

Soient les deux plans parallèles P et Q et un troisième plan M qui coupe le plan P suivant la droite AB ; ce plan coupe le plan Q (456) suivant la droite CD : je dis que AB et CD sont parallèles.

En effet, tout d'abord, les droites AB et CD sont dans un même plan ; ensuite, elles ne peuvent pas se rencontrer, sans quoi les plans parallèles P et Q auraient un point commun, ce qui est impossible.

Donc les droites AB et CD sont parallèles.

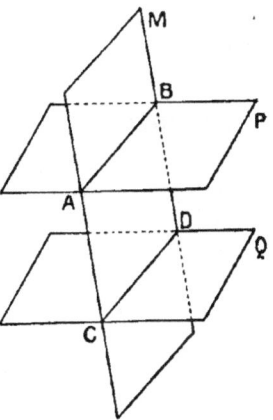

Fig. 483.

Théorème.

458. — *Le lieu géométrique des droites menées par un point A parallèlement à un plan P est un plan parallèle au plan P.*

Par le point A je mène la parallèle AC à une droite quelconque D située dans le plan P. La droite AC est une droite parallèle au plan P (443).

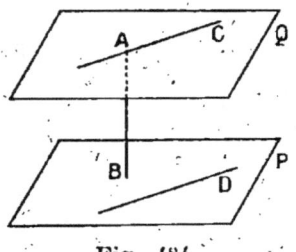

Fig. 484.

Or, si j'abaisse la perpendiculaire AB au plan P, l'angle de AB avec la droite D est droit ; il en est donc de même de l'angle de AB avec AC parallèle à D. Donc la droite AC est dans le plan Q perpendiculaire à AB mené par le point A (432) ; or ce plan est parallèle au plan P (454).

Réciproquement, toute droite menée par le point A, dans le plan Q perpendiculaire à AB au point A, est parallèle au plan P. En effet, une telle droite AC n'a aucun point commun avec le plan P, puisque les plans P et Q étant parallèles ne peuvent eux-mêmes n'avoir aucun point commun.

On conclut de là que le lieu des droites telles que AC menées par A, parallèlement au plan P, est un plan Q parallèle au plan P.

Théorème.

459. — *Par un point A extérieur à un plan P, on peut mener un plan parallèle à P, et on n'en peut mener qu'un seul.*

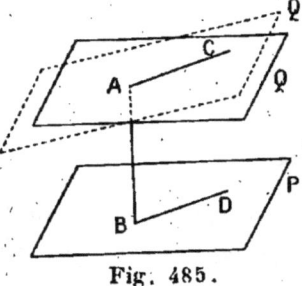

Fig. 485.

En effet, du point A j'abaisse AB perpendiculaire au plan P et, par le point A, je mène le plan Q perpendiculaire à AB : les deux plans P et Q perpendiculaires à la même droite AB sont parallèles.

Je dis maintenant qu'on n'en peut mener qu'un. En

effet, je suppose un deuxième plan Q' passant par A et parallèle au plan P. Tout plan mené par AB couperait les deux plans parallèles P et Q' suivant deux droites parallèles BD et AC. Mais la droite BD étant perpendiculaire à AB, sa parallèle AC est aussi perpendiculaire à AB, et par conséquent AC est située dans le plan Q.

En résumé, *tout* plan mené par AB coupe les plans Q et Q' suivant une même droite, donc le plan Q' coïncide avec le plan Q.

Théorème.

460. — *Si deux plans sont parallèles, toute droite perpendiculaire à l'un est aussi perpendiculaire à l'autre.*

Soient P et Q deux plans parallèles et AB une droite perpendiculaire au plan P : Je dis qu'elle est perpendiculaire au plan Q.

En effet, si dans le plan Q je trace par le point B une droite *quelconque* BD, le plan ABD ainsi déterminé rencontre le plan P suivant une droite AC parallèle à la droite BD (457).

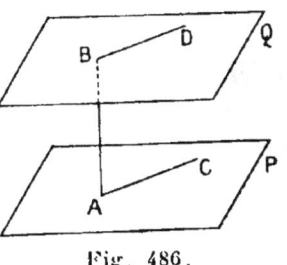

Fig. 486.

Or AB est perpendiculaire au plan P par hypothèse, donc elle est perpendiculaire à la droite AC et, par suite, à sa parallèle BD. Comme BD est une droite *quelconque* du plan Q, on en conclut que AB est perpendiculaire au plan Q.

Théorème.

461. — *Deux plans parallèles à un troisième sont parallèles entre eux.*

Soient P et Q deux plans parallèles à un même plan R : je dis que P et Q sont parallèles entre eux.

En effet, je mène AC perpendiculaire au plan R ; cette droite est perpendiculaire à P et Q qui, par hypothèse, sont parallèles au plan R (460).

Il en résulte que les deux plans P et Q sont perpendiculaires à une même droite AC, donc ils sont parallèles (454).

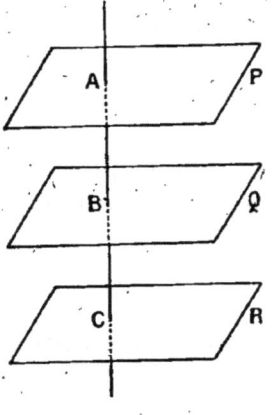

Fig. 487.

Théorème.

462. — *Les plans de deux angles de l'espace qui ont leurs côtés respectivement parallèles sont deux plans parallèles.*

Soient P et P' les plans des angles $\widehat{AOB}$ et $\widehat{A'O'B'}$ qui ont, par hypothèse, leurs côtés deux à deux parallèles. Je vais démontrer que les plans P et P' sont parallèles.

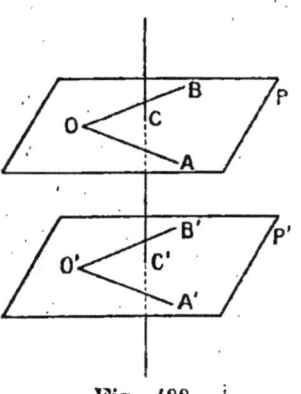

Fig. 488.

En effet, je mène une droite CC' perpendiculaire au plan P. Cette droite CC' faisant des angles droits avec OA et OB fait aussi des angles droits avec leurs parallèles O'A' et O'B' ; donc CC' est perpendiculaire aux deux droites O'A' et O'B' du plan P' et, par suite, elle est perpendiculaire à ce plan.

De là résulte que les deux plans P et P' sont perpendiculaires à une même droite CC', donc ils sont parallèles (454).

PLANS PARALLÈLES.

463. — Conséquence. — *Étant données deux droites* AB *et* CD *non situées dans le même plan, si, par un point quelconque* E *de* AB, *on mène la parallèle* C'D' *à* CD *et, par un point quelconque* H *de* CD, *la parallèle* A'B' *à* AB, *les deux plans ainsi construits sont parallèles.*

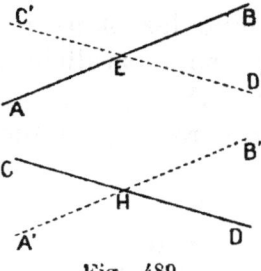

Fig. 489.

En effet, les angles $\widehat{D'EB}$ et $\widehat{DHB'}$ ayant leurs côtés deux à deux parallèles, il en résulte que leurs plans sont parallèles (462).

Théorème.

464. — *Deux plans parallèles interceptent sur deux droites parallèles qui les rencontrent des segments égaux.*

Soient les deux droites parallèles L et M et les deux plans parallèles P et Q.

Je remarque d'abord que si la droite L rencontre le plan P en A, elle rencontre aussi le plan Q, car, autrement, elle lui serait parallèle et devrait, par suite, se trouver toute entière dans le plan P (458), ce qui est contraire à l'hypothèse. De même, la droite M parallèle à L, rencontrant le plan P, rencontre aussi le plan Q.

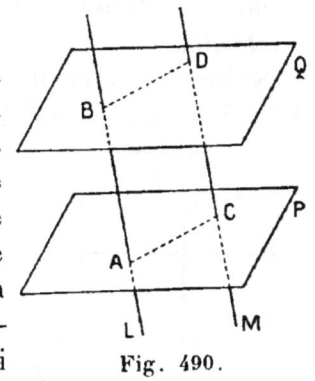

Fig. 490.

Ceci posé, soient AB et CD les segments interceptés par les deux plans parallèles P et Q sur les droites parallèles L et M : je dis que l'on a :

$$AB = CD.$$

En effet, le plan des deux droites parallèles L et M

coupe les plans P et Q suivant les droites AC et BD qui sont parallèles comme intersections de deux plans parallèles par un troisième. La figure ABDC est alors un parallélogramme, et l'on a bien :

$$AB = CD.$$

Remarque. — Du théorème précédent il résulte que si l'on déplace un plan parallèlement à lui-même, les portions de droites parallèles comprises entre deux positions du plan sont égales. Donc tous les points du plan décrivent des segments égaux parallèles et de même sens. On dit alors que le plan a subi une *translation*.

Théorème.

465. — *Deux plans parallèles sont partout également distants.*

Soient les deux plans parallèles P et Q. D'un point A du plan P je mène AB perpendiculaire au plan Q ; cette droite est en même temps perpendiculaire au plan P (460). Il en résulte que la droite AB mesure la distance du point A au plan Q et, inversement, la distance du point B au plan P. Il en est de même pour une autre perpendiculaire CD menée d'un point C du plan P au plan Q.

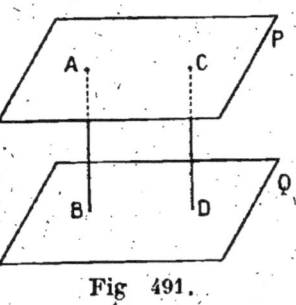

Fig 491.

Or, les deux droites AB et CD perpendiculaires à un même plan sont parallèles, et les segments AB et CD interceptés par les deux plans parallèles P et Q sont égaux.

On peut donc dire que les deux plans parallèles P et Q sont partout *également distants*, ou *équidistants*.

PLANS PARALLÈLES.

Définition. — Deux plans parallèles étant partout également distants, on appelle *distance* des deux plans la distance d'un point quelconque de l'un des deux plans à l'autre plan.

Théorème réciproque.

466. — *Si à un plan P on élève une perpendiculaire fixe L, et une autre mobile M, et qu'on prenne sur ces droites L et M d'un même côté du plan P des longueurs égales AB et CD, le lieu géométrique des droites BD ainsi construites est un plan parallèle au plan P.*

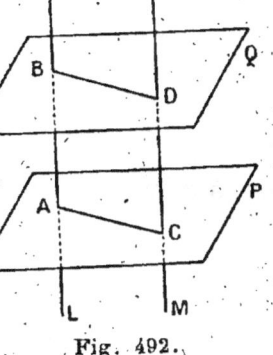

Fig. 492.

En effet, la figure ABDC, par construction même, est un rectangle; donc BD est parallèle à AC, droite quelconque du plan P. On en conclut (458) que le lieu des droites BD tournant autour du point B est un plan Q parallèle au plan P.

Théorème.

467. — *Trois plans parallèles interceptent sur deux droites quelconques des segments proportionnels.*

Soient P, Q, R trois plans parallèles rencontrant les droites D et D' respectivement aux points A, B, C, A', B', C'. Je dis que l'on a la proportion :

$$\frac{AB}{A'B'} = \frac{BC}{B'C'}.$$

En effet, par le point A je mène la parallèle D" à D';

elle rencontre les plans Q et R en E et F et, de cette construction, résultent (464) les égalités :

$$A'B' = AE$$
et
$$B'C' = EF. \quad (1)$$

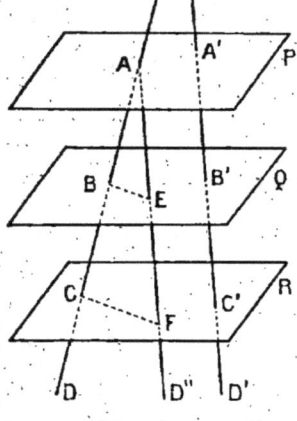

Fig. 493.

En outre, le plan des deux droites concourantes D et D" coupant les plans parallèles Q et R suivant les deux droites parallèles BE et CF, le théorème de Thalès donne la proportion :

$$\frac{AB}{AE} = \frac{BC}{EF},$$

ou, à cause des égalités (1) :

$$\frac{AB}{A'B'} = \frac{BC}{B'C'}.$$

C. Q. F. D.

Théorème réciproque.

468. — *Si, sur deux droites D et D', on marque des points A, B, C et A', B' C' déterminant des segments qui vérifient la proportion*

$$\frac{AB}{A'B'} = \frac{BC}{B'C'},$$

les trois droites AA', BB', CC' sont parallèles à un même plan.

Par le point A je mène la droite AE parallèle à CC' et, par le point C, la droite CF parallèle à AA'. Je détermine ainsi deux plans parallèles P et R (462) : je vais démon-

PLANS PARALLÈLES.

trer que la droite BB′ est parallèle à chacun de ces plans.

En effet, par le point B je mène le plan Q parallèle au plan P et, par cela même, parallèle au plan R; ce plan rencontre A′C′ en un point B″ situé, dans le cas de figure, entre A′ et C′. D'après le théorème précédent, on a la proportion :

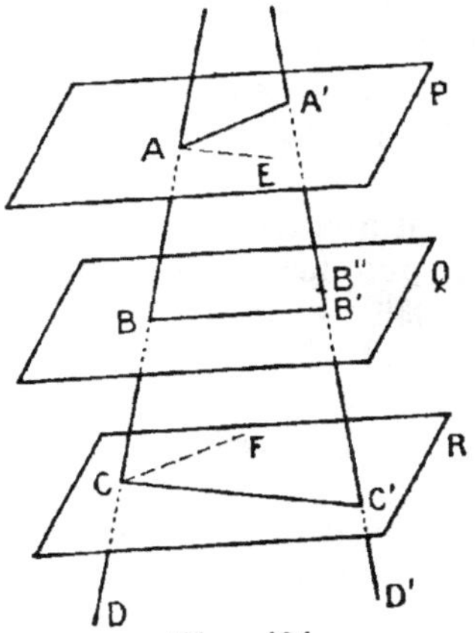

$$\frac{AB}{A'B''} = \frac{BC}{B''C'}$$

ou

$$\frac{AB}{BC} = \frac{A'B''}{B''C'}. \qquad (1)$$

Fig. 494.

Mais, par hypothèse, on a :

$$\frac{AB}{A'B'} = \frac{BC}{B'C'} \quad \text{ou} \quad \frac{AB}{BC} = \frac{A'B'}{B'C'}; \qquad (2)$$

des proportions (1) et (2) on conclut

$$\frac{A'B''}{B''C'} = \frac{A'B'}{B'C'},$$

égalité qui montre que les points B″ et B′ situés l'un et l'autre entre A′ et C′ sont confondus. Donc la droite BB′ est dans le plan Q et, par suite, parallèle à chacun des plans P et R.

En résumé, les droites AA′, BB′ et CC′ sont parallèles à un même plan P.

EXERCICES PROPOSÉS.

331. — Par un point donné, mener une droite rencontrant deux droites données non situées dans un même plan.

332. — Étant donné un quadrilatère gauche ABCD, c'est-à-dire un quadrilatère dont les quatre côtés ne sont pas dans un même plan, démontrer que les milieux des côtés de ce quadrilatère gauche sont les sommets d'un parallélogramme.

333. — Les droites qui joignent les milieux des côtés opposés d'un quadrilatère gauche se coupent en leurs milieux.

334. — Les droites qui joignent les milieux des côtés opposés d'un quadrilatère gauche et la droite qui joint les milieux des diagonales concourent en un même point.

335. — Étant donné un quadrilatère gauche ABCD dans lequel AB=DC, démontrer que les angles des côtés AB et CD avec la droite qui joint les milieux des deux autres côtés AD et BC sont égaux.

336. — Montrer que l'on peut mener une infinité de droites rencontrant trois droites données D, D' et D". — Examiner le cas où deux des droites données sont concourantes.

337. — Si trois droites se rencontrent deux à deux, elles sont ou bien situées dans un même plan, ou bien concourantes.

338. — Dans un hexagone gauche dont les côtés opposés sont égaux et parallèles, les droites qui joignent les sommets opposés et les droites qui joignent les milieux des côtés opposés sont concourantes.

339. — Lieu des points de l'espace équidistants de trois points donnés.

340. — Trouver la distance d'un point P à un plan donné par trois points A, B, C.

341. — Par un point O d'un plan M, on mène, dans ce plan, une droite D variable. Trouver le lieu des pieds des perpendiculaires abaissées d'un point donné A de l'espace sur la droite D.

342. — Si une droite fait des angles égaux avec trois demi-droites d'un plan P, elle est perpendiculaire à ce plan.

343. — On donne un plan P et deux points A et B extérieurs au plan. Trouver dans ce plan : 1° un point M tel que la somme AM+BM soit minimum. 2° Un point M' tel que la différence AM'—BM' soit maximum.

344. — On donne un plan P et deux points A et B extérieurs au plan. Trouver dans ce plan :

1° Le lieu des points M tels que $\overline{MA}^2 + \overline{MB}^2 = k^2$;

2° Le lieu des points M tels que $\overline{MA}^2 - \overline{MB}^2 = k^2$.

EXERCICES.

345. — Par une droite D mener un plan qui soit également distant de deux points donnés A et B.

346. — Trouver le lieu géométrique des points de l'espace dont la somme des distances à deux plans qui se coupent est égale à une longueur donnée l.

347. — Trouver le lieu géométrique des points de l'espace dont la différence des distances à deux plans qui se coupent est égale à une longueur donnée l.

348. — Mener une droite parallèle à une droite D et rencontrant deux droites données D' et D".

349. — Montrer que l'on peut mener une infinité de droites rencontrant deux droites données D et D' et parallèles à un plan donné P.

350. — Mener une droite de longueur l parallèle à un plan P et rencontrant deux droites données non parallèles à ce plan.

351. — Un segment de droite mobile et de longueur variable s'appuie constamment par ses extrémités sur deux droites D et D' en restant parallèle à un plan quelconque P. Étudier la variation de longueur de ce segment.

352. — Mener par un point une droite parallèle à un plan P et rencontrant une droite donnée D.

353. — Par un point donné M mener un plan qui soit également distant de trois autres points donnés A, B, C.

354. — Mener, par quatre points A, B, C, D quelconques de l'espace, quatre plans parallèles et équidistants.

355. — Trouver le lieu des points situés à une distance donnée d'un plan P.

356. — Trouver le lieu des points d'un plan R situés à une distance donnée d'un plan P.

357. — Lieu du milieu d'une droite AB de longueur variable et dont les extrémités se déplacent sur deux droites fixes D et D'.

358. — Étant données deux droites D et D' quelconques dans l'espace, on considère toutes les droites AB dont les extrémités se déplacent sur D et D'. Trouver le lieu du point P partageant chaque segment de droite AB dans un rapport donné k.

359. — On donne trois droites quelconques D, D', D" dans l'espace. Mener une sécante s'appuyant sur D, D', D" et partagée par D' dans un rapport donné k.

360. — Trouver le lieu du point P partageant dans un rapport donné k les droites limitées à deux plans parallèles.

CHAPITRE II

ANGLES DIÈDRES. — PLANS PERPENDICULAIRES

§ I. — Angles dièdres.

469. — Définition. — On appelle **angle dièdre**, ou simplement **dièdre**, la figure formée par deux demi-plans P et Q qui se coupent suivant une droite AB (*fig.* 495); c'est l'écartement de ces deux demi-plans.

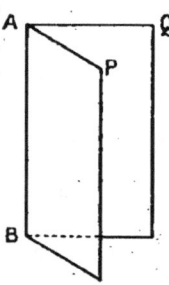

Fig. 495.

La droite AB s'appelle l'*arête* du dièdre, et les demi-plans P et Q sont les *faces*.

On nomme un angle dièdre en énonçant l'arête entre la première et la seconde face. Ainsi, on dit : *dièdre* PABQ, P étant la première face et Q la seconde.

Quand il n'y a pas de confusion possible, on désigne un dièdre par son arête. Ainsi, on dit *dièdre* AB.

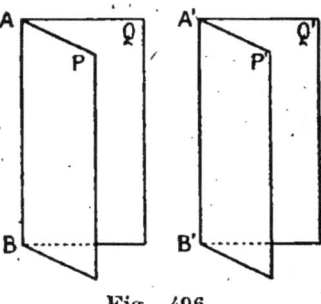

Fig. 496.

470. — Angles dièdres égaux. — Deux dièdres sont égaux quand on peut les faire coïncider.

Ainsi, les dièdres PABQ, P'A'B'Q' (*fig.* 496) sont égaux si, en plaçant A'B' sur AB et la face P' sur la face P, en même temps la face Q' se trouve placée sur la face Q. On écrit :

$$\text{dièdre } PABQ = \text{dièdre } P'A'B'Q'.$$

ANGLES DIÈDRES. 51

471. — *Somme de deux ou plusieurs angles dièdres*.
— Pour faire la somme de deux dièdres, on les place de manière que leurs arêtes coïncident, qu'ils aient une face commune M, et que les deux autres faces soient placées de part et d'autre de la face M (*fig.* 497).

Ainsi, le dièdre PABQ est la somme des deux dièdres PABM et MABQ. On écrit :

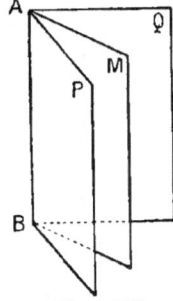

Fig. 497.

dièdre PABQ = dièdre PABM + dièdre MABQ.

Il en résulte que l'un des dièdres PABM ou MABQ est la différence entre le dièdre PABQ et l'autre dièdre. On écrit :

dièdre PABM = dièdre PABQ — dièdre MABQ.

Si l'on fait la somme de deux dièdres égaux, on obtient un dièdre double de l'un des dièdres.

Après avoir fait la somme de deux dièdres, si, au dièdre PABQ obtenu, on ajoute un troisième dièdre QABS (*fig.* 498), on obtient un angle dièdre qui est la somme des trois premiers.

Si ces trois dièdres sont égaux, le dièdre PABS est dit dièdre *triple* de l'un d'eux.

On ferait de même la somme de plus de trois angles dièdres.

472. — *Comparaison de deux angles dièdres*. — Pour comparer deux dièdres, on les place l'un dans l'autre de manière qu'ils aient même arête, une face commune, et que leurs autres faces soient placées dans une même région de l'espace par rapport à la face commune.

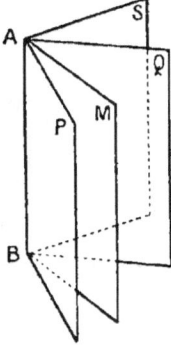

Fig. 498.

DU PLAN.

Les deux dièdres étant ainsi placés (*fig.* 499), si le demi-plan M est entre les demi-plans P et Q, le dièdre PABQ est plus grand que le dièdre PABM. On écrit :

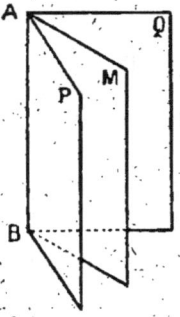

Fig. 499.

dièdre PABQ > dièdre PABM.

— On peut énoncer et démontrer pour les dièdres des propriétés et des théorèmes analogues à ceux démontrés en géométrie plane pour les angles. Les mots *sommet* et *côtés* sont remplacés respectivement par les mots *arête* et *faces*.

473. — **Définitions.** — Deux angles dièdres sont dits *adjacents* lorsqu'ils ont même arête, une face commune et qu'ils sont placés de part et d'autre de la face commune.

Exemple : Les dièdres PABM et MABQ (*fig.* 499) sont adjacents.

— On peut donc dire que pour faire la somme de deux dièdres, on les place de manière à ce qu'ils deviennent adjacents.

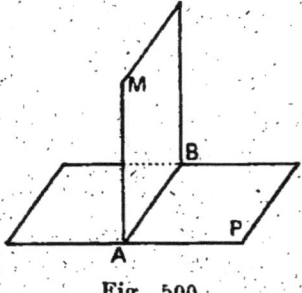

Fig. 500.

474. — Un demi-plan M est perpendiculaire sur un plan P lorsqu'il forme avec ce plan P deux angles dièdres adjacents égaux (*fig.* 500).

On dit encore que M et P sont *rectangulaires*.

— Le théorème suivant démontre l'existence d'un demi-plan perpendiculaire à un autre plan.

Théorème.

475. — *Par une droite* AB *prise dans un plan* P *on*

peut mener, d'un côté de ce plan, un demi-plan perpendiculaire au plan P, et on ne peut en mener qu'un.

1° Par la droite AB, je dis qu'on peut élever un demi-plan perpendiculaire au plan P.

En effet, par la droite AB je mène un demi-plan S ; puis, supposant ce demi-plan S coïncidant d'abord avec le demi-plan Q, je le fais tourner autour de AB dans le sens de la flèche. L'écartement du demi-plan S avec le demi-plan Q, c'est-à-dire le dièdre QABS va en augmentant, tandis que le dièdre SABP va en diminuant.

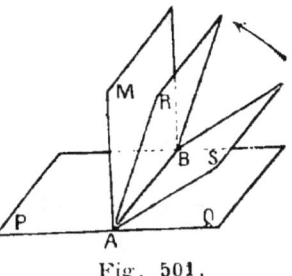

Fig. 501.

La somme de ces deux angles dièdres restant invariable, on conçoit qu'il existe une position M de S pour laquelle les deux dièdres soient égaux. A ce moment, le demi-plan M est perpendiculaire au plan P.

2° Je dis maintenant qu'on n'en peut mener qu'un seul.

En effet, tout autre demi-plan R fait avec le plan P des angles adjacents inégaux, attendu que le dièdre QABR vaut le dièdre QABM *diminué* du dièdre RABM, tandis que le dièdre PABR vaut le dièdre PABM ou son égal QABM *augmenté* du dièdre RABM.

Donc le demi-plan M est le seul perpendiculaire au plan P mené par la droite AB, d'un même côté du plan P.

476. — **Définitions**. — Un demi-plan R est dit *oblique* sur un plan P (*fig.* 501), lorsqu'il forme avec ce plan deux dièdres adjacents inégaux.

On appelle **angle dièdre droit** un angle dièdre dont les deux faces sont perpendiculaires l'une sur l'autre.

54 DU PLAN.

Théorème.

477. — *Tous les angles dièdres droits sont égaux.*
Soient les deux dièdres droits PABQ et P'A'B'Q'. Alors le demi-plan Q est perpendiculaire sur P, et Q' sur P'. Je vais démontrer que ces deux dièdres sont égaux.

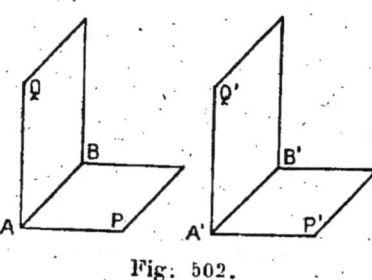

Fig. 502.

Je transporte le dièdre P'A'B'Q' sur le dièdre PABQ de façon que A'B' soit sur AB, le demi-plan P' sur le demi-plan P et, de plus, les faces Q' et Q placées d'un même côté par rapport à P.

Alors le demi-plan Q' devient perpendiculaire à P par la droite AB. Or, par cette droite AB, on ne peut mener d'un même côté de P qu'un demi-plan perpendiculaire à P; il en résulte que le plan Q' coïncide avec le plan Q.
Les angles dièdres coïncidant sont donc égaux.

478. — *Définitions.* — L'angle dièdre droit étant invariable, il est naturel de le prendre comme terme de comparaison pour les autres angles dièdres qui seront ou plus petits ou plus grands qu'un dièdre droit.

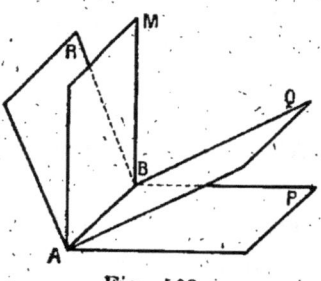

Fig. 503.

On appelle angle dièdre **aigu**, un dièdre plus petit qu'un dièdre droit.
Exemple : Dièdre PABQ (*fig.* 503).

On appelle angle dièdre **obtus** un dièdre plus grand qu'un dièdre droit.
Exemple : Dièdre PABR (*fig.* 503).

ANGLES DIÈDRES.

— Deux dièdres dont la somme est égale à un dièdre droit sont dits *complémentaires*.

L'un des angles dièdres est dit le *complément* de l'autre.

Pour avoir le dièdre complémentaire d'un dièdre aigu PABQ (*fig.* 504), il suffit de mener par la droite AB le demi-plan M perpendiculaire au demi-plan P et du même côté que le demi-plan Q : le dièdre QABM est le complément du dièdre PABQ. En effet, on a :

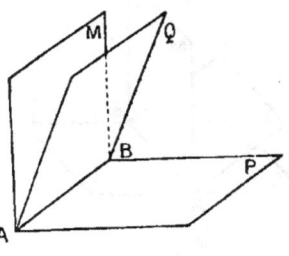

Fig. 504.

dièdre PABQ + dièdre QABM = 1 dièdre droit.

— Il est évident que : *des angles dièdres égaux ont des compléments égaux*, et réciproquement : *à des compléments égaux, correspondent des angles dièdres égaux*.

— Deux angles dièdres dont la somme est égale à deux dièdres droits sont dits *supplémentaires*.

L'un des angles dièdres est dit le *supplément* de l'autre.

En particulier, si un dièdre est droit, son supplément l'est aussi.

Il est évident que : *des angles dièdres égaux ont des suppléments égaux*, et réciproquement : *à des suppléments égaux, correspondent des angles dièdres égaux*.

Théorème.

479. — *Deux dièdres adjacents qui ont leurs faces non communes dans le prolongement l'une de l'autre sont supplémentaires.*

Soient les deux dièdres adjacents PABR et RABQ

dont les faces non communes P et Q sont en prolongement ; je dis que l'on a :

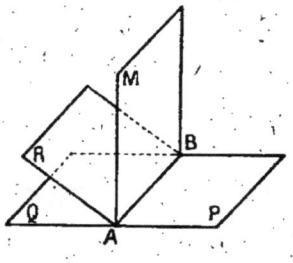

Fig. 505.

dièdre PABR + dièdre RABQ = 2 dièdres droits.

En effet, par la droite AB je mène le demi-plan M perpendiculaire au plan commun des faces P et Q et du même côté de ce plan que le demi-plan R ; on a :

dièdre PABR = dièdre PABM + dièdre MABR.

Si, à ces deux quantités égales, j'ajoute le même dièdre RABQ, on a encore une égalité :

dièdre PABR + dièdre RABQ = dièdre PABM + dièdre MABR + dièdre RABQ,

ou encore :

dièdre PABR + dièdre RABQ = 2 dièdres droits.

Conséquence. — Pour construire le supplément d'un dièdre PABR, il suffit de prolonger le demi-plan P au delà de l'arête AB suivant Q : le dièdre RABQ est le supplément du dièdre PABR, puisqu'on a :

dièdre PABR + dièdre RABQ = 2 dièdres droits.

Théorème réciproque.

480. — *Si deux dièdres adjacents sont supplémentaires, leurs faces non communes sont dans le prolongement l'une de l'autre.*

Soient les deux dièdres supplémentaires PABR et RABQ : je dis que les demi-plans P et Q ne font qu'un seul et même plan.

ANGLES DIÈDRES.

En effet, je prolonge le demi-plan Q suivant P'; alors le dièdre P'ABR est le supplément du dièdre RABQ.

Or, par hypothèse, le dièdre PABR est aussi le supplément du dièdre RABQ; on a donc :

dièdre P'ABR = dièdre PABR,

ce qui montre que le demi-plan P' coïncide avec le demi-plan P.

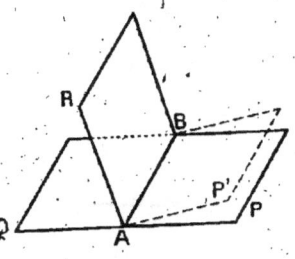

Fig. 506.

481. — **Conséquence.** — *Si par la droite AB du plan P (fig. 507) on mène de part et d'autre du plan P les demi-plans R et S perpendiculaires au plan P, les demi-plans R et S ne font qu'un seul et même plan.*

En effet, les dièdres PABR et PABS valant chacun un dièdre droit, sont adjacents supplémentaires ; donc les demi-plans R et S sont dans le prolongement l'un de l'autre.

On dit alors que le *plan* formé par R et S est perpendiculaire au plan P.

Réciproquement. — Le demi-plan P et son prolongement Q forment avec R ou S des dièdres adjacents égaux puisqu'ils sont droits; on conclut que le plan formé par les faces P et Q est aussi perpendiculaire à R ou à S, c'est-à-dire au plan formé par les faces R et S.

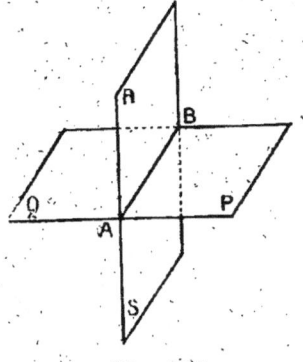

Fig. 507.

— Deux plans perpendiculaires entre eux sont encore appelés des plans *rectangulaires*.

Théorème.

482. — *Si par une droite AB d'un plan P on mène*

58 DU PLAN.

d'un même côté de ce plan des demi-plans en nombre quelconque, la somme des dièdres **consécutifs** ainsi formés est égale à **deux** dièdres droits.

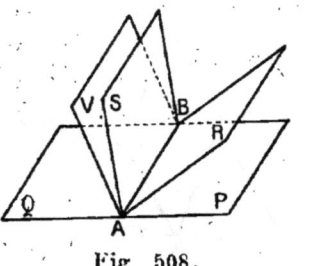

Fig 508.

Soient, par exemple, les demi-plans R, S et V. La somme des dièdres consécutifs PABR, RABS, SABV, VABQ est égale à la somme des dièdres adjacents supplémentaires PABR et RABQ ; donc elle vaut deux dièdres droits.

Théorème.

483. — *La somme de tous les dièdres* **consécutifs** *formés par des demi-plans en nombre quelconque menés par une droite* AB *de l'espace, est égale à* **quatre** *dièdres droits.*

En effet, en prolongeant le demi-plan P suivant P', la somme cherchée est formée de la somme des dièdres d'arête commune AB et situés de chaque côté du plan PP'. La somme cherchée est donc formée de deux sommes de dièdres valant chacune deux dièdres droits ; donc la somme totale vaut quatre dièdres droits.

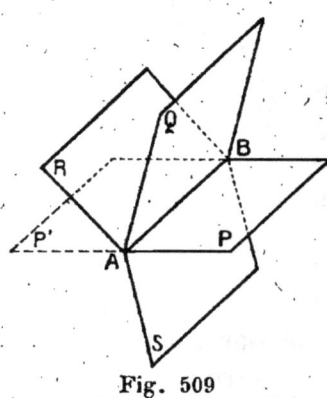

Fig. 509.

484. — **Définition**. — Le plan *bissecteur* d'un angle dièdre est un demi-plan passant par l'arête et qui partage ce dièdre en deux dièdres égaux

ANGLES DIÈDRES.

Ainsi, le demi-plan R (*fig.* 510) est le plan bissecteur du dièdre PABQ si l'on a :

dièdre PABR = dièdre RABQ.

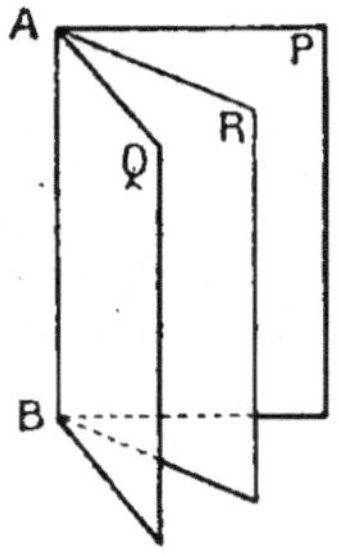

Théorème.

485. — *Il existe, pour un angle dièdre donné, un plan bisseteur et un seul.*

En effet, par l'arête AB (*fig.* 511), je mène un demi-plan S dans le dièdre PABQ ; puis, supposant le demi-plan S coïncidant avec le demi-plan P, je le fais tourner autour de AB comme charnière, dans le sens de la flèche.

Fig. 510.

Le dièdre PABS va en augmentant, tandis que le dièdre SABQ va en diminuant. Or, la somme de ces deux dièdres est invariable ; on conçoit donc une position de S, soit R, pour laquelle les deux dièdres sont égaux. Alors, le demi-plan R est bissecteur.

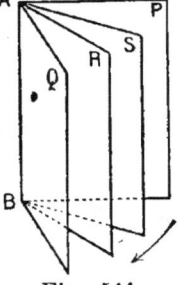

Je dis maintenant que ce plan est unique. En effet, tout autre demi-plan S fait avec P et Q des angles dièdres inégaux, attendu que le dièdre PABS vaut

Fig. 511.

le dièdre PABR *diminué* du dièdre SABR, tandis que le dièdre SABQ vaut le dièdre RABQ ou son égal PABR *augmenté* du dièdre SABR.

Théorème.

486. — *Les plans bissecteurs de deux angles dièdres adjacents supplémentaires sont perpendiculaires.*

Soient les deux dièdres adjacents supplémentaires

PABR et RABQ : je dis que leurs plans bissecteurs S et M sont perpendiculaires.

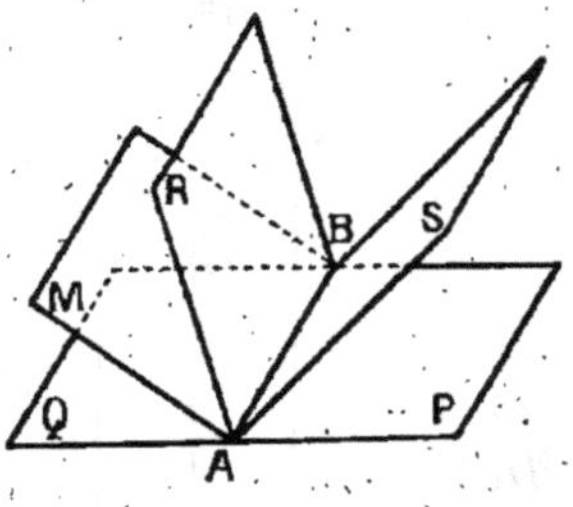

En effet, par hypothèse, on a :

$$\text{dièdre SABR} = \frac{\text{dièdre PABR}}{2},$$

$$\text{dièdre RABM} = \frac{\text{dièdre RABQ}}{2}.$$

Fig. 512.

Additionnant membre à membre ces égalités, on obtient :

$$\text{dièdre SABR} + \text{dièdre RABM} = \frac{\text{dièdre PABR} + \text{dièdre RABQ}}{2}$$

ou

$$\text{dièdre SABR} + \text{dièdre RABM} = 1 \text{ dièdre droit}.$$

Théorème réciproque.

487. — *Si les plans bissecteurs de deux dièdres adjacents sont perpendiculaires, ces dièdres sont supplémentaires.*

Soient les deux dièdres adjacents PABR et RABQ (*fig.* 512) et S et M leurs plans bissecteurs tels que l'on ait :

$$\text{dièdre SABR} + \text{dièdre RABM} = 1 \text{ dièdre droit},$$

d'où l'on tire :

$$2\,\text{dièdre SABR} + 2\,\text{dièdre RABM} = 2 \text{ dièdres droits},$$

ou encore :

$$\text{dièdre PABR} + \text{dièdre RABQ} = 2 \text{ dièdres droits}.$$

Donc les dièdres adjacents PABR et RABQ sont supplémentaires.

488. — **Définition.** — On appelle dièdres *opposés par*

ANGLES DIÈDRES.

l'arête deux dièdres d'arête et commune tels que les faces de l'un soient les prolongements des faces de l'autre.

Exemple. — Les dièdres PABQ et RABS sont opposés par l'arête (*fig.* 513).

Théorème.

489. — *Deux dièdres opposés par l'arête sont égaux.*

Soient les deux dièdres PABQ et RABS opposés par l'arête : je dis qu'ils sont égaux.

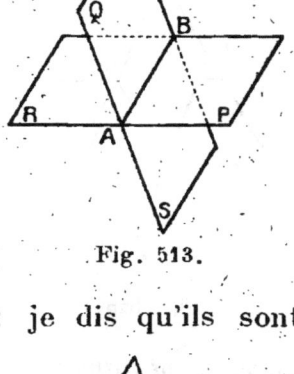

Fig. 513.

En effet, puisque R est le prolongement de P, le dièdre PABQ a pour supplément le dièdre QABR; de même, puisque S est le prolongement de Q, le dièdre RABS a aussi pour supplément le dièdre QABR. Les dièdres PABQ et RABS ayant le même supplément sont donc égaux.

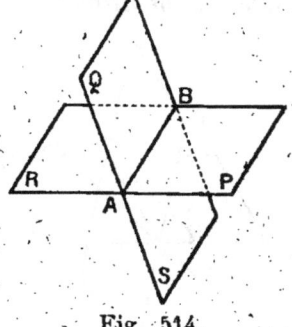

Fig. 514.

Théorème réciproque.

490. — *Si deux dièdres PABQ et RABS de même arête AB sont égaux, et si deux de leurs faces P et R sont dans le prolongement l'une de l'autre, leurs deux autres faces Q et S situées de part et d'autre du plan des faces P et R sont aussi dans le prolongement l'une de l'autre.*

En effet, je prolonge le demi-plan Q suivant S'; on obtient ainsi le dièdre RABS' égal au dièdre PABQ

(489). Mais, par hypothèse, le dièdre RABS est aussi égal au dièdre PABQ; on a donc :

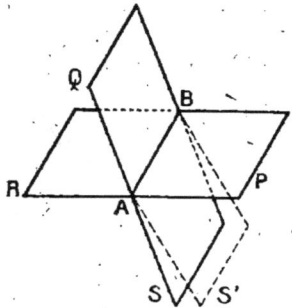

Fig. 515.

dièdre RABS' = dièdre RABS,

ce qui montre que les deux demi-plans S' et S coïncident.

Théorème.

491. — *Les plans bissecteurs de deux dièdres opposés par l'arête sont dans le prolongement l'un de l'autre.*

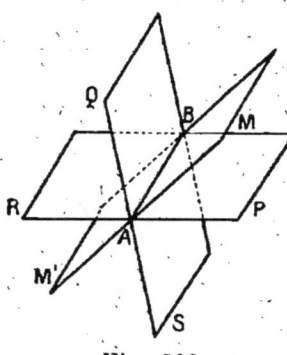

Fig. 516.

Soient les dièdres PABQ et RABS opposés par l'arête, M le demi-plan bissecteur du dièdre PABQ et M' le demi-plan bissecteur du dièdre RABS : je dis que M' est dans le prolongement de M.

En effet, les dièdres PABQ et RABS sont égaux comme opposés par l'arête; donc leurs moitiés sont égales, et l'on a :

dièdre PABM = dièdre RABM'.   (1)

Mais les faces P et R sont dans le prolongement l'une de l'autre; de plus M et M' sont de part et d'autre du plan des faces P et R; donc, dans ces conditions, à cause de l'égalité (1) les demi-plans M' et M sont dans le prolongement l'un de l'autre (490).

MESURE DES ANGLES DIÈDRES.

On a défini précédemment l'égalité et l'addition de

ANGLES DIÈDRES.

deux dièdres; donc un dièdre est une grandeur mesurable.

La mesure d'un angle dièdre se ramène à la mesure d'un angle tracé dans un plan de la manière suivante :

492. — Définition. — Étant donné un angle dièdre PABQ, si, en un point O de l'arête AB, on élève la perpendiculaire OC à AB dans la face P, et la perpendiculaire OD à AB dans la face Q, l'angle $\widehat{COD}$ ainsi formé est appelé **l'angle rectiligne** ou **l'angle plan** du dièdre PABQ.

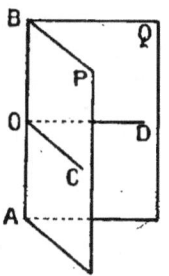

Fig. 517.

— Pour justifier cette définition, il faut établir que : *la grandeur de l'angle plan du dièdre est indépendante de la position du point O pris sur l'arête.*

En effet, soit $\widehat{C'O'D'}$ l'angle plan construit en un autre point O' de l'arête AB. Les demi-droites OC et O'C' perpendiculaires à la droite AB dans le plan P sont parallèles; de plus, elles sont de même sens, puisqu'elles sont d'un même côté de AB. De même, les demi-droites OD et O'D' perpendiculaires à AB dans le plan Q sont aussi parallèles et de même sens. Donc les angles $\widehat{COD}$ et $\widehat{C'O'D'}$ sont égaux.

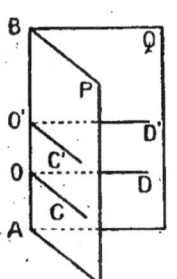

Fig. 518.

— On remarquera que le plan COD est perpendiculaire à l'arête AB au point O. Donc l'angle plan peut être obtenu en coupant le dièdre par un plan perpendiculaire à l'arête.

RELATIONS ENTRE DEUX ANGLES DIÈDRES ET LEURS ANGLES PLANS.

Théorème.

493. — *Si deux angles dièdres sont égaux, leurs angles plans sont égaux, et réciproquement.*

1° Soient deux dièdres AB et A′B′ égaux par hypothèse. Je suppose, pour simplifier, que les angles $\widehat{CAE}$ et $\widehat{C'A'E'}$ soient les angles plans de ces dièdres : je dis qu'ils sont égaux.

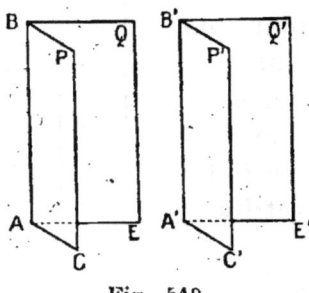

Fig. 519.

En effet, les deux dièdres étant égaux, on peut les faire coïncider, en plaçant la face P′ sur la face P et la face Q′ sur la face Q, de manière en outre que A′B′ tombant sur AB, le point A′ soit en A. Dans ces conditions, la perpendiculaire A′C′ à AB au point A dans le plan P coïncide avec AC, car, dans ce plan, au point A, il n'y a qu'une demi-droite perpendiculaire à AB. De même A′E′ coïncide avec AE dans le plan Q ; on a donc bien :

$$\widehat{C'A'E'} = \widehat{CAE}.$$

2° *Réciproquement*, je suppose que les angles rectilignes $\widehat{CAE}$ et $\widehat{C'A'E'}$ soient égaux, par hypothèse : je dis que les deux dièdres AB et A′B′ sont égaux.

En effet, je transporte le dièdre A′B′ sur le dièdre AB de manière que l'angle $\widehat{C'A'E'}$ coïncide avec son égal $\widehat{CAE}$, A′C′ tombant sur AC et A′E′ sur AE. Comme, au point A, il n'existe qu'une perpendiculaire au plan CAE, il en résulte que A′B′ perpendiculaire au plan C′A′E′ viendra nécessairement coïncider avec AB.

Les deux droites A′C′ et A′B′ du plan P′ coïncidant avec les deux droites AC et AB du plan P, on en conclut que les deux plans P′ et P coïncident. On voit de même que les deux plans Q′ et Q coïncident. Les deux dièdres coïncidant sont donc égaux.

Conséquence. — Si deux angles dièdres sont inégaux, leurs angles plans sont inégaux.

ANGLES DIÈDRES.

Théorème.

494. — *Le nombre qui mesure un angle dièdre est égal au nombre qui mesure son angle plan, en prenant pour unité d'angle dièdre le dièdre correspondant à l'unité d'angle plan.*

Ce théorème résulte du théorème suivant :

495. — **Théorème.** — *Le rapport de deux angles dièdres est égal au rapport de leurs angles plans.*

Soient les deux dièdres AB et A'B' dont les angles plans respectifs sont $\widehat{CAE}$ et $\widehat{C'A'E'}$.

Je suppose l'angle plan $\widehat{C'A'E'}$ divisé en un certain nombre de parties égales, par exemple en 3 parties, et je suppose que l'une de ces parties soit contenue 2 fois dans l'angle $\widehat{CAE}$, ce qui revient à supposer que les angles $\widehat{CAE}$ et $\widehat{C'A'E'}$ ont

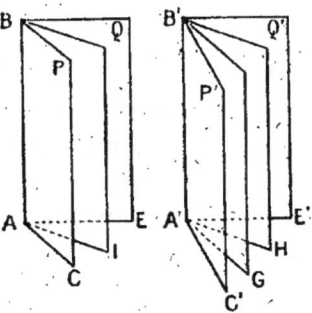

Fig. 520.

une commune mesure. Le rapport des angles $\widehat{CAE}$ et $\widehat{C'A'E'}$ est alors égal au rapport des deux nombres 2 et 3, et l'on peut écrire :

$$\frac{\widehat{CAE}}{\widehat{C'A'E'}} = \frac{2}{3}.$$

Si, par les droites de division des angles plans et les arêtes des dièdres, on fait passer des plans, on détermine ainsi des dièdres partiels égaux comme ayant des angles plans égaux. Or le dièdre AB en contient 2 et le dièdre A'B' en contient 3, ce qui revient à dire que la partie aliquote du dièdre A'B' égale au *tiers* de ce dièdre est contenue 2 fois dans le dièdre AB. Par suite,

NEVEU et BELLENGER. — Géométrie.

le rapport des deux dièdres AB et A'B' est aussi $\frac{2}{3}$; on a donc :

$$\frac{\text{dièdre AB}}{\text{dièdre A'B'}} = \frac{2}{3}.$$

Deux quantités égales à une troisième sont égales entre elles ; on a donc bien :

$$\frac{\text{dièdre AB}}{\text{dièdre A'B'}} = \frac{\widehat{\text{CAE}}}{\widehat{\text{C'A'E'}}}.$$

REMARQUE. — Ce raisonnement étant vrai si petite que soit la partie aliquote de l'angle $\widehat{\text{C'A'E'}}$ choisie pour établir la comparaison des deux angles plans, nous admettrons que le théorème est encore vrai lors même que les deux angles plans n'auraient pas de commune mesure.

On peut d'ailleurs raisonner comme on l'a fait pour l'angle au centre, en procédant comme il suit :
Je divise l'angle $\widehat{\text{C'A'E'}}$ en n parties égales et je porte l'une de ces parties le plus de fois possible dans l'angle $\widehat{\text{CAE}}$; elle n'y sera pas contenue un nombre entier de fois, sans quoi les angles $\widehat{\text{CAE}}$ et $\widehat{\text{C'A'E'}}$ auraient une commune mesure. Elle y sera contenue, par exemple, plus de p fois mais moins de $p+1$ fois ; de sorte que le rapport $\frac{\widehat{\text{CAE}}}{\widehat{\text{C'A'E'}}}$ est compris entre $\frac{p}{n}$ et $\frac{p+1}{n}$. On a donc :

$$\frac{p}{n} < \frac{\widehat{\text{CAE}}}{\widehat{\text{C'A'E'}}} < \frac{p+1}{n}. \qquad (1)$$

Par les droites de division des angles plans et les arêtes des dièdres je fais passer des plans. L'angle dièdre A'B' est ainsi divisé en n dièdres égaux, et l'un de ces dièdres est contenu

ANGLES DIÈDRES.

plus de p fois mais moins de $p+1$ fois dans le dièdre AB ; de sorte que l'on a aussi :

$$\frac{p}{n} < \frac{\text{dièdre AB}}{\text{dièdre A'B'}} < \frac{p+1}{n}. \qquad (2)$$

Les inégalités (1) et (2) montrent que les rapports $\frac{\text{dièdre AB}}{\text{dièdre A'B'}}$ et $\frac{\widehat{CAE}}{\widehat{C'A'E'}}$ sont compris entre deux nombres $\frac{p}{n}$ et $\frac{p+1}{n}$ qui diffèrent entre eux de $\frac{1}{n}$; donc ces deux rapports diffèrent entre eux de *moins* de $\frac{1}{n}$. Mais $\frac{1}{n}$ peut être aussi petit que l'on veut, puisque l'on peut prendre, par exemple, $n = 10, 100, 1000,$ etc. ; d'autre part, les deux rapports $\frac{\text{dièdre AB}}{\text{dièdre A'B'}}$ et $\frac{\widehat{CAE}}{\widehat{C'A'E'}}$ sont *fixes*, et leur différence aussi. Cette différence *fixe* étant moindre qu'un nombre $\frac{1}{n}$ aussi petit que l'on veut est *nulle*, car, autrement, on pourrait trouver un nombre $\frac{1}{n}$ plus petit qu'elle.

La différence entre les deux rapports étant nulle, on a donc dans tous les cas :

$$\frac{\text{dièdre AB}}{\text{dièdre A'B'}} = \frac{\widehat{CAE}}{\widehat{C'A'E'}}.$$

— Ceci posé, revenons à la mesure d'un angle dièdre.

Soit à mesurer le dièdre AB (*fig.* 521) dont l'angle plan est $\widehat{CAE}$. Supposons que l'angle dièdre A'B' soit l'unité d'angle dièdre et que son angle plan $\widehat{C'A'E'}$ soit l'unité d'angle plan.

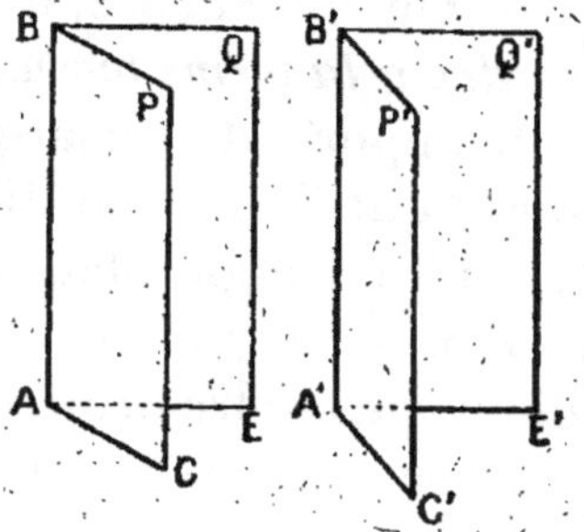

Le théorème précédent donne l'égalité :

Fig. 521.

$$\frac{\text{dièdre AB}}{\text{dièdre A'B'}} = \frac{\widehat{CAE}}{\widehat{C'A'E'}}. \qquad (1)$$

Or, le rapport de deux grandeurs de même espèce est égal au rapport des deux nombres qui les mesurent, ces grandeurs étant mesurées avec la même unité ; l'égalité (1) peut donc s'écrire ainsi :

$$\frac{\textit{nombre mesurant dièdre } AB}{\textit{nombre mesurant dièdre } A'B'} = \frac{\textit{nombre mesurant } \widehat{CAE}}{\textit{nombre mesurant } \widehat{C'A'E'}}. \quad (2)$$

Or, le nombre qui mesure le dièdre A'B' est 1, puisque le dièdre A'B' est l'unité d'angle dièdre ; de même, le nombre qui mesure l'angle $\widehat{C'A'E'}$ est 1, puisque $\widehat{C'A'E'}$ est l'unité d'angle plan. L'égalité (2) peut donc s'écrire ainsi :

$$\frac{\textit{nombre mesurant dièdre } AB}{1} = \frac{\textit{nombre mesurant } \widehat{CAE}}{1},$$

ou enfin :

$$\textit{nombre mesurant dièdre } AB = \textit{nombre mesurant } \widehat{CAE},$$

égalité qui montre bien que : *le nombre qui mesure un angle dièdre est égal au nombre qui mesure son angle plan, en prenant pour unité d'angle dièdre le dièdre correspondant à l'unité d'angle plan.*

— On dit encore, d'une façon plus rapide : *un angle dièdre a la même mesure que son angle plan.*

Il importe de remarquer que cet énoncé suppose toujours que l'unité de dièdre est le dièdre correspondant à l'unité d'angle plan.

496. — REMARQUE. — Si on prend comme unité de dièdre le dièdre droit, on devra prendre en même temps comme unité d'angle plan, l'angle droit. Or cela est possible, car ces unités se correspondent comme l'indique la remarque suivante :

L'angle plan d'un dièdre droit est un angle droit, et réciproquement.

ANGLES DIÈDRES.

En effet, soit PABQ un dièdre droit : le prolongement P' du demi-plan P forme aussi avec le demi-plan Q un dièdre droit.

Je construis les angles plans $\widehat{COD}$ et $\widehat{C'OD}$. Les dièdres PABQ et P'ABQ étant égaux, leurs angles plans sont égaux.

Or, OC et OC' sont perpendiculaires à la droite AB dans le même plan ; donc OC' et

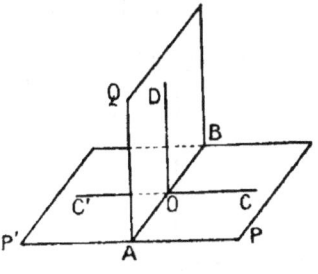

Fig. 522.

OC sont en prolongement. Il en résulte que les angles égaux $\widehat{COD}$ et $\widehat{C'OD}$ sont supplémentaires, donc ils sont droits.

Réciproquement, soit un dièdre PABQ dont l'angle plan $\widehat{COD}$ est droit (*fig.* 522) : je dis que le dièdre PABQ est droit.

En effet, en prolongeant le demi-plan P en P', on obtient le dièdre P'ABQ supplément du dièdre PABQ. La droite CO étant perpendiculaire à AB, son prolongement OC' l'est aussi, de sorte que l'angle $\widehat{C'OD}$ est l'angle plan du dièdre P'ABQ.

Or, l'angle $\widehat{COD}$ est droit, par hypothèse ; donc son supplément $\widehat{C'OD}$ l'est aussi. Les dièdres PABQ et P'ABQ ayant des angles plans égaux sont égaux, et, comme ces dièdres sont supplémentaires, chacun d'eux est droit. Donc le dièdre PABQ est droit.

— De ce qui précède, il résulte que, si l'on prend pour unité d'angle plan l'angle de *un degré*, on dira que le dièdre correspondant est de un *degré*. De sorte que, lorsqu'on dit qu'un angle dièdre vaut 60 degrés, par exemple, on entend par cela que son angle plan vaut 60 degrés.

Il en sera de même si l'on considère la division en *grades*.

497. — *Orientation d'un dièdre.* — Quand on compare deux dièdres AB et A'B', on a parfois besoin de distinguer dans quel sens il faut faire tourner autour des arêtes AB et A'B' respectivement chacune des *premières* faces P et P' pour les amener sur les *secondes* faces Q et Q' en décrivant les deux dièdres.

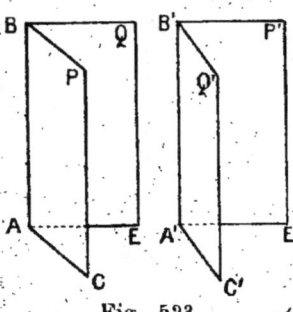

Fig. 523.

Si, après avoir imaginé un observateur placé les pieds en A et perpendiculairement au plan du rectiligne $\widehat{CAE}$ suivant AB, cet observateur voit, en regardant l'intérieur du dièdre, le demi-plan P tourner de sa droite à sa gauche pour décrire le dièdre et venir sur le demi-plan Q, on dira que le dièdre est de sens *direct*. Au cas contraire, on dira qu'il est de sens *rétrograde*.

Cette convention dépend évidemment de la façon dont l'observateur est placé le long de l'arête du dièdre.

Ce sens étant celui de A vers B et de A' vers B' pour les deux dièdres considérés (*fig.* 523), ces deux dièdres seront : le premier de sens direct et le second de sens rétrograde.

§ II. — Plans perpendiculaires.

On a défini précédemment deux plans perpendiculaires (474) ou rectangulaires.

Théorème.

498. — *Si une droite* AB *est perpendiculaire à un plan* P, *tout plan contenant la droite* AB *est perpendiculaire au plan* P.

PLANS PERPENDICULAIRES.

Soit Q un plan passant par la droite AB supposée perpendiculaire au plan P : je vais démontrer que les plans Q et P sont perpendiculaires.

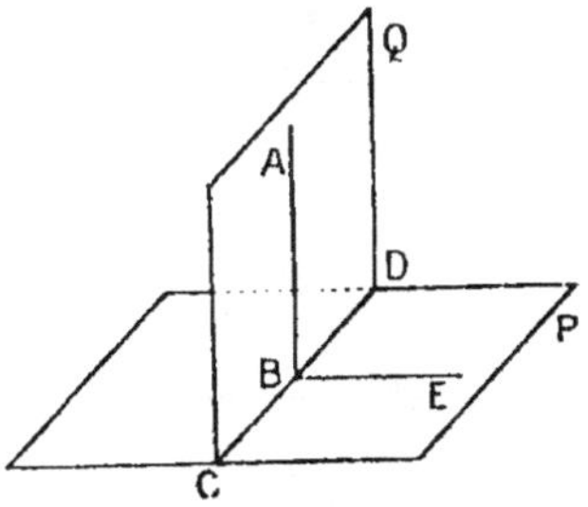

Pour cela, je forme le rectiligne du dièdre des deux plans Q et P et, à cet effet, je mène au point B, dans le plan P, la perpendiculaire BE à l'intersection CD des deux plans. Comme AB, dans le plan Q est, par hypothèse, perpendiculaire à CD, le rectiligne est $\widehat{ABE}$.

Fig. 524.

Or, AB étant perpendiculaire au plan P est perpendiculaire à la droite BE de ce plan ; donc l'angle $\widehat{ABE}$ est droit. On conclut de là (496) que le dièdre formé par les plans P et Q est droit.

Donc les plans Q et P sont perpendiculaires entre eux.

499. — REMARQUE. — Ce théorème s'énonce utilement encore sous la forme suivante :

Si un plan P est perpendiculaire à une droite AB contenue dans un plan Q, ce plan P est perpendiculaire au plan Q.

Théorème.

500. — *Deux plans P et Q étant rectangulaires, si, dans l'un d'eux Q, on mène une droite AB perpendiculaire à l'intersection des deux plans, cette droite est perpendiculaire à l'autre plan.*

En effet, je mène dans le plan P la droite BE perpendiculaire à l'intersection CD ; je forme ainsi l'angle rectiligne $\widehat{ABE}$ du dièdre PCDQ (*fig.* 525).

Or, par hypothèse, ce dièdre est droit, donc le rectiligne est droit aussi. La droite AB est, par suite, perpendiculaire aux deux droites BE et CD du plan P, donc cette droite AB est perpendiculaire au plan P.

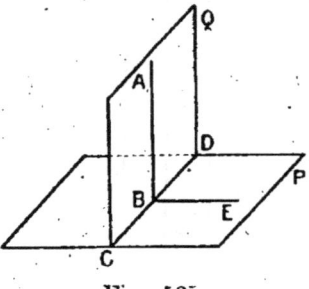

Fig. 525.

501. — REMARQUE. — Les deux théorèmes précédents donnent la condition *nécessaire et suffisante* pour que deux plans soient perpendiculaires entre eux. On peut, en effet, énoncer les deux théorèmes comme il suit :

Pour que deux plans soient perpendiculaires entre eux, il faut et il suffit que l'un d'eux contienne une perpendiculaire à l'autre.

Le premier théorème (498) montre que la condition est suffisante, et le deuxième théorème (500) montre que la condition est nécessaire.

Théorème.

502. — *Deux plans P et Q étant rectangulaires, si, d'un point du plan Q, on mène la perpendiculaire au plan P, cette droite est tout entière dans le plan Q.*

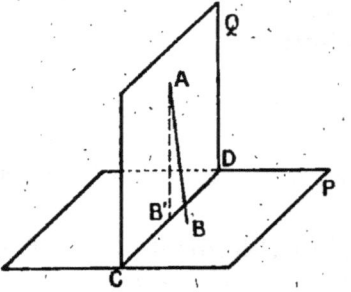

Fig. 526.

Soient les deux plans P et Q rectangulaires et AB la perpendiculaire menée d'un point A du plan Q sur le plan P : je vais démontrer que AB est dans le plan Q.

En effet, si je mène, dans le plan Q, la perpendiculaire AB' sur l'intersection CD des deux plans, cette

PLANS PERPENDICULAIRES.   73

droite AB' est, d'après le théorème précédent, perpendiculaire au plan P. Or, la perpendiculaire menée du point A sur le plan P est *unique*, donc AB est confondue avec AB', et par suite AB est tout entière dans le plan Q.

REMARQUE. — La démonstration serait identique si le point A était sur l'intersection CD.

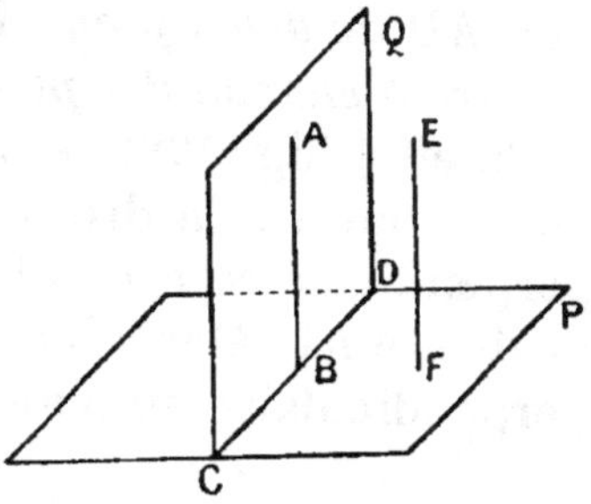

503. — **Conséquence.** — *Une droite* EF *et un plan* Q *perpendiculaires à un plan* P *sont parallèles.*

En effet, si je mène par un point A du plan Q la perpendiculaire AB au plan P, cette droite AB est dans le plan Q

Fig. 527.

(502), et, de plus, elle est parallèle à EF (435). La droite EF étant parallèle à une droite du plan Q est parallèle à ce plan (443).

Théorème.

504. — *Si deux plans* P *et* Q *qui se coupent sont perpendiculaires à un même plan* R, *leur intersection est perpendiculaire à ce troisième plan* R.

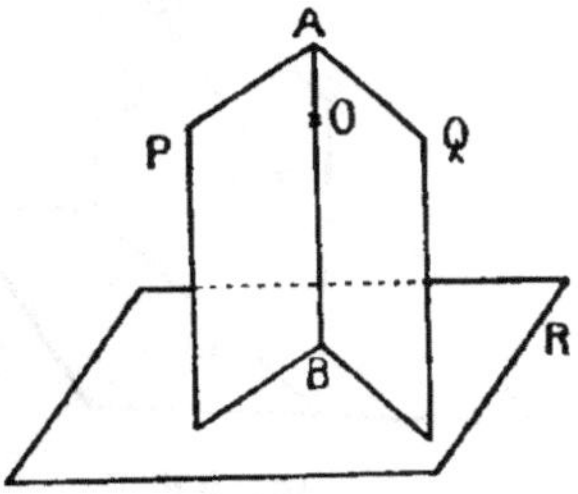

Soient les deux plans P et Q perpendiculaires au même plan R : je dis que leur intersection AB est perpendiculaire au plan R.

En effet, si, par un point O de l'intersection AB des deux

Fig. 528.

plans, je mène la perpendiculaire au plan R, cette droite doit être contenue tout entière dans les deux plans P et Q (502) ; donc cette perpendiculaire n'est autre que l'intersection AB des deux plans.

Théorème réciproque.

505. — *Si un plan R est perpendiculaire à l'intersection AB de deux plans P et Q, ce plan R est perpendiculaire à chacun des plans P et Q.*

En effet (fig. 528), le plan R étant par hypothèse perpendiculaire à la droite AB qui est dans le plan P est perpendiculaire à ce plan (499). Pour la même raison, la droite AB étant dans le plan Q, le plan R est aussi perpendiculaire au plan Q.

Théorème.

506. — *Par une droite AB non perpendiculaire à un plan P, on peut toujours mener un plan perpendiculaire au plan P, et on n'en peut mener qu'un seul.*

En effet, d'un point A quelconque de AB j'abaisse AC perpendiculaire sur le plan P. Les deux droites concourantes AB et AC déterminent un plan Q perpendiculaire au plan P, puisque le plan Q contient une perpendiculaire AC au plan P (498).

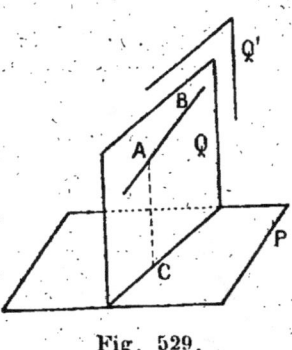

Fig. 529.

Je dis maintenant que le plan Q est unique. En effet, je suppose que, par la droite AB, on puisse faire passer un deuxième plan Q' perpendiculaire au plan P. Alors la perpendiculaire AC au plan P devra se trouver tout entière dans le plan Q' (502) ; les deux plans Q et Q' ayant deux droites communes AB et AC sont confondus. Donc, par la droite AB, on ne peut mener qu'un seul plan perpendiculaire au plan P.

EXERCICES PROPOSÉS.

361. — On donne trois angles dièdres adjacents égaux et dont la somme est égale à deux dièdres droits : trouver les angles formés par les demi-plans bissecteurs.

362. — Trouver le lieu des points équidistants de deux plans qui se coupent.

363. — Trouver le lieu des points de l'espace dont le rapport des distances à deux plans qui se coupent est constant.

364. — Étant données deux droites parallèles, on mène par l'une un plan M variable, et par l'autre un plan P perpendiculaire au plan M. Trouver le lieu du point de rencontre de l'intersection des plans M et P avec un plan perpendiculaire aux deux droites données.

365. — Trouver le lieu des points de l'espace dont la somme des distances à deux plans qui se coupent est constante et égale à l.

366. — Trouver le lieu des points de l'espace dont la différence des distances à deux plans qui se coupent est constante et égale à l.

367. — On donne deux droites D et D' qui se coupent. Trouver le lieu des points de l'espace également distants de ces deux droites.

368. — On donne deux droites D et D' qui se coupent. Trouver le lieu des droites de l'espace passant par leur point de rencontre et également inclinées sur chacune d'elles.

369. — Lieu des points de l'espace équidistants de trois points donnés.

370. — On donne un plan P et deux droites quelconques D et D' de l'espace. Mener dans le plan P, par un point O de ce plan, une droite faisant des angles égaux avec D et D'.

371. — Si dans un quadrilatère gauche, c'est-à-dire un quadrilatère dont les côtés ne sont pas dans un même plan, les côtés opposés sont orthogonaux, démontrer que les deux diagonales sont aussi orthogonales.

372. — Trouver toutes les directions de plans qui coupent un dièdre droit suivant un angle droit.

CHAPITRE III

PROJECTIONS. — PERPENDICULAIRE COMMUNE A DEUX DROITES.

§ I. — Projections orthogonales sur un plan.

507. — Définition. — On appelle **projection orthogonale** d'un point A sur un plan P (*fig.* 530), le pied a de la perpendiculaire abaissée de ce point A sur le plan P.

La droite Aa s'appelle une *projetante*.

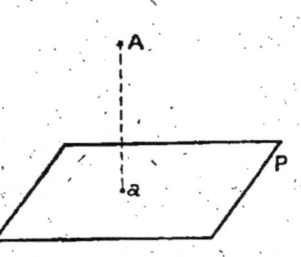

Fig. 530.

Si on projette orthogonalement sur un plan P tous les points d'une figure F quelconque de l'espace, on obtient sur le plan P une autre figure f qu'on appelle la projection orthogonale de F sur le plan P.

Ainsi, la projection orthogonale d'une droite D sur un plan P sera le lieu géométrique sur ce plan P des projections de tous les points de la droite D.

Théorème.

508. — *La projection orthogonale sur un plan* P *d'une droite* D *non perpendiculaire au plan* P *est une droite.*

Soit la droite D non perpendiculaire au plan P (*fig.* 531) : je vais démontrer que les projections de tous les points de D sur le plan P sont sur une même ligne droite.

En effet, je projette deux points A et B de la droite D en a et b sur le plan P, et je joins a et b par une droite.

Le plan ABab contenant la droite Aa perpendiculaire au plan P est perpendiculaire à ce plan (498); donc, si du point quelconque C de la droite D située dans le plan ABab j'abaisse la perpendiculaire Cc sur le plan P, cette projetante Cc sera contenue tout entière dans le plan ABab (502), et, par suite, le point c sera sur ab.

La projection de la droite D sur le plan P est donc la droite illimitée ab.

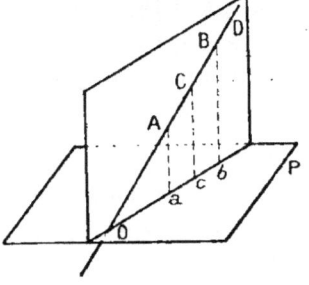

Fig. 531.

REMARQUE. — Cette projection se réduit à un point si la droite D est perpendiculaire au plan P.

509. — **Définitions**. — Le plan ABab mené par la droite D de l'espace et perpendiculaire au plan P s'appelle le **plan projetant** la droite.

Le point O où la droite D perce, en général, le plan P s'appelle **trace** de cette droite sur le plan.

Ce point O qui est à lui-même sa projection est, par suite, situé sur la droite illimitée ab projection de D.

Théorème.

510. — *Un segment de droite AB parallèle à un plan P est projeté sur ce plan en vraie grandeur.*

Soit le segment de droite AB parallèle au plan P.

La projection d'une droite sur un plan étant une droite, il suffit de projeter deux points pour obtenir cette projection. Je projette donc en a et b les extrémités A et B du segment ; alors la droite ab est la projection du segment AB sur le plan.

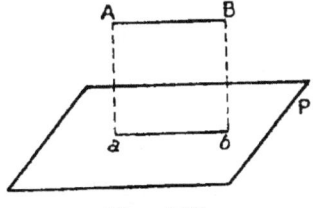

Fig. 532.

Or, les droites Aa et Bb perpendiculaires au plan P sont parallèles ; de plus, AB parallèle au plan P est parallèle à ab, on voit donc que le quadrilatère ABba est un rectangle, et l'on a :

$$ab = AB,$$

ce qui montre que la projection du segment a la même longueur que le segment lui-même, ce que l'on exprime en disant que le segment AB est projeté sur le plan P en vraie grandeur.

Théorème.

511. — *Les projections orthogonales, sur un même plan, de deux droites parallèles, sont, en général, parallèles.*
Soient les deux droites parallèles AB et CD et leurs projections ab et cd sur le plan P : je dis que ab et cd sont parallèles.

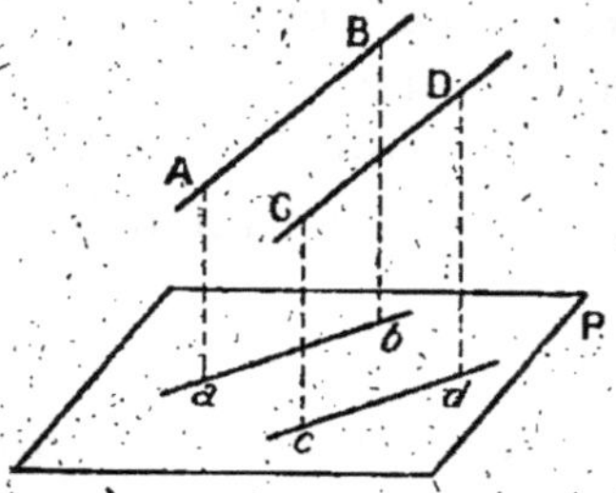

En effet, les projections ab et cd sont les intersections des deux plans projetants ABab, CDcd avec le plan P.

Or, les plans ABab et CDcd contenant AB et CD, Aa et Cc qui sont respectivement parallèles, sont des plans parallèles (462). Donc leurs intersections par le plan P sont des droites parallèles (457), ce qui démontre que ab et cd sont parallèles.

Fig. 533.

Projection d'un angle droit sur un plan.

512. — **Théorème.** — *Pour qu'un angle droit de l'espace se projette orthogonalement sur un plan suivant*

PROJECTIONS.

un *angle droit, il faut et il suffit que cet angle droit ait un côté au moins parallèle au plan de projection.*

1° *La condition est suffisante,* c'est-à-dire que si un angle droit $\widehat{ABC}$ a un côté BA parallèle au plan P de projection, je dis que sa projection orthogonale $\widehat{abc}$ sur le plan P est un angle droit.

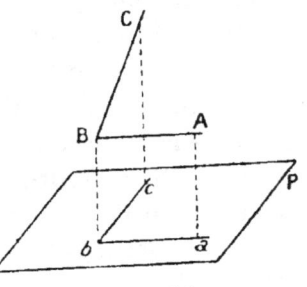

Fig. 534.

En effet, BA étant parallèle au plan P, sa projection ba est parallèle à BA (444); or BA fait un angle droit avec BC par hypothèse, donc ba fait aussi un angle droit avec BC. Mais ba est aussi perpendiculaire à la projetante Bb; donc ba est perpendiculaire au plan CBbc et, en particulier, à la droite bc de ce plan. Donc l'angle $\widehat{abc}$ est droit.

2° *La condition est nécessaire,* c'est-à-dire que si un angle droit $\widehat{ABC}$ se projette sur un plan P suivant un angle droit $\widehat{abc}$, un de ses côtés au moins est parallèle au plan P.

Je suppose que BC ne soit pas parallèle au plan P; je vais démontrer que BA est parallèle à ce plan.

En effet, bc est, par hypothèse, perpendiculaire à ba; en outre, bc est perpendiculaire à la projetante Bb, donc bc est perpendiculaire au plan ABba et, par suite, à la droite BA de ce plan.

Ainsi, la droite BA est perpendiculaire à la droite bc; de plus, par hypothèse, elle est perpendiculaire à BC non parallèle à bc, donc BA est perpendiculaire au plan CBbc et, par suite, à la droite Bb de ce plan.

La droite BA et le plan P étant perpendiculaires à la même droite Bb sont parallèles (451).

REMARQUE. — La démonstration précédente suppose

évidemment que le plan ABC de l'angle droit de l'espace n'est pas perpendiculaire au plan P ; c'est-à-dire que les droites *ba* et *bc* sont distinctes sur le plan P.

— Enfin, d'après la définition de l'angle de deux droites quelconques de l'espace (426), le théorème s'applique évidemment à deux droites *orthogonales* de l'espace qui ne se rencontrent pas. Il suffira de mener par un point de l'une des droites une parallèle à l'autre, pour être ramené au théorème précédent.

513. — **Définition**. — On appelle angle d'une droite avec un plan l'angle *aigu* que fait cette droite avec sa projection orthogonale sur le plan.

Cette définition est justifiée par le théorème suivant :

Théorème.

514. — *L'angle d'une droite* AB *avec sa projection orthogonale sur un plan* P *est plus petit que l'angle aigu formé par cette droite* AB *avec toute autre droite du plan* P.

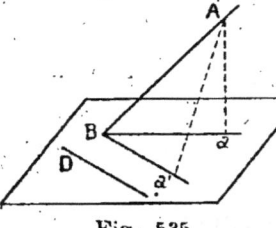

Fig. 535.

Soit *a*B la projection orthogonale de AB sur le plan P, et D une droite quelconque du plan P. Par le point B où la droite AB perce le plan P, je mène B*a'* parallèle à D ; soit $\widehat{ABa'}$ l'angle aigu que forme AB avec D : je vais démontrer que l'on a :

$$\widehat{ABa} < \widehat{ABa'}.$$

Pour cela, je prends B*a'* = B*a* et je mène A*a'*. Les triangles AB*a* et AB*a'* ainsi formés ont le côté AB commun, le côté B*a* égal au côté B*a'* par construction, et le côté A*a* plus petit que le côté oblique A*a'* ; dans ces conditions, on sait qu'au plus petit côté est opposé le plus petit angle (91) : on a donc :

$$\widehat{ABa} < \widehat{ABa'}.$$

Remarque. — On observera que l'angle de la droite AB et du plan est le complément de l'angle $\widehat{BAa}$ que fait cette droite avec la perpendiculaire au plan.

515. — **Définition**. — Étant donnés deux plans P et H qui se coupent, le plan H étant supposé *horizontal* (fig. 536), toute droite du plan P, telle que MC, perpendiculaire à l'intersection AB des deux plans, s'appelle **droite de plus grande pente** du plan P.

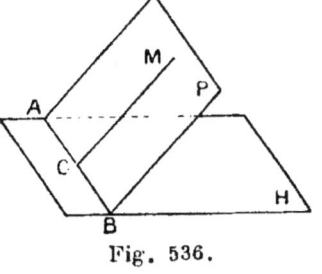

Fig. 536.

— Le théorème suivant justifie cette définition.

Théorème.

516. — *Une droite de plus grande pente* MC *d'un plan* P *fait avec un plan horizontal* H *un angle plus grand que l'angle formé par toute autre droite* MD *du plan* P *avec le plan* H.

Soit MC une droite de plus grande pente du plan P ; l'angle de cette droite avec le plan H est l'angle $\widehat{MCm}$ que fait cette droite avec sa projection mC sur le plan H. Soit maintenant MD une autre droite quelconque du plan P ; l'angle de cette droite avec le plan H est l'angle $\widehat{MDm}$ que fait cette

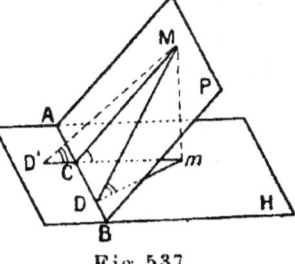

Fig. 537.

droite avec sa projection mD sur le plan H : je vais démontrer que l'on a :
$$\widehat{MCm} > \widehat{MDm}.$$

En effet, je remarque que mC est perpendiculaire sur AB (441), donc mD est une oblique, et l'on a :
$$mD > mC.$$

Sur mC, je porte $mD' = mD$ et je mène MD' ; je forme ainsi un triangle rectangle MmD$'$ égal au triangle rectangle MmD, car les côtés de l'angle droit sont égaux. Il en résulte l'égalité des angles $\widehat{D'}$ et $\widehat{D}$.

Mais l'oblique mD, et par suite mD', étant plus grande que mC, le point D' est à gauche de C, ce qui montre que l'angle $\widehat{MCm}$ est *extérieur* au triangle MCD$'$; il est donc plus grand que l'angle $\widehat{D'}$, et, par suite, plus grand que son égal $\widehat{D}$. On a donc bien :
$$\widehat{MCm} > \widehat{MDm}.$$

REMARQUE. — Il résulte du théorème précédent que, de toutes les droites du plan P passant par le point M, la perpendiculaire MC à la droite AB est celle qui fait le plus grand angle avec le plan H ; en d'autres termes, la droite MC est la droite du plan P *la plus inclinée* sur le plan H. De là, le nom de **ligne de plus grande pente** donnée à cette droite.

517. — *Définition.* — On appelle **pente** d'une droite MC par rapport au plan H (*fig.* 537) la tangente trigonométrique de l'angle $\widehat{C}$ qu'elle fait avec le plan H. Elle est égale au rapport $\dfrac{mM}{Cm}$.

Ainsi, lorsqu'on dit que la pente d'une route est $\dfrac{3}{100}$, cela indique qu'on s'élève de 3 mètres pour un déplacement *horizontal* de 100 mètres.

Si l'on se reporte à la figure 537, on voit que la pente de la droite MD est le rapport $\frac{mM}{Dm}$; or, si l'on compare les deux rapports $\frac{mM}{Cm}$ et $\frac{mM}{Dm}$, on voit qu'ils ont le même numérateur, et, en outre, on a $Cm < Dm$; il en résulte

$$\frac{mM}{Cm} > \frac{mM}{Dm},$$

ou encore :

pente de MC > *pente* de MD.

On retrouve ainsi la propriété de la droite MC.

§ II. — Perpendiculaire commune a deux droites.

518. — **Définition**. — On appelle **perpendiculaire commune**, ou *normale commune* à deux droites D et D' une droite rencontrant à la fois D et D' et formant avec chacune d'elles un angle droit.

— Le théorème suivant établit l'existence d'une telle droite.

Théorème.

519. — *Étant données deux droites* AB *et* CD *non situées dans le même plan, il existe une droite et une seule rencontrant* AB *et* CD *et qui leur soit perpendiculaire.*

En effet, si je mène un plan P perpendiculaire à la droite AB (*fig.* 538), toute droite de ce plan P est perpendiculaire à AB (430); de même, si je mène un plan Q perpendiculaire à la droite CD, toute droite de ce plan Q est perpendiculaire à CD. Or, ces deux plans ne sont pas parallèles, car, autrement, la droite AB, perpendiculaire au plan P, serait aussi perpendiculaire au plan Q et, par suite, AB serait parallèle à CD, ce qui est impossible, d'après l'hypothèse.

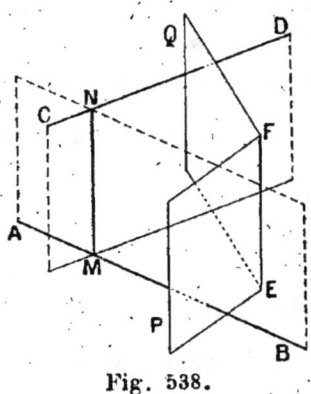

Fig. 538.

Donc les deux plans P et Q se coupent suivant une droite EF faisant à la fois un angle droit avec AB et avec CD. La droite EF est, par suite, une *direction* de perpendiculaire commune aux deux droites données.

Cette direction est *unique*, car toute droite perpendiculaire à AB est parallèle au plan P; de même, toute droite perpendiculaire à CD est parallèle au plan Q; donc toute droite perpendiculaire aux deux droites AB et CD est parallèle aux deux plans P et Q et, par conséquent, est parallèle à leur intersection EF.

Pour obtenir maintenant la perpendiculaire commune MN en *position*, il reste à mener une parallèle à la direction EF rencontrant à la fois les deux droites AB et CD. Pour cela, il suffit de mener par chacune des droites AB et CD un plan parallèle à EF; ces deux plans parallèles à EF se coupent suivant une droite *unique* MN parallèle à EF (447) et rencontrant AB et CD.

520. — REMARQUE. — On peut encore trouver autrement la *direction* de la perpendiculaire commune.

Par l'une des droites, AB par exemple (*fig.* 539), je mène le plan R parallèle à CD en traçant par un point E quelconque de AB la parallèle EH à CD (449).

Toute droite perpendiculaire à AB et à CD est perpendiculaire aux droites AB et EH du plan R, donc perpendiculaire à ce plan. Sa direction est ainsi bien déterminée, car la direction du plan R est elle-même bien déterminée.

Pour obtenir la perpendiculaire commune en *position*, on peut ensuite mener par AB le plan perpendiculaire au plan R (506), puis, par CD, le plan perpendiculaire au plan R ; l'intersection MN de ces deux derniers plans sera perpendiculaire au plan R et, par suite, perpendiculaire aux deux droites AB et CD, et, de plus, elle rencontrera ces deux droites.

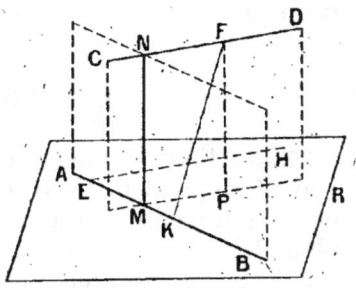

Fig. 539.

Théorème.

521. — *La plus courte distance entre deux droites* AB *et* CD, *non situées dans le même plan, est la portion* MN *de la perpendiculaire commune à ces deux droites comprise entre les deux droites.*

En effet, je joins un point F quelconque de CD à un point K quelconque de AB (*fig.* 539). Si je mène la perpendiculaire FP au plan R, les longueurs MN et PF sont égales, puisque CD est parallèle au plan R (452).

Mais la droite FP est perpendiculaire au plan R, et la droite FK est une oblique ; on a donc :

$$FP < FK,$$

c'est-à-dire :

$$NM < FK.$$

Donc NM est la plus courte distance entre les deux droites AB et CD.

522. — **Conséquence.** — Pour obtenir la *longueur* de la plus courte distance entre AB et CD, il suffira de mesurer la distance d'un point quelconque de CD au plan parallèle à CD mené par la droite AB.

EXERCICES PROPOSÉS.

373. — Étant donnée une demi-droite AB qui rencontre un plan M au point B, trouver l'angle maximum que fait AB avec une demi-droite variable passant par son pied B dans le plan M.

374. — Si on projette orthogonalement, ou obliquement, sur un plan M trois points A, B, C en ligne droite, et si a, b, c sont leurs projections, établir la relation $\dfrac{ab}{bc} = \dfrac{AB}{BC}$. — Montrer à l'aide de cette propriété que : 1° la projection du point milieu d'un segment AB est le milieu de la projection ab ; 2° que la projection du point de rencontre des médianes d'un triangle ABC est le point de rencontre des médianes de la projection abc.

375. — Les projections orthogonales ou obliques de deux droites parallèles sur un même plan sont parallèles. Indiquer le cas d'exception.

376. — La projection orthogonale ou oblique d'un parallélogramme sur un plan M est, en général, un parallélogramme. Indiquer le cas d'exception.

377. — Les projections orthogonales ou obliques sur un même plan, de deux segments parallèles et égaux AB et CD sont des segments égaux ab et cd.

378. — Étant donnés deux plans rectangulaires H et V et deux droites AB et CD de l'espace, démontrer que si les projections orthogonales de ces deux droites sur H sont parallèles, ainsi que leurs projections orthogonales sur V, les droites AB et CD sont parallèles. Indiquer le cas d'exception.

379. — Si un angle aigu ou obtus a un de ses côtés parallèles à un plan M, sa projection orthogonale sur ce plan est, en même temps, un angle aigu ou obtus.

380. — La projection orthogonale d'un angle droit sur un plan non parallèle à l'un de ses côtés est un angle aigu si le plan coupe un côté et le prolongement de l'autre. Dans tout autre cas, la projection est un angle obtus.

381. — La projection orthogonale de l'aire S d'un triangle

sur un plan M est égale à S × cos V, V désignant l'angle aigu du plan du triangle avec le plan M.

382. — On donne deux droites orthogonales D et D'. Trouver le lieu du milieu d'un segment de longueur constante dont les extrémités s'appuient sur D et D'.

383. — On donne une droite D. Par un point fixe A passe une droite mobile D' : trouver le lieu du pied de la perpendiculaire commune sur D', lorsque D' reste orthogonale à la droite D.

384. — Lieu géométrique des droites issues d'un point donné et dont la plus courte distance avec une droite donnée est égale à une longueur l.

CHAPITRE IV

ANGLES TRIÈDRES

§ I. — Théorèmes généraux sur les trièdres.

523. — *Définitions.* — On appelle **angle trièdre**, ou plus simplement **trièdre**, la figure formée par trois plans distincts qui ont un point commun, ces plans étant limités à leurs droites d'intersection deux à deux, et ces droites étant elles-mêmes limitées au point commun.

Le point S commun aux trois plans (*fig.* 540) s'appelle le *sommet* du trièdre, et les trois demi-droites SA, SB, SC sont les *arêtes* du trièdre.

On nomme un trièdre en énonçant d'abord la lettre du sommet, puis une lettre sur chaque arête. Ainsi, on dit : *le trièdre* SABC.

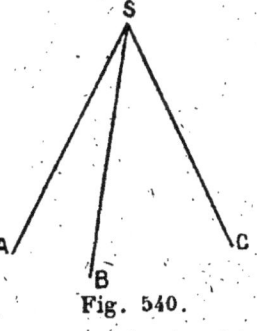

Fig. 540.

— On appelle **faces** d'un trièdre les angles des arêtes deux à deux.

88   DU PLAN.

Ainsi, les faces du trièdre SABC sont les angles $\widehat{ASB}$, $\widehat{BSC}$, $\widehat{CSA}$.

On remarquera que les faces d'un trièdre sont des *angles* et non des portions de plans.

— On appelle **dièdres** d'un trièdre les angles dièdres formés par les plans des faces deux à deux.

On nomme les dièdres d'un trièdre en énonçant les arêtes.

Ainsi, par exemple, le dièdre formé par les plans des deux faces ASB et ASC est le dièdre SA. On le désigne encore par la lettre A, et la face opposée $\widehat{BSC}$ est désignée par la petite lettre correspondante *a*.

De sorte que les trois dièdres et les trois faces d'un trièdre sont : dièdre A opposé à la face *a*; dièdre B opposé à la face *b*; dièdre C opposé à la face *c*.

Les trois dièdres et les trois faces d'un trièdre sont appelés les six *éléments* d'un trièdre.

— On appelle **trièdre isocèle** ou *isoèdre* un trièdre qui a deux faces égales.

— Si les trois faces d'un trièdre sont des angles droits, le trièdre est dit *trirectangle*. Ce sont ces trièdres que l'on aperçoit aux angles des salles.

524. — D'une manière générale, on appelle **angle polyèdre**, ou **angle solide**, la figure formée par plusieurs plans distincts (au moins trois) qui ont un point commun, ces plans étant limités à leurs droites d'intersection deux à deux, et ces droites étant elles-mêmes limitées au point commun.

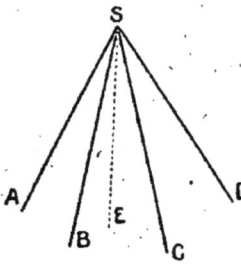

Fig. 541.

Le point S commun aux différents plans (*fig.* 541) s'appelle le *sommet* de l'angle polyèdre, et les demi-droites SA, SB, SC..., sont les arêtes de l'angle polyèdre.

ANGLES TRIÈDRES.   89

On nomme un angle polyèdre comme un angle trièdre; ainsi, on dit : l'angle polyèdre SABCDE.

Supposons que les arêtes *consécutives* soient dans l'ordre SA, SB, SC, SD, SE, alors les faces de l'angle polyèdre sont les angles des arêtes consécutives deux à deux, soit :

$$\widehat{ASB}, \quad \widehat{BSC}, \quad \widehat{CSD}, \quad \widehat{DSE}, \quad \widehat{ESA}.$$

Les dièdres de l'angle polyèdre sont les dièdres dont les arêtes sont respectivement SA, SB, SC, SD, SE.

— Un angle polyèdre est dit *convexe* lorsque prolongeant indéfiniment le plan d'une face quelconque, toute la figure est située du même côté par rapport au plan prolongé indéfiniment.

525. — Si l'on considère un polygone plan et convexe ABCDE, en joignant les sommets de ce polygone à un point S pris en dehors du plan du polygone (*fig.* 542), on obtient un angle polyèdre *convexe* SABCDE.

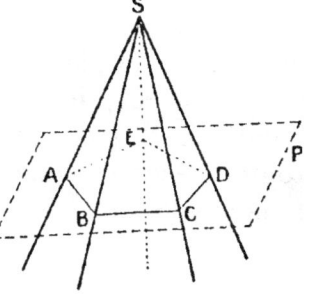

Fig. 542.

En effet, considérons le plan d'une face quelconque ASB. Tous les sommets du polygone convexe ABCDE sont d'un même côté par rapport à ce plan ; il en résulte que toutes les arêtes de l'angle polyèdre sont d'un même côté par rapport au plan ASB, donc il en est de même de l'angle polyèdre qui, par cela même, est convexe.

Théorème.

526. — *Dans un trièdre, une face quelconque est plus petite que la somme des deux autres.*

Le théorème est évident si les trois faces sont égales.

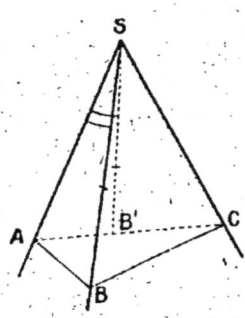

Fig. 543.

De même, si les trois faces sont inégales, le théorème est évident pour les deux plus petites faces; il n'y a donc lieu de le démontrer que pour la plus grande face.

Soit donc le trièdre SABC dont les trois faces sont inégales; je suppose que la face $\widehat{ASC}$ soit la plus grande: je vais démontrer que l'on a:

$$\widehat{ASC} < \widehat{ASB} + \widehat{BSC},$$

ou encore :

$$\widehat{ASC} - \widehat{ASB} < \widehat{BSC}. \qquad (1)$$

Je mets en évidence la différence $\widehat{ASC} - \widehat{ASB}$. Pour cela, dans le plan ASC et du même côté que SC par rapport à SA, je mène la demi-droite SB' telle que l'angle $\widehat{ASB'}$ soit égal à l'angle $\widehat{ASB}$; la demi-droite SB' tombe nécessairement dans l'intérieur de l'angle $\widehat{ASC}$, puisque la face $\widehat{ASC}$ est supposée la plus grande. On a alors :

$$\widehat{ASC} - \widehat{ASB} = \widehat{ASC} - \widehat{ASB'} = \widehat{B'SC},$$

et l'inégalité (1) à démontrer devient :

$$\widehat{B'SC} < \widehat{BSC}.$$

Sur SB et SB' je prends deux longueurs égales $SB = SB'$, puis, par le point B', je mène la droite AC qui rencontre les deux arêtes SA et SC et non leurs prolongements, et je joins le point B aux deux points A et C.

Les deux triangles SAB et SAB' sont égaux comme

ayant un angle égal compris entre deux côtés égaux chacun à chacun; en effet, on a :

$$\widehat{ASB'} = \widehat{ASB} \text{ par construction,}$$
$$SA \text{ est commun,}$$
et $$SB' = SB \text{ par construction.}$$

De l'égalité de ces deux triangles, on conclut :

$$AB' = AB.$$

D'autre part, dans le triangle ABC, on a :

$$AB' + B'C < AB + BC.$$

Retranchant aux deux membres de cette inégalité les quantités égales AB' et AB, il reste :

$$B'C < BC.$$

Considérant enfin les deux triangles SB'C et SBC, on voit qu'ils ont deux côtés égaux chacun à chacun et les troisièmes côtés inégaux, savoir : SC commun, SB' = SB et B'C < BC; on sait que, dans ce cas, au plus petit côté est opposé le plus petit angle (91); on a donc :

$$\widehat{B'SC} < \widehat{BSC},$$

ou
$$\widehat{ASC} - \widehat{ASB} < \widehat{BSC}.$$

ou enfin :
$$\widehat{ASC} < \widehat{ASB} + \widehat{BSC}.$$

C. Q. F. D.

COROLLAIRE. — *Dans un trièdre, une face quelconque est plus grande que la différence des deux autres.*

Ainsi, je dis que l'on a (*fig.* 543) :

$$\widehat{ASC} > \widehat{BSC} - \widehat{ASB}.$$

En effet, d'après le théorème précédent, on a :

$$\widehat{BSC} < \widehat{ASC} + \widehat{ASB}.$$

On peut retrancher aux deux membres de cette inégalité l'angle $\widehat{ASB}$, et l'on obtient :

$$\widehat{BSC} - \widehat{ASB} < \widehat{ASC},$$

ou encore :

$$\widehat{ASC} > \widehat{BSC} - \widehat{ASB}.$$

REMARQUE. — On observera l'analogie entre le théorème précédent relatif aux trièdres et le théorème suivant relatif aux triangles : *Dans un triangle, un côté quelconque est plus petit que la somme des deux autres et plus grand que leur différence.*

Nous aurons d'ailleurs l'occasion de remarquer cette analogie dans bien des théorèmes, les *dièdres* d'un trièdre correspondant aux *angles* dans un triangle, et les *faces* aux *côtés*.

Théorème.

527. — *La somme des faces d'un trièdre est plus petite que* **4 droits**.

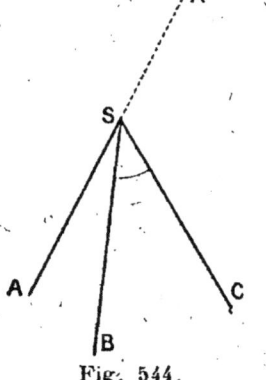

Fig. 544.

En effet, soit le trièdre SABC. Je prolonge l'arête AS au delà du sommet en SA′; on obtient ainsi un second trièdre SA′BC qui a la face $\widehat{BSC}$ commune avec le trièdre donné SABC.

Le théorème précédent appliqué à cette face $\widehat{BSC}$ dans le trièdre SA′BC, donne :

$$\widehat{BSC} < \widehat{A'SB} + \widehat{CSA'}. \quad (1)$$

Or, on a :

$$\widehat{A'SB} = 2^{dr} - \widehat{ASB} \quad \text{et} \quad \widehat{CSA'} = 2^{dr} - \widehat{CSA}.$$

ANGLES TRIÈDRES.

En substituant ces valeurs dans l'inégalité (1), on obtient :

$$\widehat{BSC} < 2^{dr} - \widehat{ASB} + 2^{dr} - \widehat{CSA},$$

d'où l'on déduit :

$$\widehat{ASB} + \widehat{BSC} + \widehat{CSA} < 4^{dr}.$$

Théorème général.

528. — *La somme des faces d'un angle polyèdre convexe est plus petite que* **4 droits**.

En effet, soit l'angle polyèdre convexe SABCD. Je mène un plan qui rencontre toutes les arêtes et non leurs prolongements ; la section obtenue est un polygone convexe ABCD.

Dans l'intérieur de ce polygone, je prends un point O et je mène les droites OA, OB, OC, OD. On peut alors remarquer que le nombre des triangles tels que SAB qui ont un sommet commun en S, est égal au nombre des triangles tels que OAB qui ont un sommet commun en O. Donc la somme totale des angles des triangles de sommet S est égale à la somme totale des angles des triangles de sommet O.

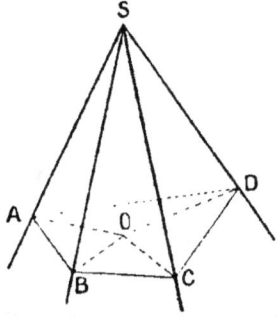

Fig. 545.

Je désigne par S la somme des angles autour du point S et par B_s la somme des angles à la base des triangles de sommet S ; la somme totale des angles de ces triangles sera $S + B_s$. Soit de même O la somme des angles autour du point O et B_o la somme des angles à la base des triangles de sommet O ; la somme totale des angles de ces triangles sera $O + B_o$, et l'on a l'égalité :

$$S + B_s = O + B_o.$$

Il est évident que si l'on démontre que la somme B_s est *plus grande* que la somme B_o, pour la compensation, il faudra que l'on ait :

$$S < O.$$

Or, les trois demi-droites AS, AB, AD forment un trièdre de sommet A dans lequel on a :

$$\widehat{BAD} < \widehat{BAS} + \widehat{DAS}. \qquad (1)$$

En considérant de même les trièdres de sommets B, C, D, on a successivement :

$$\widehat{ABC} < \widehat{ABS} + \widehat{CBS}, \qquad (2)$$
$$\widehat{BCD} < \widehat{BCS} + \widehat{DCS}, \qquad (3)$$
$$\widehat{CDA} < \widehat{CDS} + \widehat{ADS}. \qquad (4)$$

Additionnant membre à membre les inégalités de même sens (1), (2), (3) et (4), on obtient encore une inégalité de même sens, dans laquelle la quantité qui forme le premier membre est B_o et la quantité qui forme le second membre est B_s; de sorte que l'on a :

$$B_o < B_s,$$

ce qui entraîne, comme on l'a vu, l'inégalité

$$O > S, \quad \text{ou} \quad S < O. \qquad (5)$$

Or, le polygone ABCD étant convexe, la somme des angles autour du point O est égale à 4 droits l'inégalité (5) donne donc :

$$S < 4^{dr}.$$

C. Q. F. D.

ANGLES TRIÈDRES.

529. — *Orientation d'un trièdre*. — Soit un trièdre SABC dans lequel nous considérerons SA comme *première* arête, SB comme *deuxième* et SC comme *troisième* ; nous supposerons, en outre, l'arête SB placée *en avant* du plan de la face $\widehat{ASC}$ comme l'indique la figure.

Pour préciser la disposition des éléments du trièdre, c'est-à-dire son *orientation*, on suppose un observateur placé le long de la première arête SA, la tête vers le point S : le sens dans lequel l'observateur tourne sur lui-même pour regarder d'abord la deuxième arête SB, puis la troisième arête SC, sera le sens du trièdre.

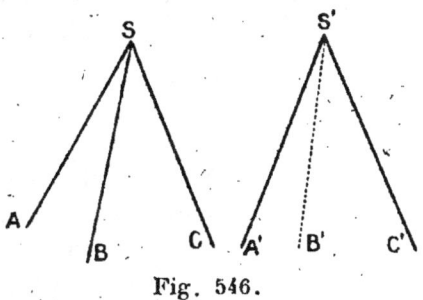

Fig. 546.

On voit que, pour le trièdre SABC, l'observateur placé sur SA tournerait de droite à gauche.

— Considérons un deuxième trièdre S'A'B'C' dans lequel la deuxième arête S'B' est placée en arrière de la face A'S'C' (*fig.* 546). L'observateur placé dans la même position, le long de la première arête S'A', tournera de gauche à droite pour regarder d'abord la deuxième arête S'B', puis la troisième S'C'.

On voit donc que les deux trièdres SABC et S'A'B'C' ne sont pas semblablement orientés.

On dit quelquefois que le trièdre SABC est de sens *direct* et le trièdre S'A'B'C' de sens *rétrograde*.

530. — *Trièdres symétriques*. — Considérons un trièdre SABC dont on prolonge les arêtes au delà du sommet S. On détermine ainsi un deuxième trièdre SA'B'C' qui a tous ses éléments respectivement égaux aux éléments du trièdre SABC. En effet, les deux trièdres ont leurs faces égales chacune à chacune comme angles opposés par le sommet, et leurs dièdres égaux chacun à chacun comme dièdres opposés par l'arête.

Ces deux trièdres sont dits deux trièdres symétriques.

Théorème.

Fig. 547.

531. — *Deux trièdres symétriques, en général, ne sont pas égaux.*

Pour établir ce théorème, je vais démontrer qu'on ne peut pas faire coïncider les deux trièdres.

En effet, soient les deux trièdres symétriques SABC et SA'B'C'. Je suppose, pour préciser, l'arête SB placée en avant du plan ASC; son prolongement SB' est alors en arrière du plan A'SC'.

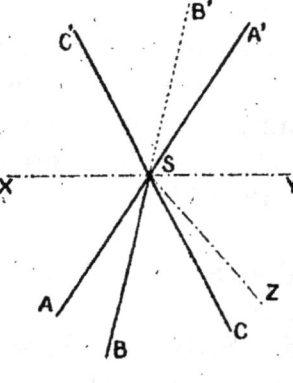

Fig. 548.

Ceci posé, je vais démontrer que si l'on fait coïncider la face $\widehat{A'SC'}$ avec la face égale $\widehat{ASC}$, l'arête SB' ne coïncidera pas avec l'arête SB. En effet, on peut remarquer, tout d'abord, que l'on peut faire coïncider les angles égaux $\widehat{A'SC'}$ et $\widehat{ASC}$ de deux manières, soit en plaçant SA' sur SA et SC' sur SC, soit encore en plaçant SA' sur SC et SC' sur SA.

1° Pour amener SA' sur SA et SC' sur SC, au point S j'élève SZ perpendiculaire au plan ASC, et, autour de cette droite comme charnière, je fais tourner le trièdre

SA'B'C' d'un angle de 180°. Il est évident que SA' vient alors sur SA et SC' sur SC; mais la droite SB' qui est en arrière du plan ASC reste toujours en arrière et ne peut tomber sur SB placée en avant de ce plan. Donc les trièdres ne coïncident pas.

2° Pour amener SA' sur SC et SC' sur SA, je mène la bissectrice SX de l'angle $\widehat{ASC'}$; cette droite prolongée en SY est bissectrice de l'angle $\widehat{CSA'}$. Je suppose, pour préciser, que l'angle $\widehat{BSX}$ soit aigu, alors son supplément $\widehat{B'SX}$ est obtus. Ceci posé, je fais tourner le trièdre SA'B'C' autour de XY d'un angle de 180°. Alors, SC' vient sur SA et SA' sur SC; mais SB' faisant avec SX un angle obtus ne peut tomber sur SB qui fait avec SX un angle aigu. Donc les deux trièdres ne coïncident pas.

REMARQUE I. — On peut observer que les deux trièdres symétriques SABC et SA'B'C' ne sont pas semblablement orientés, ce qui explique qu'on ne puisse pas les faire coïncider.

En effet, l'observateur placé le long de la première arête SA, la tête vers le point S, tourne de sa droite vers sa gauche pour regarder successivement la deuxième arête SB, puis la troisième arête SC; au contraire, le même observateur, placé dans la même position sur la première arête SA', tourne de sa gauche vers sa droite pour regarder successivement la deuxième arête SB', puis la troisième arête SC'. Donc les trièdres ne sont pas semblablement orientés.

Théorème.

532. — *Dans un trièdre isocèle, les dièdres opposés aux faces égales sont égaux.*

Pour établir ce théorème, je vais démontrer que l'on

peut faire coïncider un trièdre isocèle avec son symétrique.

Soit le trièdre isocèle SABC et son symétrique SA'B'C'. Par hypothèse, les faces $\widehat{ASB}$ et $\widehat{BSC}$ sont égales ; or, on a :

$$\widehat{ASB} = \widehat{A'SB'}$$

et

$$\widehat{BSC} = \widehat{B'SC'} ;$$

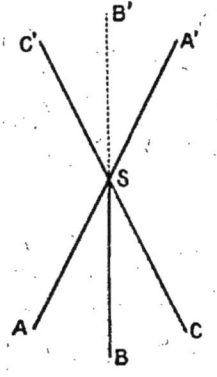

Fig. 549.

il en résulte les égalités suivantes :

$$\widehat{ASB} = \widehat{A'SB'} = \widehat{BSC} = \widehat{B'SC'}.$$

Ceci posé, je transporte le trièdre SA'B'C' sur le trièdre SABC de manière que la face $\widehat{B'SC'}$ coïncide avec la face égale $\widehat{ASB}$, l'arête SC' tombant sur SA et l'arête SB' sur SB. Comme les dièdres SB' et SB sont égaux comme opposés par l'arête, le plan de la face $\widehat{B'SA'}$ coïncidera avec le plan de la face $\widehat{BSC}$, et comme les angles $\widehat{B'SA'}$ et $\widehat{BSC}$ sont égaux, les arêtes SA' et SC, situées alors dans le même plan, coïncideront.

Il en résulte les égalités suivantes :

dièdre SA' = dièdre SC   et   dièdre SC' = dièdre SA.

Or, à cause de la symétrie, on a :

dièdre SA' = dièdre SA ;

on a donc bien :

dièdre SA = dièdre SC.

Théorème réciproque.

533. — *Si, dans un trièdre, deux dièdres sont égaux, les faces opposées à ces dièdres sont égales, et le trièdre est isocèle.*

Soit le trièdre SABC dans lequel les dièdres SA et SC sont égaux : je dis que les faces $\widehat{BSC}$ et $\widehat{ASB}$ sont égales.

En effet, je construis le trièdre symétrique SA'B'C' du trièdre SABC. A cause de la symétrie, on a :

$$\widehat{ASB} = \widehat{A'SB'}, \quad \widehat{BSC} = \widehat{B'SC'},$$
$$\widehat{CSA} = \widehat{C'SA'},$$

dièdre SA = dièdre SA'

et

dièdre SC = dièdre SC';

mais, par hypothèse, on a :

dièdre SA = dièdre SC ;

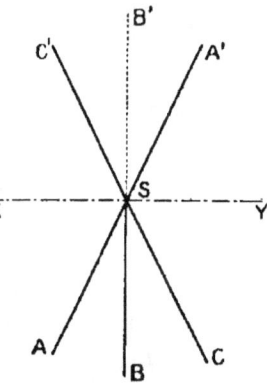

Fig. 550.

il en résulte les égalités suivantes :

dièdre SA = dièdre SA' = dièdre SC = dièdre SC'.

Ceci posé, je transporte le trièdre SA'B'C' sur le trièdre SABC de manière que la face $\widehat{C'SA'}$ coïncide avec la face égale $\widehat{ASC}$, l'arête SC' tombant sur SA et l'arête SA' sur SC, ce que l'on obtiendra facilement en faisant tourner le trièdre SA'B'C' d'un angle de 180° autour de la bissectrice XY de l'angle $\widehat{ASC'}$. Comme les dièdres SC' et SA sont égaux, le plan de la face $\widehat{C'SB'}$ coïncidera avec le plan de la face $\widehat{ASB}$, et l'arête SB' tombera dans le plan de la face $\widehat{ASB}$. De même, comme le dièdre SA' est égal au dièdre SC, l'arête SB' tombera dans le plan de la face $\widehat{BSC}$. L'arête SB' tombant à la fois dans les plans des deux faces $\widehat{ASB}$ et $\widehat{BSC}$ coïncide nécessairement avec leur intersection SB. On a donc :

$$\widehat{C'SB'} = \widehat{ASB};$$

mais, à cause de la symétrie, on avait :
$$\widehat{C'SB'} = \widehat{CSB};$$
il en résulte :
$$\widehat{ASB} = \widehat{CSB}.$$

Le trièdre SABC ayant deux faces égales est donc bien isocèle.

§ II. — Trièdres supplémentaires.

Nous démontrerons d'abord les deux lemmes suivants utiles pour ce qui va suivre.

534. — Lemme I. — *Étant donné un plan* P, *si, d'un point* A *de ce plan, on mène une demi-droite* AB *perpendiculaire au plan et une demi-droite quelconque* AC : *1° si* AB *et* AC *sont d'un même côté par rapport au plan* P, *l'angle* $\widehat{BAC}$ *est aigu; 2° si* AB *et* AC *sont de part et d'autre du plan, l'angle* $\widehat{BAC}$ *est obtus.*

En effet, les deux droites concourantes AB et AC déterminent un plan qui coupe le plan P suivant la droite DAD', et l'angle $\widehat{BAD}$ est droit.

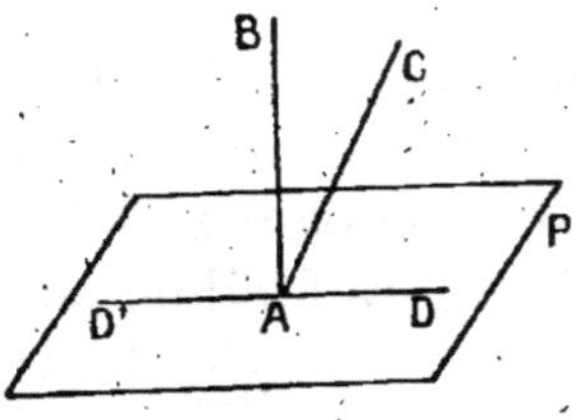

Or, si AB et AC sont du même côté par rapport au plan P (*fig.* 551), la demi-droite AC tombe nécessairement dans l'un des angles droits $\widehat{BAD}$ ou $\widehat{BAD'}$, par exemple, dans l'angle $\widehat{BAD}$, et l'on a :

$$\widehat{BAC} < \widehat{BAD} \quad \text{ou} \quad \widehat{BAC} < 1^{dr}.$$

Fig. 551.

Donc l'angle $\widehat{BAC}$, inférieur à *1 droit*, est aigu.

2° Si les demi-droites AB et AC sont situées de part et d'autre du plan (*fig.* 552), alors AD tombe dans l'intérieur de l'angle $\widehat{BAC}$, et l'on a :

$$\widehat{BAC} > \widehat{BAD} \quad \text{ou} \quad \widehat{BAC} > 1^{dr}.$$

TRIÈDRES.

Donc l'angle $\widehat{BAC}$, supérieur à *1 droit*, est obtus.

— La réciproque résulte immédiatement du théorème direct.

Étant donné un plan P, si, d'un point A de ce plan, on mène une demi-droite AB perpendiculaire au plan et une demi-droite AC faisant avec AB un angle aigu $\widehat{BAC}$, les demi-droites AB et AC sont d'un même côté du plan.

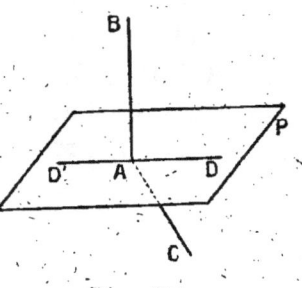

Fig. 552.

En effet, tout d'abord, AC n'est pas dans le plan P, car l'angle $\widehat{BAC}$ serait droit et non aigu ; ensuite si AB et AC étaient de part et d'autre du plan, l'angle $\widehat{BAC}$ serait obtus, ce qui est contre l'hypothèse. Donc AB et AC sont d'un même côté du plan.

On conclut de même que : *si les deux demi-droites AB et AC font entre elles un angle obtus, elles sont situées de part et d'autre du plan.*

535. — **Lemme II**. — *Étant donné un dièdre PBCQ (fig. 553) dont l'angle plan est $\widehat{ABD}$, si, du point B de l'arête BC, on élève la perpendiculaire BE à la face Q située du même côté que la face P par rapport à Q, et la perpendiculaire BF à la face P du même côté que la face Q par rapport à P, l'angle $\widehat{EBF}$ est le supplément de l'angle plan $\widehat{ABD}$ du dièdre PBCQ.*

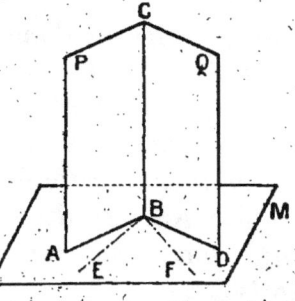

Fig. 553.

On peut tout d'abord remarquer que les droites BA, BE, BF et BD qui sont perpendiculaires à la droite BC au point B, sont toutes dans un même plan M perpendiculaire à la droite BC.

Ceci posé, je suppose, pour préciser, que l'angle plan $\widehat{ABD}$ du dièdre donné soit obtus ; alors, la droite BE qui est perpendiculaire à BD est dans l'intérieur de l'angle obtus $\widehat{ABD}$. Pour la même raison, la droite BF perpendiculaire à AB est aussi dans l'intérieur de l'angle $\widehat{ABD}$, et la figure donne :

$$\widehat{EBF} = \widehat{EBD} - \widehat{FBD} = 1^{dr} - \widehat{FBD},$$
$$\widehat{ABD} = \widehat{ABF} + \widehat{FBD} = 1^{dr} + \widehat{FBD}.$$

En additionnant membre à membre, on obtient :

$$\widehat{EBF} + \widehat{ABD} = 2^{dr};$$

donc les angles $\widehat{EBF}$ et $\widehat{ABD}$ sont supplémentaires.

On dit encore que l'angle $\widehat{EBF}$ est le supplément du dièdre PBCQ.

536. — **Définition.** — On appelle **trièdres supplémentaires** deux trièdres tels que les faces de l'un soient les suppléments des dièdres de l'autre.

Le théorème suivant démontre l'existence des trièdres supplémentaires.

Théorème.

537. — *Étant donné un trièdre* SABC *(fig. 554), au point* S *on mène* SA′ *perpendiculaire à la face* BSC *et du même côté que* SA *par rapport à cette face, puis* SB′ *perpendiculaire à la face* ASC *et du même côté que* SB *par rapport à cette face, et enfin* SC′ *perpendiculaire à la face* ASB *et du même côté que* SC *par rapport à cette face ; on construit ainsi un deuxième trièdre* SA′B′C′ :

1º *Les deux trièdres* SABC *et* SA′B′C′ *sont* **réciproques**, *c'est-à-dire que, si, sur le trièdre* SA′B′C′, *on répète les mêmes constructions, on retrouve le trièdre* SABC.

TRIÈDRES.   103

2° *Les deux trièdres sont* **supplémentaires**.

1° Pour démontrer la réciprocité des deux trièdres, je vais démontrer que l'arête SA est perpendiculaire à la face B'SC' et du même côté que SA' par rapport à cette face.

En effet, la droite SB' a été menée perpendiculaire au plan ASC; donc SB' est perpendiculaire à l'arête SA contenue dans le plan ASC. De même, SC' a été menée perpendiculaire au

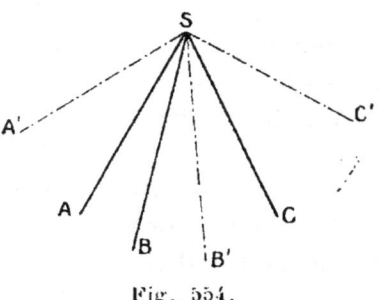

Fig. 554.

plan ASB; donc SC' est perpendiculaire à l'arête SA contenue dans le plan ASB. La droite SA étant perpendiculaire aux deux droites SB' et SC' est donc perpendiculaire au plan B'SC'.

Je dis maintenant que SA' et SA sont du même côté par rapport à la face B'SC'.

En effet, par construction, on a mené SA' perpendiculaire à la face BSC et du même côté que SA, donc l'angle $\widehat{A'SA}$ est aigu (534). Si, maintenant, on considère les deux mêmes droites par rapport à la face B'SC', on vient de démontrer que l'une d'elles SA est perpendiculaire au plan B'SC', et comme elle fait avec SA' un angle aigu, on en conclut que les deux droites SA et SA' sont d'un même côté par rapport au plan B'SC' (534 *réciproque*).

Ainsi, si l'on répète sur le trièdre SA'B'C' les constructions que l'on avait effectuées sur le trièdre SABC, on retrouve le trièdre SABC; c'est pourquoi les deux trièdres sont dits *réciproques*.

2° On peut remarquer que l'angle $\widehat{A'SB'}$ est obtenu en élevant des perpendiculaires aux deux faces du dièdre

SC, la droite SA' étant du même côté que la face ASC par rapport à la face BSC, et la droite SB' étant du même côté que la face BSC par rapport à la face ASC. Donc, d'après le lemme II (535), l'angle $\widehat{A'SB'}$ est le supplément de l'angle plan du dièdre SC. Autrement dit, les *faces* du trièdre SA'B'C' sont les suppléments des *dièdres* du trièdre SABC.

Comme, d'autre part, il y a réciprocité entre les deux trièdres, on peut dire que, réciproquement, les *faces* du trièdre SABC sont aussi les suppléments des *dièdres* du trièdre SA'B'C'.

Donc les trièdres SABC et SA'B'C' sont *supplémentaires* (536).

538. — **Conséquence.** — La réciprocité des trièdres supplémentaires permet de démontrer très facilement certaines propriétés d'un trièdre.

Il est évident que les propriétés démontrées pour un trièdre considéré isolément s'appliquent indifféremment au trièdre SABC, ou au trièdre supplémentaire SA'B'C'.

Or, la relation particulière qui existe entre les faces du trièdre SA'B'C' et les dièdres du trièdre SABC, permet de déduire de toute propriété relative aux *faces* du trièdre SA'B'C' une propriété relative aux *dièdres* du trièdre SABC. C'est ce que l'on appelle un théorème *corrélatif*.

C'est en procédant ainsi que l'on démontre les deux théorèmes suivants.

Théorème.

539. — *Dans un trièdre, un dièdre quelconque augmenté de deux droits est plus grand que la somme des deux autres.*

En effet, un dièdre ayant la même mesure que son

TRIÈDRES.

angle plan, désignons par A, B, C, les angles plans des dièdres du trièdre SABC et par a', b', c' les faces du trièdre supplémentaire SA'B'C'. On sait que, dans un trièdre, une face quelconque est plus petite que la somme des deux autres. Appliquant ce théorème aux faces du trièdre supplémentaire, on a :

$$a' < b' + c'. \qquad (1)$$

Mais, d'autre part, on a :

$$a' = 2^{dr} - A, \quad b' = 2^{dr} - B, \quad c' = 2^{dr} - C;$$

en remplaçant a', b', c' par ces valeurs dans l'inégalité (1), on obtient :

$$2^{dr} - A < 2^{dr} - B + 2^{dr} - C,$$

d'où l'on tire :

$$A + 2^{dr} > B + C.$$

Remarque. — Si l'on suppose que a' soit la *plus grande* face du trièdre SA'B'C', alors A est le *plus petit* dièdre du trièdre SABC, car, si deux angles sont inégaux, au plus grand angle correspond le plus petit supplément. Le théorème des faces étant vrai pour la plus grande face, on peut donc encore énoncer le théorème précédent comme il suit :

Dans un trièdre, le plus petit dièdre augmenté de 2 droits est plus grand que la somme des deux autres.

Théorème.

540. — *La somme des dièdres d'un trièdre est comprise entre* **2 droits** *et* **6 droits**.

En effet, je désigne toujours par A, B, C les angles plans des dièdres du trièdre donné SABC et par a', b', c' les faces du trièdre supplémentaire SA'B'C'

On a vu que la somme des faces d'un trièdre est toujours plus petite que *4 droits* (527). Appliquant ce théorème aux faces du trièdre supplémentaire SA'B'C', on a :
$$a' + b' + c' < 4^{dr},$$
ou :
$$2^{dr} - A + 2^{dr} - B + 2^{dr} - C < 4^{dr},$$
inégalité d'où l'on tire :
$$A + B + C > 2^{dr}. \qquad (1)$$

D'autre part, tout dièdre étant, par définition, inférieur à 2 droits, on a évidemment :
$$A + B + C < 6^{dr}.$$

Donc on a bien :
$$2^{dr} < A + B + C < 6^{dr},$$
ce qui exprime que la somme des dièdres d'un trièdre est comprise entre *2 droits* et *6 droits*.

REMARQUE. — Un dièdre ayant la même mesure que son angle plan, lorsqu'on parlera d'un dièdre A, il est bien entendu qu'on désignera ainsi l'*angle plan* de ce dièdre.

§ III. — CAS D'ÉGALITÉ DES TRIÈDRES.

Théorème (1ᵉʳ cas).

541. — *Deux trièdres qui ont une face égale adjacente à deux dièdres égaux chacun à chacun, et qui sont semblablement orientés, sont égaux.*

Soient les deux trièdres SABC et S'A'B'C' dans lesquels on donne : face $\widehat{ASC}$ = face $\widehat{A'S'C'}$, dièdre SA = dièdre S'A' et dièdre SC = dièdre S'C' ;

je suppose, en outre, les deux trièdres semblablement orientés : je dis qu'ils sont égaux.

En effet, je transporte le trièdre S'A'B'C' sur le trièdre SABC de manière que la face $\widehat{A'S'C'}$ coïncide avec la face égale $\widehat{ASC}$, l'arête S'A' tombant

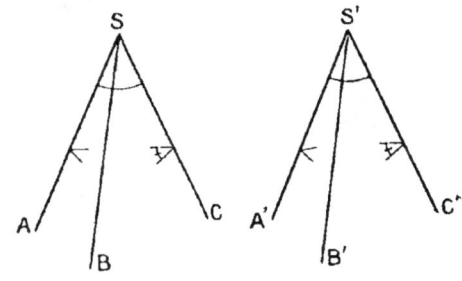

Fig. 555.

sur SA et l'arête S'C' sur SC. Les dièdres S'A' et SA étant égaux, et les trièdres étant semblablement orientés, les demi-plans des deux faces $\widehat{A'S'B'}$ et $\widehat{ASB}$ vont coïncider, et la droite S'B' va tomber quelque part dans le demi-plan ASB. De même, les dièdres S'C' et SC étant égaux et semblablement placés, les demi-plans des deux faces $\widehat{B'S'C'}$ et $\widehat{BSC}$ vont coïncider, et la droite S'B' va tomber quelque part dans le demi-plan BSC. L'arête S'B' tombant à la fois dans les deux plans ASB et BSC, tombera nécessairement sur leur intersection SB.

Alors, les deux trièdres coïncident, donc ils sont égaux.

Remarque. — Si les deux trièdres ne sont pas semblablement orientés, l'un d'eux est égal au symétrique de l'autre.

Théorème (2ᵉ cas).

542. — *Deux trièdres qui ont un dièdre égal compris entre deux faces égales chacune à chacune, et qui sont semblablement orientés, sont égaux.*

Soient les deux trièdres SABC et S'A'B'C' dans lesquels on donne dièdre SA = dièdre S'A''

face $\widehat{ASB}$ = face $\widehat{A'S'B'}$ et face $\widehat{ASC}$ = face $\widehat{A'S'C'}$;
je suppose, en outre, les deux trièdres semblablement orientés: je dis qu'ils sont égaux.

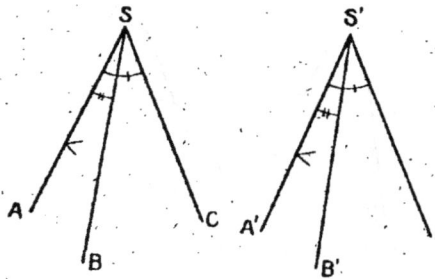

Fig. 556.

En effet, je transporte le trièdre S'A'B'C' sur le trièdre SABC de manière que la face $\widehat{A'S'C'}$ coïncide avec la face égale $\widehat{ASC}$, l'arête S'A' tombant sur SA et l'arête S'C' sur SC. Les dièdres S'A' et SA étant égaux et semblablement placés, le demi-plan A'S'B' coïncidera avec le demi-plan ASB, et les deux angles égaux $\widehat{A'S'B'}$ et $\widehat{ASB}$ étant alors dans le même plan et semblablement placés par rapport à l'arête SA, on en conclut que l'arête S'B' tombera sur SB.

Alors, les deux trièdres coïncident, donc ils sont égaux.

REMARQUE. — Si les deux trièdres ne sont pas semblablement orientés, l'un d'eux est égal au symétrique de l'autre.

Théorème (3ᵉ cas).

543. — *Deux trièdres qui ont leurs trois faces égales chacune à chacune, et qui sont semblablement orientés, sont égaux.*

Soient les deux trièdres SABC et S'A'B'C' dans lesquels on donne :

$$face\ \widehat{ASB} = face\ \widehat{A'S'B'},$$
$$face\ \widehat{BSC} = face\ \widehat{B'S'C'},$$
$$face\ \widehat{CSA} = face\ \widehat{C'S'A'};$$

je suppose, en outre, les deux trièdres semblablement orientés : je dis qu'ils sont égaux.

En effet, sur les six arêtes je porte six longueurs égales, $SA = SB = SC = S'A' = S'B' = S'C'$, puis je mène les droites AB, BC, CA, A'B', B'C' et C'A'.

Les deux triangles isocèles SAB et S'A'B' ayant un angle égal par hypothèse, $\widehat{ASB} = \widehat{A'S'B'}$, compris entre deux côtés égaux par construction, sont égaux. Donc $AB = A'B'$. On conclut de même que $BC = B'C'$ et $AC = A'C'$; ce qui démontre que les deux triangles ABC et A'B'C' sont égaux, comme ayant les trois côtés égaux chacun à chacun.

Du point S, j'abaisse la perpendiculaire SO sur le plan ABC et je joins le pied O de cette perpendiculaire au point A. Comme les droites SA, SB et SC sont égales, par construction, ces droites sont alors des obliques égales issues d'un même point ; donc les trois points A, B, C sont également distants du pied O de la perpendiculaire SO, et la droite OA est le rayon du cercle circonscrit au triangle ABC.

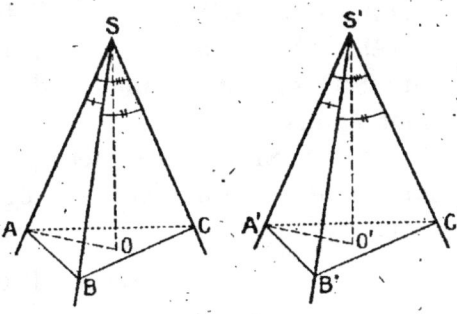

Fig. 557.

En abaissant de même S'O' perpendiculaire sur le plan A'B'C', on voit, par le même raisonnement, que la droite O'A' est aussi le rayon du cercle circonscrit au triangle A'B'C'. Mais, on a démontré que les triangles ABC et A'B'C' sont égaux; donc les rayons des cercles circonscrits sont égaux, et l'on a : $OA = O'A'$.

Si, maintenant, on considère les deux triangles

rectangles SOA et S'O'A', ils ont l'hypoténuse égale SA = S'A', et un côté égal OA = O'A'; donc ils sont égaux, et l'on a OS = O'S'.

Ceci posé, je transporte le trièdre S'A'B'C' sur le trièdre SABC de manière que le triangle A'B'C' coïncide avec le triangle égal ABC; le point O' tombera nécessairement en O, et les droites O'S' et OS, qui sont alors perpendiculaires au même plan en un même point, prendront la même direction, et cela du même côté par rapport au plan ABC, puisque, par hypothèse, les deux trièdres sont semblablement orientés. Comme, de plus, on a OS = O'S', le point S' tombera au point S.

L'arête S'A' est alors sur SA, l'arête S'B' sur SB et l'arête S'C' sur SC; donc les deux trièdres coïncident et sont égaux.

Remarque. Si les deux trièdres ne sont pas semblablement orientés, l'un d'eux est égal au symétrique de l'autre.

Théorème (4ᵉ cas).

544. — *Deux trièdres qui ont leurs trois dièdres égaux chacun à chacun, et qui sont semblablement orientés, sont égaux.*

En effet, si l'on considère les trièdres supplémentaires des trièdres donnés, ils sont égaux comme ayant leurs *faces* égales chacune à chacune et semblablement placées, ces faces étant les suppléments des dièdres qui sont donnés égaux chacun à chacun.

Réciproquement, les deux trièdres donnés ont leurs faces égales chacune à chacune, ces faces étant les suppléments des dièdres des deux trièdres supplémentaires; comme, d'autre part, ils sont semblablement orientés, les deux trièdres donnés sont donc égaux (543).

TRIÈDRES.

REMARQUE I. — Si les deux trièdres n'étaient pas semblablement orientés, l'un d'eux serait égal au trièdre symétrique de l'autre.

545. — REMARQUE II. — Les théorèmes précédents, rapprochés des théorèmes démontrés pour les triangles, montrent une certaine analogie entre les triangles et les trièdres. Pour la mettre en évidence, il suffit d'écrire en regard l'un de l'autre les énoncés des théorèmes qui se correspondent et qui ont été démontrés. On a le tableau suivant :

Triangles.	*Trièdres.*
éléments. { côtés...... angles......	faces...... dièdres... } éléments.
Dans un triangle, un côté quelconque est plus petit que la somme des deux autres et plus grand que leur différence.	Dans un trièdre, une face quelconque est plus petite que la somme des deux autres et plus grande que leur différence.
— Un triangle isocèle est un triangle qui a deux côtés égaux.	— Un trièdre isocèle est un trièdre qui a deux faces égales.
— Dans un triangle isocèle, les angles opposés aux côtés égaux sont égaux, et réciproquement.	— Dans un trièdre isocèle, les dièdres opposés aux faces égales sont égaux, et réciproquement.
Cas d'égalité. — 1° Deux triangles qui ont un côté égal adjacent à deux angles égaux chacun à chacun sont égaux.	*Cas d'égalité.* — 1° Deux trièdres qui ont une face égale adjacente à deux dièdres égaux chacun à chacun, et qui sont semblablement orientés, sont égaux.
2° Deux triangles qui ont un angle égal compris entre deux côtés égaux chacun à chacun sont égaux.	2° Deux trièdres qui ont un dièdre égal compris entre deux faces égales chacune à chacune, et qui sont semblablement orientés, sont égaux.
3° Deux triangles qui ont leurs trois côtés égaux chacun à chacun sont égaux.	3° Deux trièdres qui ont leurs trois faces égales chacune à chacune, et qui sont semblablement orientés, sont égaux.

Cette analogie se retrouve encore dans d'autres théorèmes; mais on peut constater que le 4° cas d'égalité des trièdres constitue une *différence* et non une analogie. On a en effet:

Deux triangles qui ont leurs trois angles égaux chacun à chacun sont *semblables*.	Deux trièdres qui ont leurs trois dièdres égaux chacun à chacun, et qui sont semblablement orientés, sont *égaux*.

§ IV. — CONDITIONS NÉCESSAIRES ET SUFFISANTES POUR QU'AVEC TROIS FACES DONNÉES, OU TROIS DIÈDRES DONNÉS, ON PUISSE CONSTRUIRE UN TRIÈDRE.

Théorème.

546. — *Pour qu'avec trois faces données on puisse construire un trièdre, il faut et il suffit que: 1° une face quelconque soit plus petite que la somme des deux autres; 2° la somme des faces soit plus petite que* **4 droits**.

Les théorèmes précédents (526 et 527) ont démontré que ces conditions sont *nécessaires*. Il s'agit donc de démontrer qu'elles sont *suffisantes*, c'est-à-dire que, si l'on donne trois faces satisfaisant aux conditions énoncées, on pourra toujours, avec ces trois faces, construire un trièdre.

Soient a, b, c les trois faces données. Je suppose, pour préciser, que a soit la plus grande; il est alors évident que si la première condition est remplie pour la plus grande face, elle est vraie, à plus forte raison, pour les deux autres faces. On donne donc les conditions suivantes :

$$a < b + c \quad \text{et} \quad a + b + c < 4^{dr}.$$

Soit alors $\widehat{BSC} = a$ la plus grande des faces. Dans le plan de cette face, et extérieurement à l'angle $\widehat{BSC}$, je fais les angles $\widehat{CSA_2} = b$ et $\widehat{BSA_1} = c$. La somme des trois angles a, b, c étant inférieure à 4 droits, les trois faces ainsi placées ne recouvriront pas complètement le plan.

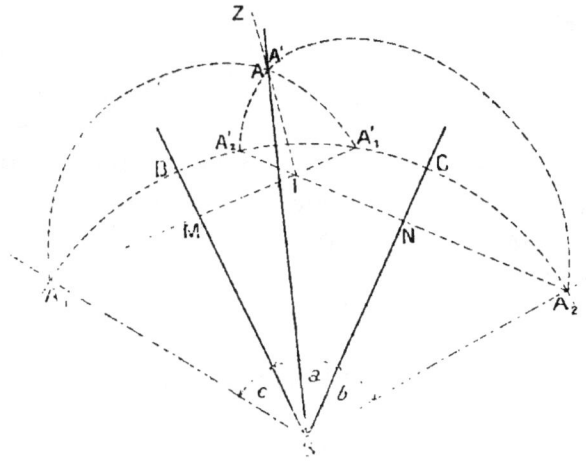

Fig. 558.

Je vais démontrer maintenant que, si l'on relève du même côté du plan BSC la face CSA_2 autour de SC comme charnière et la face BSA_1 autour de SB, les deux droites SA_2 et SA_1 pourront venir occuper une même position dans l'espace. Ceci démontrera que l'on peut toujours construire un trièdre avec les trois faces données.

Du point S comme centre, avec un rayon arbitraire SA_1, je décris l'arc de cercle A_1BCA_2 et du point A_1 j'abaisse la perpendiculaire sur SB ; elle rencontre l'arc de cercle au point A'_1, symétrique de A_1 par rapport à SB, puisque SB perpendiculaire à la corde $A_1A'_1$, la divise en deux parties égales. De même, la perpendiculaire abaissée de A_2 sur SC rencontre l'arc de cercle au point A'_2 symétrique de A_2 par rapport à SC.

On peut remarquer tout d'abord que les deux points A'_1 et A'_2 sont sur l'arc BC, c'est-à-dire entre B et C.

En effet, l'angle a étant le plus grand des trois angles donnés, l'arc BC est plus grand que les arcs BA_1 et CA_2; mais $\widehat{BA'_1} = \widehat{BA_1}$, et $\widehat{CA'_2} = \widehat{CA_2}$, donc l'arc BC est plus grand que les arcs BA'_1 et CA'_2, ce qui montre que les points A'_1 et A'_2 sont entre les points B et C.

Je dis maintenant que les droites $A_1A'_1$ et $A_2A'_2$ se coupent en un point I situé dans l'intérieur de l'arc A_1BCA_2. Il suffit, pour cela, de démontrer que le point A'_1 est situé entre les points C et A'_2. En effet, on a, par hypothèse :
$$a < b + c,$$
et, par suite :
$$\widehat{BC} < \widehat{CA_2} + \widehat{BA_1},$$
ou encore
$$\widehat{BC} < \widehat{CA'_2} + \widehat{BA'_1}.$$

De cette inégalité, on tire :
$$\widehat{BC} - \widehat{BA'_1} < \widehat{CA'_2},$$
ou :
$$\widehat{CA'_1} < \widehat{CA'_2},$$

ce qui montre bien que le point A'_1 est placé entre le point C et le point A'_2. Donc les droites $A_1A'_1$ et $A_2A'_2$ se coupent en un point I situé dans l'intérieur de l'arc.

Ceci posé, au point I je mène la demi-droite IZ perpendiculaire au plan BSC, puis, du même côté que IZ, je fais tourner la face BSA_1 autour de SB comme charnière. Le point A_1 décrit une demi-circonférence dans le plan MIZ perpendiculaire au plan BSC et dont le diamètre est $A_1A'_1$; comme le point I est entre les points A_1 et A'_1, cette demi-circonférence coupe IZ en un point A tel que l'on ait :
$$\overline{IA}^2 = IA_1 \times IA'_1.$$

TRIÈDRES.

Si l'on fait tourner du même côté de BSC la face CSA$_2$ autour de SC, le point A$_2$ décrit aussi une demi-circonférence de diamètre A$_2$A$'_2$ située dans le plan NIZ perpendiculaire au plan BSC ; cette demi-circonférence coupe alors IZ en un point A' tel que l'on ait :

$$\overline{IA'}^2 = IA_2 \times IA'_2.$$

Or, les propriétés des sécantes dans un cercle donnent :
$$IA_1 \times IA'_1 = IA_2 \times IA'_2;$$
on en déduit
$$IA = IA',$$

ce qui montre que les deux points A et A' sont confondus, et les deux droites SA$_1$ et SA$_2$ viennent occuper la même position SA dans l'espace ; de sorte que l'on obtient le trièdre SABC dont les faces sont les trois faces données.

Les constructions effectuées étant toujours possibles, il en résulte que les conditions énoncées pour construire un trièdre sont suffisantes.

— En effectuant les mêmes constructions de l'autre côté du plan BSC, on obtient un deuxième trièdre égal au symétrique du premier.

Théorème.

547. — *Pour qu'avec trois dièdres donnés on puisse construire un trièdre, il faut et il suffit que : 1° chaque dièdre augmenté de* **2 droits** *soit plus grand que la somme des deux autres ; 2° la somme des dièdres donnés soit supérieure à* **2 droits**.

On a démontré précédemment (539 et 540) que ces conditions sont nécessaires. Il s'agit maintenant de démontrer qu'elles sont suffisantes.

Il est évident que, si la première condition est remplie pour le plus petit dièdre, elle sera vraie, à plus forte raison, pour les autres dièdres. Soient donc A, B, C les angles plans des trois dièdres donnés, A étant supposé le plus petit.

On a :
$$A + 2^{dr} > B + C \qquad (1)$$
et
$$A + B + C > 2^{dr}. \qquad (2)$$

Je vais démontrer que les suppléments des *angles plans* de ces dièdres remplissent les conditions nécessaires et suffisantes pour qu'avec trois faces on puisse construire un trièdre.

Soient a', b', c' ces suppléments ; on a :
$$A = 2^{dr} - a', \quad B = 2^{dr} - b', \quad C = 2^{dr} - c'.$$

En remplaçant A, B, C par ces valeurs dans la condition (1), on obtient :
$$2^{dr} - a' + 2^{dr} > 2^{dr} - b' + 2^{dr} - c',$$
inégalité d'où l'on tire :
$$a' < b' + c'. \qquad (3)$$

Or A est supposé l'angle plan du plus petit dièdre ; donc a' est le plus grand des trois angles a', b', c', et la condition (3) exprime que le plus grand des trois angles a', b', c' et, par cela même, l'un quelconque, est plus petit que la somme des deux autres.

En remplaçant de même A, B, C par leurs valeurs dans (2), on obtient :
$$2^{dr} - a' + 2^{dr} - b' + 2^{dr} - c' > 2^{dr},$$
d'où l'on tire :
$$a' + b' + c' < 4^{dr},$$

ce qui exprime que la somme des angles a', b', c' est inférieure à 4 droits.

Il résulte de ce qui précède que les angles a', b', c' qui sont respectivement les suppléments des dièdres A, B, C remplissent les conditions nécessaires et suffisantes pour qu'avec trois faces on puisse construire un trièdre. On pourra donc toujours construire un trièdre ayant pour faces les trois angles a', b', c', et en prenant ensuite le trièdre supplémentaire de ce trièdre, on aura un trièdre admettant pour dièdres les trois dièdres donnés A, B, C qui sont respectivement les suppléments des angles a', b', c'.

EXERCICES PROPOSÉS.

385. — Les plans menés par chaque arête d'un trièdre et la bissectrice de la face opposée se coupent suivant une même droite.

386. — Les plans menés par chaque arête d'un trièdre perpendiculairement à la face opposée se coupent suivant une même droite.

387. — Les plans bissecteurs des dièdres d'un trièdre se coupent suivant une même droite.

388. — Les plans bissecteurs des deux dièdres extérieurs et adjacents à une même face d'un trièdre, et le plan bissecteur du troisième dièdre de ce trièdre se coupent suivant une même droite.

389. — Les plans menés par chacune des bissectrices des faces d'un trièdre, perpendiculairement à la face correspondante, se coupent suivant une même droite.

390. — La somme des angles que fait, avec les arêtes, une demi-droite intérieure à un trièdre, et issue de son sommet, est comprise entre la somme et la demi-somme des faces.

391. — Dans chaque face d'un trièdre, on mène par le sommet la perpendiculaire à l'arête opposée. Démontrer que les trois droites ainsi obtenues sont dans un même plan.

392. — Les bissectrices des angles supplémentaires des faces d'un trièdre sont situées dans un même plan. Ce plan fait des angles égaux avec les trois arêtes du trièdre.

393. — Démontrer que la projection orthogonale du sommet d'un trièdre trirectangle sur un plan rencontrant les trois arêtes est l'orthocentre du triangle de section que détermine ce plan.

394. — Si un trièdre a un angle dièdre droit, tout plan perpendiculaire à une arête le coupe suivant un triangle rectangle.

395. — Trouver la direction de plans qui déterminent comme section dans un angle polyèdre convexe à quatre faces un parallélogramme. — Lieu des centres des parallélogrammes que donnent tous les plans parallèles à la direction trouvée.

EXERCICES DE RÉCAPITULATION.

396. — La condition nécessaire et suffisante pour que deux droites D et D' soient orthogonales, est que par chacune d'elles on puisse mener un plan perpendiculaire à l'autre.

397. — Pour démontrer qu'une droite AB perpendiculaire aux deux droites BC et BD passant par son pied dans un plan P est perpendiculaire à ce plan, on démontre qu'elle est perpendiculaire à une autre droite quelconque BE du plan P. Faire cette démonstration en procédant ainsi : par un point I quelconque de BE on mènera une sécante coupant BC en M et BD en N de telle manière que le point I soit le milieu de MN, puis on établira la relation $\overline{AI}^2 = \overline{AB}^2 + \overline{BI}^2$.

398. — Si trois droites D, D', D" sont parallèles à un même plan P, toutes les droites qui s'appuient sur D, D', D" sont elles-mêmes parallèles à un autre plan Q.

399. — Étant donnés un plan P et un cercle fixe dans ce plan, on considère un diamètre fixe AB du cercle; en B on mène la perpendiculaire $BC = l$ au plan P et l'on joint le point C à un point variable M du cercle. Démontrer que le dièdre MC est droit.

400. — On donne un plan horizontal HH', un plan vertical VV' et une circonférence de rayon r située dans le plan vertical et son centre O étant sur l'intersection xy des deux plans. D'un point P de cette circonférence, on mène une droite quelconque PP' qui coupe le plan horizontal en M. Par ce point, on mène :

1° La verticale MN ;

2° Dans le plan PMN la droite AM telle que les angles $\widehat{AMN}$, $\widehat{PMN}$ soient égaux.

Le point P restant fixe et la direction de la ligne PM variant, montrer que toutes les lignes telles que AM passent par un même point M' de la circonférence.

Calculer en minutes l'angle dont il faut faire tourner le plan HH' autour de la perpendiculaire OZ à VV' pour que M' reste le point de concours des droites AM lorsque le point P a parcouru un arc de longueur $\frac{\pi r}{4}$.

(Arts et Métiers.)

401. — On donne deux droites quelconques D et D' de l'espace, sur D un point fixe A, sur D' un point fixe A'. On prend sur ces deux droites et dans une direction quelconque deux longueurs égales et variables AM = A'M'. Trouver le lieu du milieu I de MM'.

402. — On donne deux droites XX', YY' non situées dans un même plan, sur XX' un point A et sur YY' un point B. On considère un plan fixe P passant par A et B et une droite mobile D parallèle à ce plan et rencontrant les droites données.

1° Si on désigne par C et E les points de rencontre de la droite D dans l'une quelconque de ses positions avec XX' et YY', démontrer que le rapport $\dfrac{AC}{BE}$ est constant.

2° Démontrer qu'il y a deux plans P' et P" tels que si le plan P coïncide avec l'un d'eux, on a constamment $\dfrac{AC}{BE}=1$.

403. — Montrer qu'une droite est également inclinée sur deux plans qui se coupent lorsqu'elle les rencontre en deux points équidistants de l'intersection, et réciproquement.

404. — Étant données deux droites XX' et YY' qui se coupent en un point O, trouver le lieu des points M de l'espace tels que si on projette orthogonalement chacun d'eux en A sur XX' et en B sur YY', on ait :

$$OA + OB = k.$$

405. — On coupe un trièdre trirectangle de sommet S par un plan qui détermine un triangle ABC, et on projette orthogonalement S en O sur le plan de ce triangle. Démontrer que :

1° $\dfrac{1}{\overline{SO}^2} = \dfrac{1}{\overline{SA}^2} + \dfrac{1}{\overline{SB}^2} + \dfrac{1}{\overline{SC}^2}$.

2° L'aire du triangle ASB est moyenne proportionnelle entre l'aire ABC et sa projection orthogonale sur ABC. Il en est de même pour les aires des triangles ASC et BSC.

3° Le carré de l'aire ABC est égal à la somme des carrés des aires ASB, BSC, CSA.

406. — On considère un triangle ABC, le cercle circonscrit à ce triangle, et tous les trièdres trirectangles SABC de l'espace.

1° H étant la projection orthogonale d'un sommet S sur le plan du cercle, prouver que les symétriques de H par rapport aux côtés du triangle ABC sont sur le cercle circonscrit à ABC.

2° Si on mène par H une corde quelconque dans le cercle circonscrit à ABC et si cette corde rencontre le cercle en E et F, démontrer que l'on a :

$$\overline{SH}^2 = \dfrac{HE \times HF}{2}.$$

3° Trouver le lieu de ceux des sommets des trièdres S qui sont à une distance donnée du plan du cercle. — Discussion.

NOTIONS DE GÉOMÉTRIE DESCRIPTIVE

548. — La photographie d'un objet, qui est cependant l'image la plus parfaite de cet objet, est insuffisante pour reconstituer cet objet dans l'espace avec ses dimensions exactes. Il faut, pour cette reconstitution, un dessin spécial que donne la partie des mathématiques appelée *géométrie descriptive*.

La géométrie descriptive, à l'aide de la méthode des projections et de certaines conventions, donne, en effet, comme on va le voir, pour chaque corps géométrique de l'espace un dessin appelé **épure**, et ce dessin, figuré sur un plan, permet de reconstruire rigoureusement ce corps en grandeur et position.

La géométrie descriptive utilise à cet effet les théories du cinquième livre; elle est même l'application pratique la plus immédiate de ces théories.

549. — *Représentation d'un point par deux projections.*

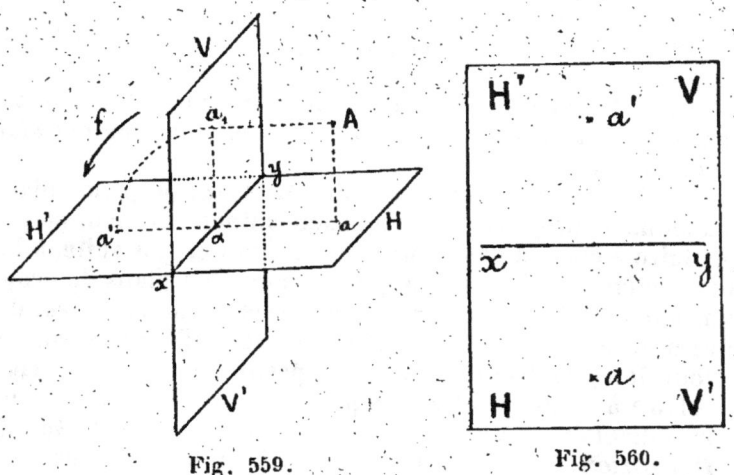

Fig. 559.   Fig. 560.

— **Épure.** — On considère deux plans rectangulaires HH' et

VV'. Du point donné A, on abaisse les perpendiculaires Aa et Aa_1 sur ces deux plans, puis on fait tourner le plan VV' autour de son intersection xy avec HH', dans le sens de la flèche f, pour l'amener en coïncidence avec HH'; le point a_1 vient marquer sa position en a'.

De cette façon, les deux projections du point A se trouvent figurées sur un même plan HH', et le dessin formé des deux points a et a' (*fig.* 560) s'appelle l'*épure* du point A.

550. — Définitions. — Le plan de projection HH' est appelé *plan horizontal de projection*; le plan de projection VV' est appelé *plan vertical de projection*.

Cette dénomination tient à ce que généralement le plan HH' est choisi perpendiculaire à la direction du fil à plomb, c'est-à-dire horizontal dans le sens physique du mot. Par suite, VV' perpendiculaire à HH' est parallèle à la direction du fil à plomb, c'est-à-dire vertical.

On conserve cette dénomination aux deux plans de projection quelle que soit leur position dans l'espace, pourvu qu'ils restent rectangulaires.

L'intersection xy des deux plans de projection est appelée **ligne de terre**.

Le point a est la *projection horizontale* de A.
Le point a' est la *projection verticale* de A.

Théorème.

551. — *Dans l'épure d'un point, les deux projections horizontale et verticale de ce point sont placées sur une perpendiculaire à la ligne de terre.*

En effet, les droites concourantes Aa et Aa_1 perpendiculaires aux plans de projection (*fig.* 561) déterminent un plan perpendiculaire à chacun des plans de projection et, par suite, à leur intersection xy. Ce plan aAa_1 coupe donc les plans de projection suivant les droites $a\alpha$ et $a_1\alpha$ perpendiculaires à xy, d'où il résulte que lorsque VV' coïncide avec HH' après rotation autour de xy, la droite $\alpha a'$, nouvelle position de αa_1, est perpendiculaire à xy au point α. Les points a et a' sont donc sur une perpendiculaire à xy au point α. L'épure est alors la *fig.* 562.

Définition. — La perpendiculaire à la ligne de terre qui, dans une épure, joint les deux projections a et a' d'un point (*fig.* 562) est appelée *ligne de rappel*.

REPRÉSENTATION DU POINT.   123

Théorème réciproque.

552. — *Deux points d'une épure qui sont sur une perpendiculaire à la ligne de terre peuvent toujours être considérés comme les projections horizontale et verticale d'un point de l'espace.*

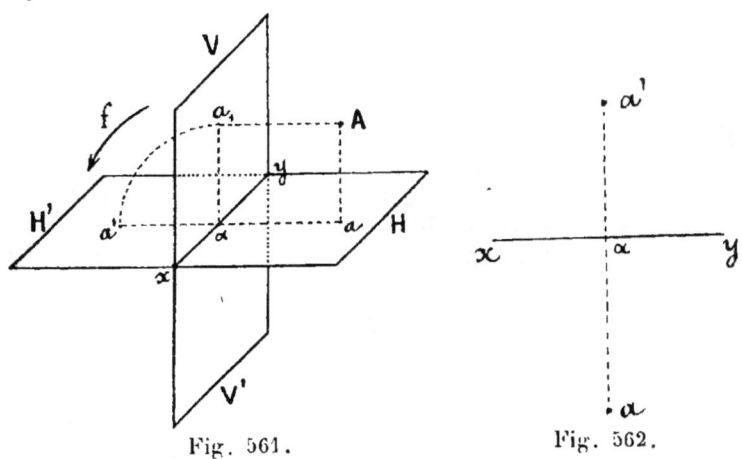

Fig. 561.   Fig. 562.

En effet, j'imagine que dans la figure 561 on replie la feuille de dessin HH' autour de xy de manière à placer le demi-plan H' dans la position V perpendiculaire à H. Alors $\alpha a'$ vient en αa_1 perpendiculaire à xy; donc le plan $a\alpha a_1$ renfermant deux droites αa et αa_1 perpendiculaires à xy, est perpendiculaire à xy. Il contient par suite la perpendiculaire au plan horizontal menée par a et la perpendiculaire au plan vertical menée par a_1 (502). Donc ces deux dernières droites situées dans un même plan se coupent en un point A de l'espace qui a pour projection horizontale a et pour projection verticale a'.

REMARQUE. — Ce théorème établit que les deux projections a et a' *déterminent* le point A.

A cause de ce fait, on dit indistinctement le point A ou le point (a, a').

Théorème.

553. — *Dans l'épure d'un point, la distance de la projection horizontale à la ligne de terre est égale à la distance du point de l'espace au plan vertical. De même, la distance de la projection* verticale à la ligne de terre est égale à la distance du point de l'espace au plan horizontal.

En effet, dans la figure 561, le quadrilatère $A a \alpha a_1$ est un rectangle, car les angles $\widehat{a}$ et $\widehat{a_1}$ sont droits par construction et l'angle α est droit, comme rectiligne d'un dièdre droit.

On conclut de là :

$$\alpha a = a_1 A, \qquad \alpha a' = \alpha a_1 = a A.$$

554. — **Définition.** — La distance aA est appelée la **cote** du point A.

La distance $a_1 A$ est appelée l'**éloignement** du point A.

Donc, sur une épure, $\alpha a'$ est égale à la *cote* du point A et αa est égale à l'*éloignement* du même point.

555. — **Différentes positions d'un point par rapport aux**

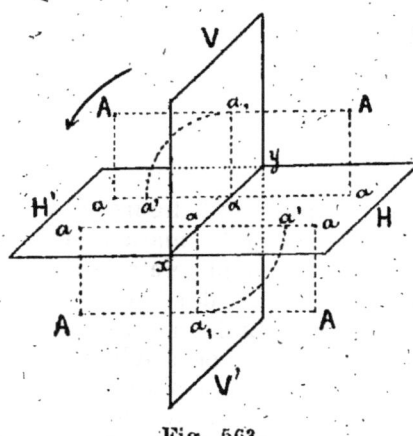

Fig. 563.

plans de projection. — Les deux plans de projection prolongés indéfiniment partagent l'espace en quatre dièdres :

Le dièdre $HxyV$ s'appelle le 1ᵉʳ dièdre.
— $H'xyV$ — 2ᵉ —
— $H'xyV'$ — 3ᵉ —
— $HxyV'$ — 4ᵉ —

Le point A peut être situé dans l'un de ces quatre dièdres.

REPRÉSENTATION DU POINT.

En rabattant le plan VV' sur le plan horizontal dans le sens de la flèche, on obtient sans difficulté l'épure du point A dans chacun de ces dièdres. On a ainsi les épures suivantes :

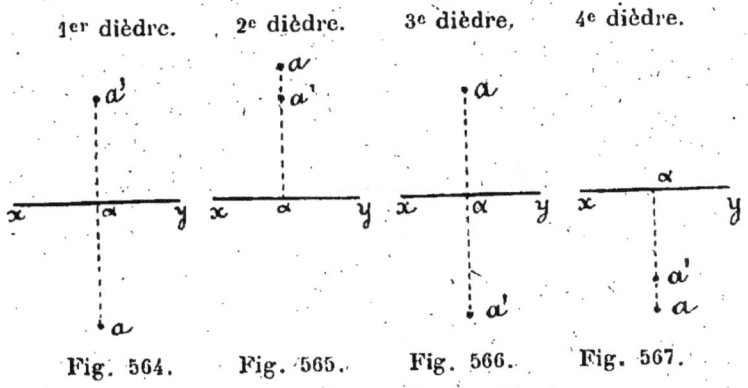

Fig. 564.   Fig. 565.   Fig. 566.   Fig. 567.

— Plus particulièrement, le point A peut être situé soit dans le plan bissecteur du premier ou du troisième dièdre, soit dans le plan bissecteur du deuxième ou du quatrième dièdre. Dans ce cas, la cote et l'éloignement deviennent des distances égales. Il suffit donc de refaire les quatre épures précédentes, en prenant $aa = aa'$. On obtient ainsi les figures suivantes :

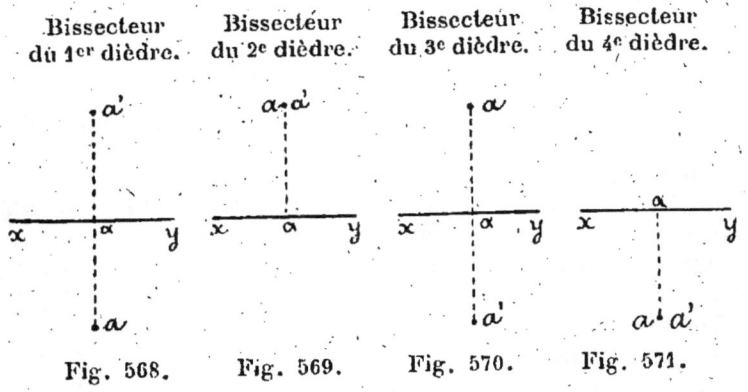

Fig. 568.   Fig. 569.   Fig. 570.   Fig. 571.

— Enfin, le point A peut être situé sur l'une des parties H

ou H' du plan horizontal, ou sur l'une des parties V ou V' du

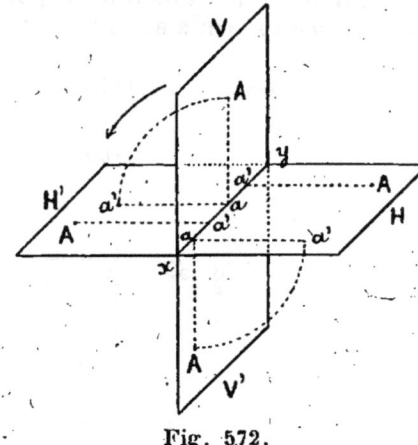

Fig. 572.

plan vertical, ou sur la ligne de terre (*fig.* 572); on a alors les épures suivantes :

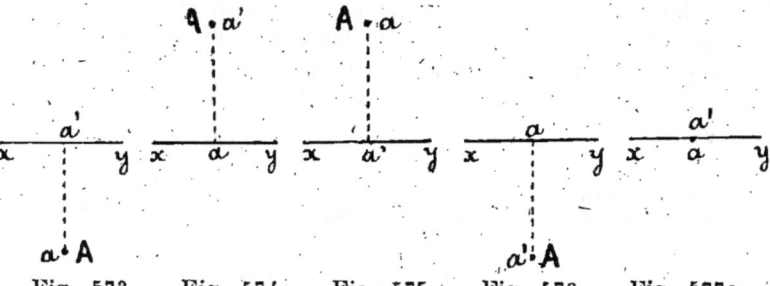

Fig. 573.   Fig. 574.   Fig. 575.   Fig. 576.   Fig. 577.

On remarquera que si A est dans le premier ou dans le troisième dièdre, sa cote est dirigée au-dessus du plan horizontal et, par suite, dans l'épure, a' est au-dessus de xy. Si A est dans le deuxième ou dans le quatrième dièdre, sa cote est dirigée au-dessous du plan horizontal et, par suite, dans l'épure, a' est au-dessous de xy.

On observera encore que si A est dans le premier ou dans le quatrième dièdre, son éloignement est dirigé en avant du plan vertical et, par suite, dans l'épure, a est au-dessous de xy. Si A est dans le deuxième ou dans le troisième dièdre son éloignement est dirigé en arrière du plan vertical, et, par suite, dans l'épure, a est au-dessus de xy.

Les réciproques de ces quatre remarques sont d'ailleurs vraies et permettent, en lisant une épure, de retrouver la position du point A dans l'espace.

— Pour abréger l'écriture, on convient de faire précéder du signe (+) le nombre mesurant toute cote au-dessus du plan HH' et du signe (—) le nombre mesurant toute cote au-dessous du plan HH'. On fait aussi précéder du signe (+) le nombre mesurant tout éloignement en avant du plan VV' et du signe (—) le nombre mesurant tout éloignement en arrière du plan VV'. On a donc le tableau suivant :

	Cote.	Éloignement.
1er dièdre....................	+	+
2e —	+	—
3e —	—	—
4e —	—	+

Une cote et un éloignement précédés du signe (+) sont dits *positifs*.

Une cote et un éloignement précédés du signe (—) sont dits *négatifs*.

REMARQUE I. — La lecture de toute épure est faite en plaçant xy en face du lecteur, x à sa gauche et y à sa droite.

De même, l'observateur qui regarde la figure de l'espace est supposé placé dans le premier dièdre, les pieds sur la partie H du plan horizontal, au-dessus de ce plan, et ayant en face de lui la partie V du plan vertical. Cet observateur est d'ailleurs aussi loin qu'on veut du plan VV'.

REMARQUE II. — On peut aussi déterminer complètement un point A en donnant sa projection a sur un plan horizontal appelé *plan de comparaison* et sa distance aA à ce plan, distance appelée *cote*.

Dans l'épure, le point est alors représenté par une seule projection, à côté de laquelle on inscrit un nombre positif ou négatif qui indique la distance du point de l'espace au plan de comparaison. Le signe (+) indique que le point considéré est *au-dessus* de ce plan, et le signe (—) indique qu'il est *au-dessous*.

Ainsi, le point marqué a (+ 5) indique que le point A de l'espace est *au-dessus* du plan de comparaison à une distance égale à 5 unités de longueur. Le point marqué b (— 2) indique

128 NOTIONS DE GÉOMÉTRIE DESCRIPTIVE.

que le point B de l'espace est *au-dessous* du plan de comparaison à une distance égale à 2 unités de longueur.

Ce mode de représentation étendu à tous les points d'une figure de l'espace est désigné sous le nom de **géométrie cotée**. Il est employé surtout lorsqu'on veut représenter la projection horizontale de la surface d'un terrain, surface qui n'est pas susceptible d'être définie géométriquement, c'est-à-dire en **topographie**.

REPRÉSENTATION D'UNE DROITE A L'AIDE DE DEUX PROJECTIONS.

Théorème.

556. — *Les deux projections horizontale et verticale d'une droite sont généralement des droites, et, réciproquement, deux droites d'une épure qui ne sont pas toutes deux perpendiculaires à la ligne de terre peuvent être considérées comme les projections d'une droite de l'espace.*

En effet, on a démontré dans le Ve livre (508) que la projection orthogonale d'une droite sur un plan est, en général, une droite ; donc une droite AB (*fig.* 578) sera projetée hori-

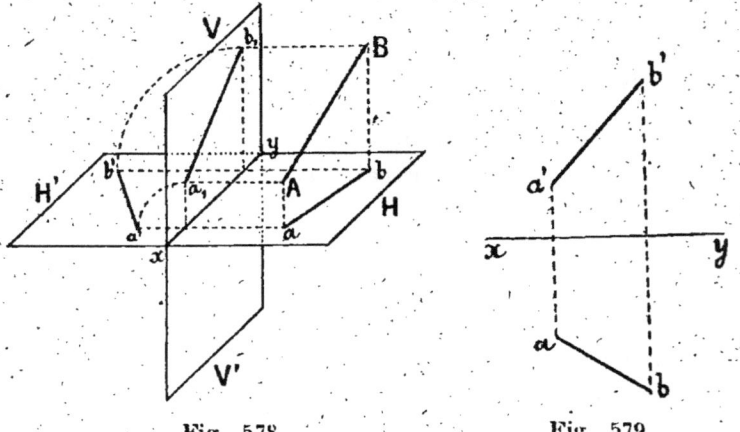

Fig. 578.   Fig. 579.

zontalement suivant ab et verticalement suivant $a_1 b_1$ qui, dans l'épure, devient $a'b'$.

Les plans ABab et AB$a_1 b_1$ sont appelés *plans projetants*.

Réciproquement, étant données sur une épure (*fig.* 579)

deux droites ab et $a'b'$, si je replie cette épure autour de xy pour amener le plan vertical, que l'on a rabattu sur H', dans sa position primitive V perpendiculaire à H (*fig* 578), $a'b'$ vient en a_1b_1. Si j'imagine alors par ab le plan perpendiculaire au plan H et par a_1b_1 le plan perpendiculaire au plan V, ces deux plans se coupent suivant une droite AB de l'espace, car, si ces deux plans ne se coupaient pas, ils seraient parallèles et, par suite, perpendiculaires l'un et l'autre aux deux plans H et V, c'est-à-dire à leur intersection xy ; alors ab et $a'b'$ seraient perpendiculaires à xy, ce qui est contraire à l'hypothèse.

On dit que ab et $a'b'$ *déterminent* une droite de l'espace.

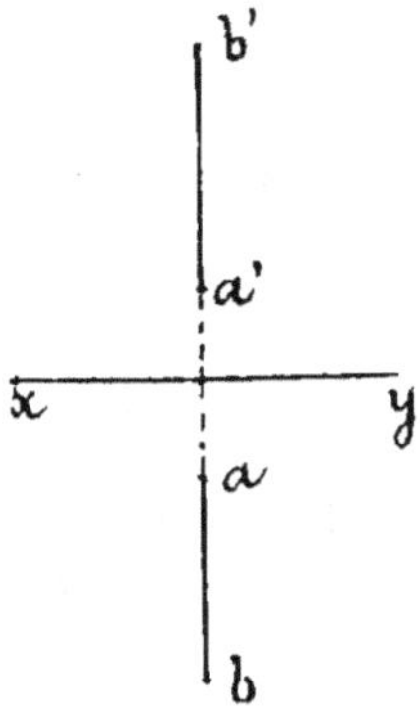

557. — REMARQUE. — Au cas particulier où ab et $a'b'$ sont perpendiculaires au même point de xy, les deux plans précédents menés par ab et $a'b'$ sont confondus et, dans ce plan unique, il existe une infinité de droites ayant pour projections ab et $a'b'$.

Toutefois, si, dans l'épure (*fig*. 580), on a fixé sur les projections les points a et a', b et b', il en résulte que les points A et B de l'espace sont déterminés et, par suite, la droite AB aussi.

Fig. 580.

On dit alors que la droite AB est une **droite de profil.** Elle est orthogonale à xy.

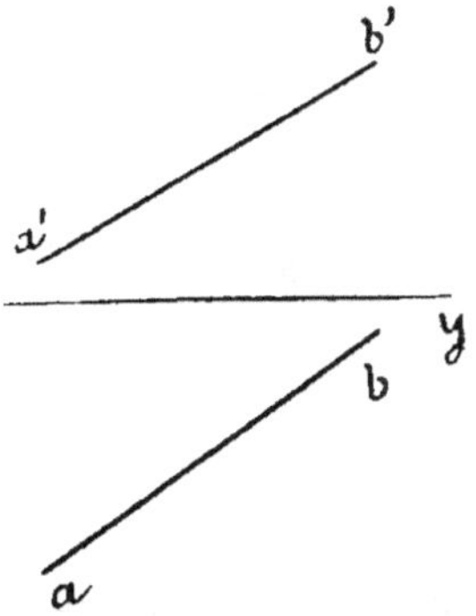

558. — *Différentes positions d'une droite par rapport aux plans de projection.* — Si la droite est oblique aux deux plans de projection et non orthogonale à xy, ses deux projections sont obliques, c'est-à-dire quelconques par rapport à xy comme ab, $a'b'$ (*fig*. 581).

— Si la droite est **horizontale**, c'est-à-dire parallèle au plan horizontal de projection, tous ses points ont même cote et, par suite, sa projection verticale a tous ses points également distants de xy;

Fig. 581.

elle est donc parallèle à xy (*fig*. 582) et la projection horizontale est quelconque.

NEVEU et BELLENGER. — Géométrie.

130   NOTIONS DE GÉOMÉTRIE DESCRIPTIVE.

— Si la droite est parallèle au plan vertical de projection, on dit alors qu'elle est **frontale** ou **droite de front**. Tous ses points ont alors le même éloignement et, par suite, sa projec-

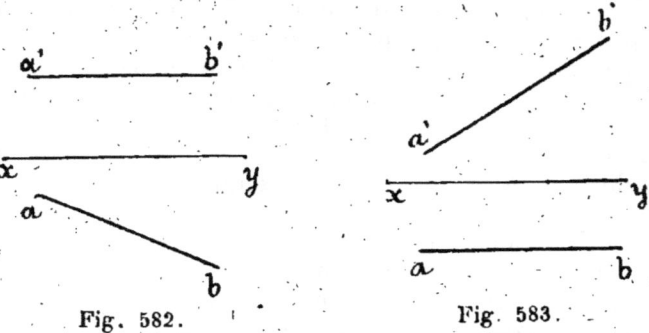

Fig. 582.   Fig. 583.

tion horizontale est parallèle à xy (*fig.* 583); sa projection verticale est quelconque.

— Si la droite est parallèle à xy, elle est à la fois horizontale et frontale, et ses deux projections sont parallèles à xy (*fig.* 584).
— Si la droite est perpendiculaire au plan horizontal de

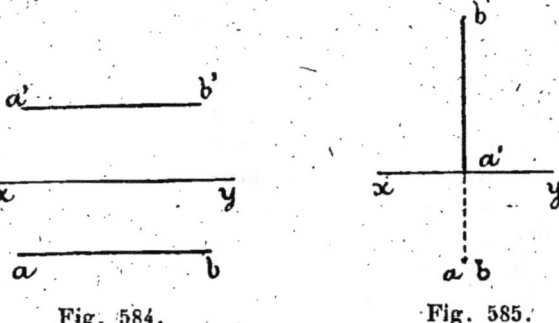

Fig. 584.   Fig. 585.

projection, sa projection horizontale est un point, sa projection verticale est une perpendiculaire à xy (*fig.* 585). En effet, le plan projetant verticalement la droite est à la fois perpendiculaire au plan vertical et au plan horizontal, c'est-à-dire à xy; donc xy est perpendiculaire dans l'espace à $a_1 b_1$ et, dans l'épure, xy est perpendiculaire à $a'b'$.

La droite de l'espace est une **verticale**.

— Un raisonnement analogue donne les projections d'une perpendiculaire au plan vertical, ou **droite de bout**.

La projection verticale est un point, et la projection horizontale est une perpendiculaire à xy (fig. 586).

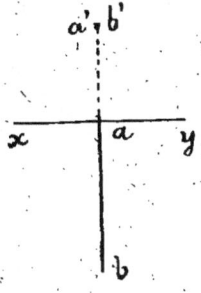

Fig. 586.

— Si la droite est perpendiculaire à xy, c'est-à-dire de **profil**, on a déjà vu (557) que ses projections sont perpendiculaires au même point de xy, et, pour qu'une droite de profil soit déterminée, il faut donner les projections de deux de ses points.

— Si la droite est dans l'un des plans de projection, sa projection sur ce plan est la droite elle-même; sa projection sur l'autre plan est sur la ligne de terre, d'où les épures suivantes:

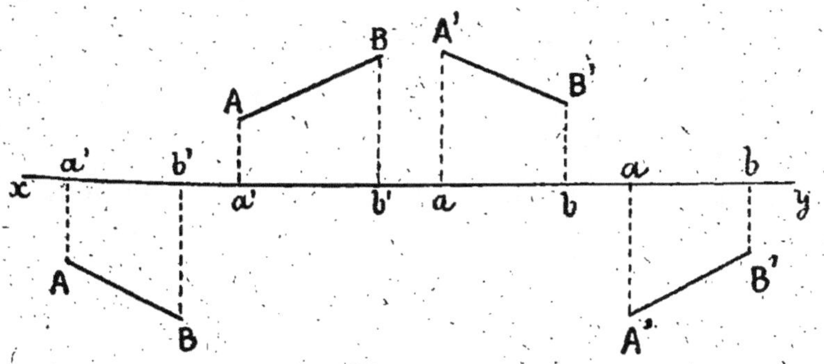

Fig. 587.

— Si la droite est sur la ligne de terre, ses deux projections sont confondues sur xy (fig. 588).

— Enfin, la droite peut être dans l'un des plans bissecteurs des quatre dièdres formés par les plans de projection.

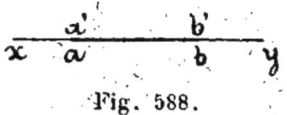

Fig. 588.

Si elle est dans le bissecteur du premier ou du troisième dièdre, chacun de ses points a ses deux projections *symétriques* par rapport à xy (555); donc les deux projections de la droite sont symétriques par rapport à xy (fig. 589).

Si elle est dans le bissecteur du deuxième ou du quatrième

dièdre, chacun de ses points a ses deux projections confondues et, par suite, les deux projections de la droite sont confondues (*fig.* 590).

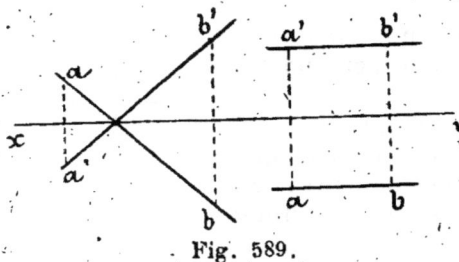

Fig. 589.

559. — **Traces d'une droite.** — On appelle **traces** d'une droite les points H et V où cette droite rencontre le plan horizontal et le plan vertical de projection (*fig.* 591).

La trace horizontale de la droite (ab, $a'b'$) étant un point de cote nulle, sa projection verticale est à la rencontre de $a'b'$ avec xy, soit h' (*fig.* 592). La ligne de rappel $h'h$ détermine h sur ab.

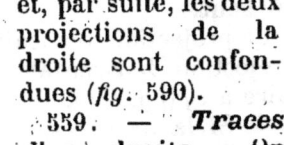

Fig. 590.

La trace verticale étant un point d'éloignement nul, sa

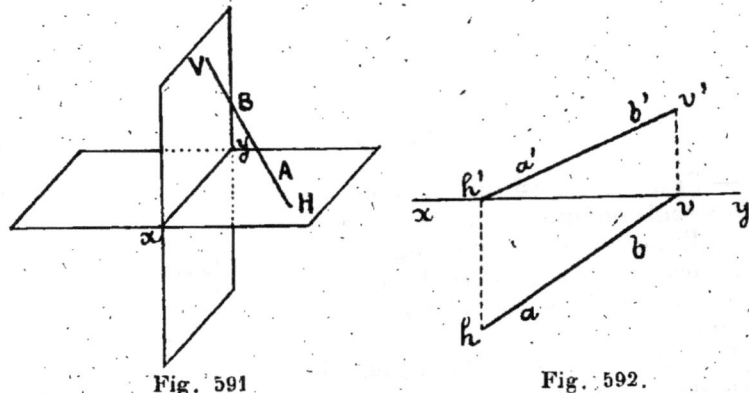

Fig. 591.   Fig. 592.

projection horizontale est à la rencontre de ab avec xy, soit v. La ligne de rappel vv' détermine v' sur $a'b'$.

— Inversement, connaissant les traces (h, h') et (v, v') d'une droite, en joignant vh et $v'h'$ on obtient les deux projections de la droite.

Théorème.

560. — *Pour que deux droites de l'espace se coupent, il faut et il suffit que, sur l'épure, les projections de même nom se coupent de manière que le point d'intersection des projections verticales et le point d'intersection des projections horizontales soient situés sur une même ligne de rappel.*

1° *La condition est nécessaire.* — En effet, si AB et CD sont deux droites qui, dans l'espace, se coupent en un point M, la projection horizontale m du point M doit se trouver à la fois sur ab et sur cd; de même, sa projection verticale m' doit se trouver à la fois sur $a'b'$ et sur $c'd'$, donc les projections de même nom des deux droites se coupent, et, en outre (554), m et m' doivent être sur une même ligne de rappel.

2° *La condition est suffisante.* — En effet, le point (m, m'), c'est-à-dire M, est sur AB puisque chacune de ses projections est sur la projection de même nom de cette droite. Le point M est sur CD pour la même raison ; donc les droites AB et CD se coupent en M.

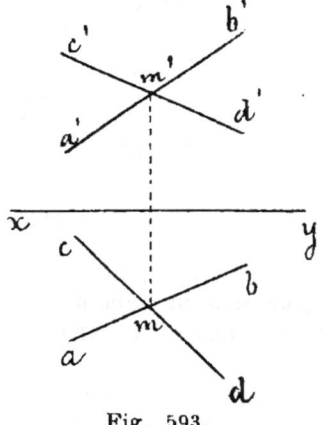

Fig. 593.

Théorème.

561. — *Pour que deux droites de l'espace soient parallèles, il faut et il suffit, en général, que, sur l'épure, leurs projections de même nom soient simultanément parallèles.*

1° *La condition est nécessaire.* — On a vu en effet (514) que les projections de deux droites parallèles AB et CD sur un même plan sont des droites parallèles. Donc les projections verticales des deux droites sont parallèles ; il en est de même de leurs projections horizontales (*fig.* 594).

2° *La condition est suffisante.* — En effet, je prends sur la droite $(cd, c'd')$, c'est-à-dire sur la droite CD un point (o, o') par lequel je mène la parallèle à AB (*fig.* 594). La projection horizontale de cette droite est la parallèle à ab menée par le point o, c'est-à-dire cd; de même, la projection verticale est la parallèle à $a'b'$ menée par o', c'est-à-dire $c'd'$. Donc la parallèle à la droite AB menée par le point O et la droite CD sont confondues, puisqu'elles ont mêmes projections.

— Il y a exception à ce raisonnement au cas où les deux droites sont de profil; alors elles ne sont pas forcément parallèles, quoique leurs projections de même nom soient simultanément parallèles.

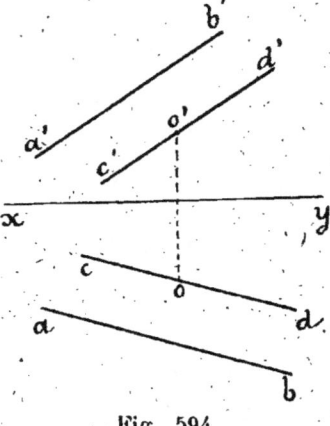

Fig. 594.

REPRÉSENTATION D'UN PLAN.

563. — Un plan étant déterminé en géométrie par *trois points non en ligne droite*, par *une droite et un point extérieur à cette droite*, ou par *deux droites concourantes* ou encore par *deux droites parallèles*, la figuration, en géométrie descriptive, de ces éléments suffira pour représenter un plan.

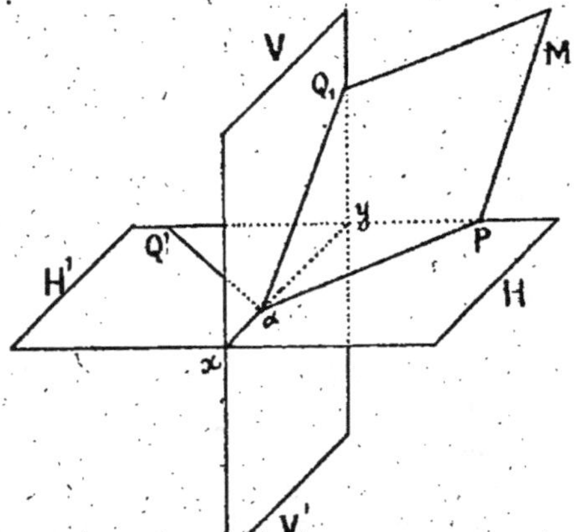

— Assez fréquemment, nous choisirons, parmi les droites du plan, ses deux **traces**. On appelle ainsi les droites suivant lesquelles il coupe les deux plans de projection.

Ainsi, soit le plan M (*fig.* 595); la droite αP suivant laquelle il coupe le plan horizontal est sa trace horizontale, et la droite αQ_1 suivant laquelle il coupe le plan vertical est sa trace verticale.

Fig. 595.

REPRÉSENTATION D'UN PLAN.

On remarquera que les deux traces du plan se coupent sur la ligne de terre, et comme le plan M est illimité, les traces elles-mêmes se prolongent indéfiniment en arrière du plan vertical et en dessous du plan horizontal.

Dans l'épure, la trace verticale αQ_1 prend la position $\alpha Q'$ et l'on obtient la figure ci-contre (*fig.* 596).

Inversement, deux droites d'une épure, l'une αP sur le plan horizontal, l'autre $\alpha Q'$ sur le plan vertical et se coupant sur la ligne de terre peuvent être considérées comme les traces d'un plan. En

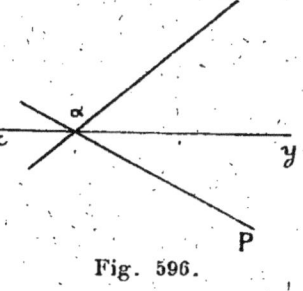

Fig. 596.

effet, en remettant le plan vertical dans sa position primitive, c'est-à-dire perpendiculaire au plan horizontal, $\alpha Q'$ prend la position αQ_1 (*fig.* 595), et les deux droites concourantes αP et αQ_1 déterminent un plan unique M de l'espace.

563. — ***Différentes positions d'un plan par rapport aux deux plans de projection.*** — Si le plan est quelconque par rapport aux plans de projection, ses traces αP et $\alpha Q'$ sont obliques, c'est-à-dire quelconques par rapport à xy (*fig.* 596).

— Si le plan est *horizontal*, c'est-à-dire parallèle au plan horizontal de projection, il n'a qu'une trace verticale H' parallèle à xy (*fig.* 597), car H' et xy sont les intersections de deux plans horizontaux parallèles par le plan vertical de projection.

— Si le plan est *de front*, c'est-à-dire parallèle au plan vertical de projection, en raisonnant comme dans le cas

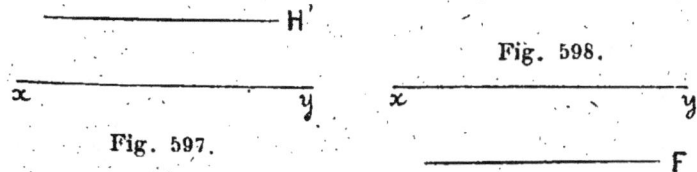

Fig. 597.

Fig. 598.

précédent, on voit qu'il n'a qu'une seule trace horizontale F parallèle à xy (*fig.* 598).

— Si le plan est parallèle à la ligne de terre, ses deux traces P et Q' sont parallèles à xy, car le plan horizontal de projection et le plan vertical sont deux plans qui passent par xy, droite parallèle au plan donné; donc les deux plans de projection doivent couper le plan donné suivant des parallèles à *xy* (444).

— Si le plan est *vertical*, c'est-à-dire perpendiculaire au plan horizontal, sa trace verticale αQ', intersection de deux plans perpendiculaires au plan horizontal, est, par suite, perpendiculaire à *xy* ; sa trace horizontale est quelconque (*fig.* 600).

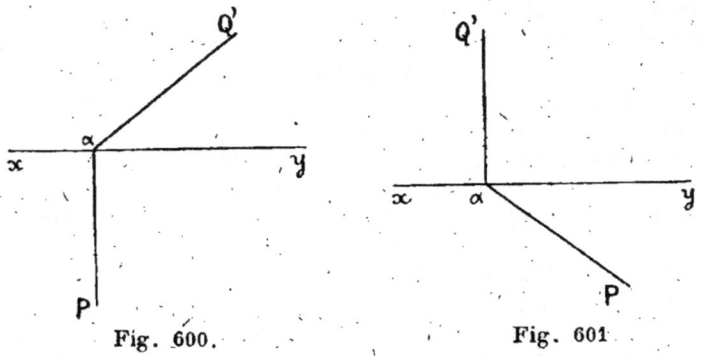

Fig. 599.   Fig. 600.   Fig. 601.

— Si le plan est *de bout*, c'est-à-dire perpendiculaire au plan vertical, un raisonnement analogue au précédent montre que sa trace horizontale αP est perpendiculaire à *xy* ; sa trace verticale est quelconque (*fig.* 601).

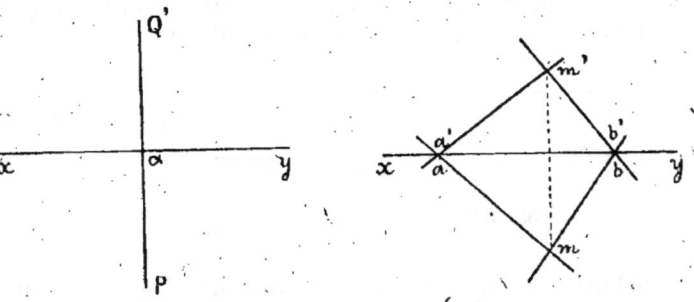

Fig. 602.   Fig. 603.

— Si le plan est *de profil*, c'est-à-dire perpendiculaire à la ligne de terre, ses deux traces αP et αQ' sont, en conséquence, perpendiculaires à *xy* (*fig.* 602).

— Enfin, si le plan passait par la ligne de terre, il faudrait, pour le déterminer, donner un point (*m*, *m'*). On pourrait aussi, dans ce cas, définir le plan à l'aide de deux de ses droites (*ma*, *m'a'*) et (*mb*, *m'b'*) (*fig.* 603).

564. — *Problème*. — *Mener une droite dans un plan*. — Pour obtenir une droite située dans un plan donné, il suffit de joindre deux points de ce plan.

En général, et pour plus de facilité, on prend un point (*a*, *a'*) de la trace verticale αQ' et un point (*b*, *b'*) de la trace horizontale αP ; *ab* et *a'b'* sont les projections d'une droite du plan PαQ' (*fig.* 604).

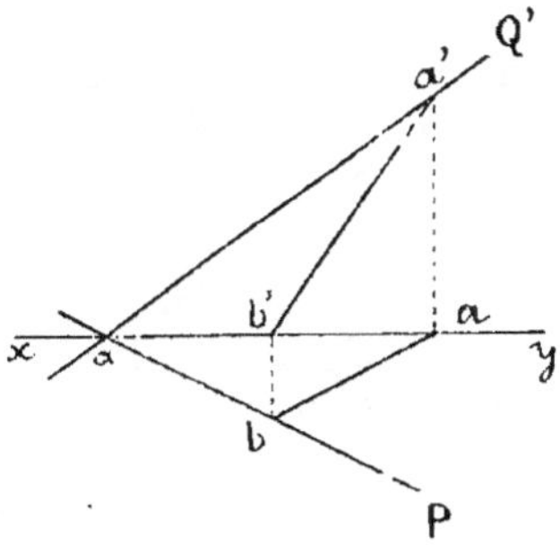

On observera que : *Si une droite est dans un plan, ses deux traces sont sur les traces de même nom du plan*, et réciproquement.

565. — *Droites remarquables d'un plan*. — Les droites remarquables d'un plan sont les *horizontales* et les *frontales*.

Fig. 604.

Les horizontales sont parallèles à la trace horizontale αP du plan, et les frontales sont parallèles à la trace verticale αQ'.

Il résulte de là qu'une horizontale d'un plan a ses projections parallèles aux projections de même nom de la trace horizontale du plan. Donc, la projection horizontale d'une horizontale du plan PαQ' (*fig.* 605) est parallèle à αP, soit *ah*, et sa projection verticale *a'h'* est parallèle à *xy*.

De même, la projection verticale d'une frontale du plan PαQ' est parallèle à αQ', soit *b'f'* et sa projection horizontale *bf* est parallèle à *xy*.

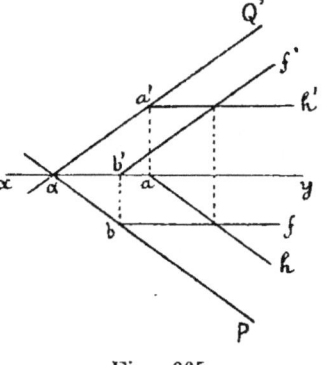

Fig. 605.

On remarquera d'ailleurs que la trace horizontale d'un plan est l'horizontale de cote nulle,

138   NOTIONS DE GÉOMÉTRIE DESCRIPTIVE.

et la trace verticale est la frontale d'éloignement nul.

— Si l'on veut prendre un point dans un plan, il suffira de mener une droite dans ce plan, par exemple une horizontale ou une frontale, et l'on prendra un point sur cette droite.

566. — **Droite de plus grande pente d'un plan.** — On appelle droite de plus grande pente d'un plan toute droite du plan qui est perpendiculaire aux horizontales de ce plan.

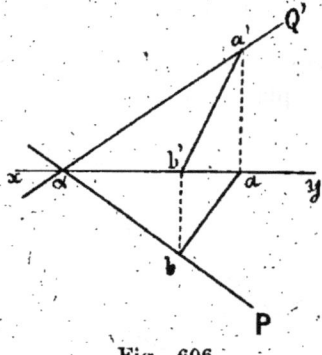

Fig. 606.

D'après un théorème du cinquième livre (512), l'angle droit que forme une droite de plus grande pente avec une horizontale se projette horizontalement suivant un angle droit.

Donc, dans l'épure (fig. 606), on tracera ab perpendiculaire à la trace horizontale αP. En rappelant a en a' sur $\alpha Q'$ et b en b' sur xy, ab et $a'b'$ seront les projections d'une droite de plus grande pente du plan.

567. — **Remarque sur la géométrie cotée.** — Une droite est définie en géométrie cotée par deux de ses points et leurs cotes. La droite qui joint ces deux points, $a(3,5)$ et $b(5,4)$ par exemple (fig. 607), est la projection de la droite AB de l'espace.

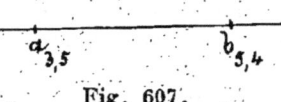

Fig. 607.

On indique sur la projection ab les points dont les cotes sont exprimées par des nombres entiers; on les appelle points de **cote ronde**.

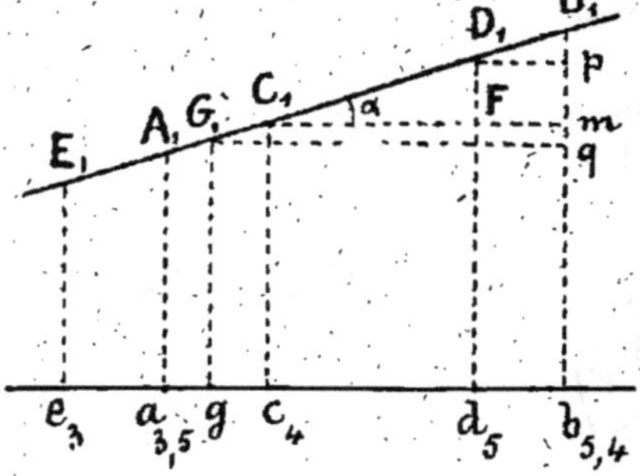

Lorsqu'on a déterminé deux points de cotes rondes consécutives $c(4)$, $d(5)$, par exemple (fig. 608), on dit que la droite est *graduée*, et la distance horizontale cd s'appelle l'**intervalle**.

Considérons le trapèze AabB que forme la droite AB

Fig. 608.

de l'espace avec sa projection ab. On peut dessiner ce trapèze sur le plan de l'épure, à l'aide d'une échelle de dessin, l'*unité graphique* étant généralement 1 centimètre pour 1 mètre. Pour cela, sur des perpendiculaires à ab (*fig.* 608), on prend des longueurs $aA_1 = 3^{cm},5$ puis $bB_1 = 5^{cm},4$ et l'on joint le point A_1 au point B_1 : on dit alors qu'on a effectué le rabattement de AB sur le plan de comparaison autour de ab.

Ce rabattement peut servir à construire les points c et d. Il suffit de prendre $bm = 4$ centimètres, $bp = 5$ centimètres et de mener par m et p des parallèles à ab pour déterminer C_1 et D_1, d'où l'on déduit c et d en abaissant des perpendiculaires des points C_1 et D_1 sur ab.

On appelle **pente** de la droite la tangente trigonométrique de l'angle que la droite AB fait avec le plan de projection, c'est-à-dire avec ab. Dans le rabattement, cet angle est égal à l'angle $\widehat{C_1}$ du triangle rectangle C_1FD_1. Or, on a :

$$FD_1 = C_1F \times \operatorname{tg} C_1 ; \qquad (1)$$

mais

$$FD_1 = 5 - 4 = 1,$$

l'intervalle $C_1F = cd = i$ et $\widehat{C_1} = \alpha$, angle de AB avec ab ; l'égalité (1) devient alors :

$$1 = i \times \operatorname{tg} \alpha,$$

et si l'on désigne la pente par p, on a :

$$\operatorname{tg} \alpha = p = \frac{1}{i},$$

égalité qui montre que : *la pente et l'intervalle sont inverses l'un de l'autre.*

On déduit de là que l'angle α étant donné, l'intervalle i est invariable ; donc : *sur la projection d'une droite, les points de cote ronde sont équidistants.*

Enfin, le rabattement précédent permet de construire un point de cote donnée sur AB, et inversement. On a figuré, dans l'épure, le point g de cote 3,7 en prenant $bq = 3^{cm},7$ et en traçant qG_1 parallèle à ab.

— Deux droites parallèles faisant le même angle avec le plan de comparaison, ont la même pente et, par suite, le même intervalle. De plus, sur leurs projections, les cotes vont en croissant dans le même sens.

Deux droites qui se coupent ont des projections horizontales qui se coupent, et le point de rencontre de leurs projections horizontales est la projection d'un point ayant même cote sur chacune des droites de l'espace.

— Un plan est défini et représenté en géométrie cotée par une *ligne de plus grande pente graduée*.

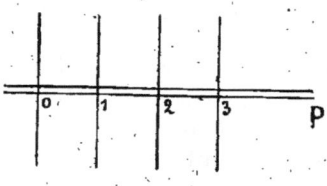

Fig. 609.

On la dessine à l'aide de deux traits parallèles très voisins (fig. 609).

On observera que, sur la projection, les horizontales sont perpendiculaires à cette ligne de plus grande pente P.

Dans l'épure, on a figuré les projections des horizontales de cotes 0, 1, 2, 3.

La droite P graduée s'appelle l'**échelle de pente du plan**.

Méthodes générales de la descriptive.

568. — Les projections d'une figure de l'espace varient avec la position de cette figure par rapport aux plans de projection. De cette position, il peut résulter soit des simplifications, soit des complications au point de vue des constructions graphiques de l'épure.

Pour modifier la position relative de la figure et des plans de projection, on peut ou bien changer les plans de projection : c'est la **méthode des changements de plans** ; ou bien faire tourner la figure autour d'un axe généralement perpendiculaire à l'un des plans de projection : c'est la **méthode des rotations**.

Enfin, lorsqu'on veut trouver la vraie grandeur d'une figure *plane*, on amène le plan de cette figure à coïncider soit avec un plan horizontal, soit avec un plan de front : c'est la **méthode des rabattements**.

Changements de plans.

569. — ***Problème***. — *Changer de plan vertical par rapport à un point.*

CHANGEMENTS DE PLANS.

Soient V et H les plans de projection donnés (*fig.* 610) et V_1 le nouveau plan vertical. Ce plan est, comme le plan V, perpendiculaire au plan horizontal H. La nouvelle ligne de terre sera $x_1 y_1$ et le rabattement du plan V_1 sur le plan H se fera autour de $x_1 y_1$.

Soit, d'autre part, un point A de l'espace. Ses anciennes projections sur les plans H et V sont a et a', et ses nouvelles projections sur H et V_1 seront a et a'_1.

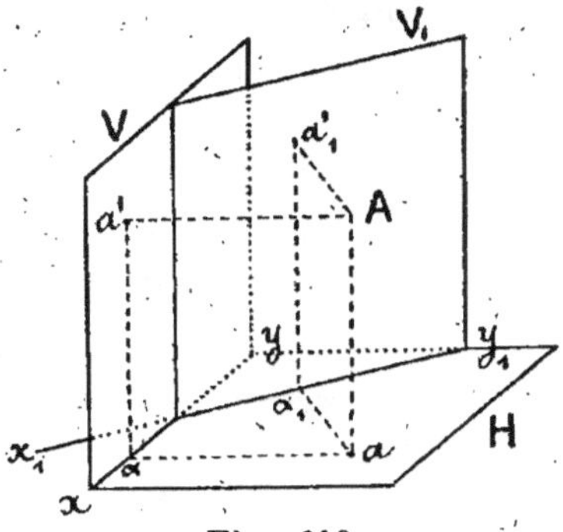

On remarquera que, le plan horizontal restant fixe, la projection horizontale a ne change pas ainsi que la cote du point.

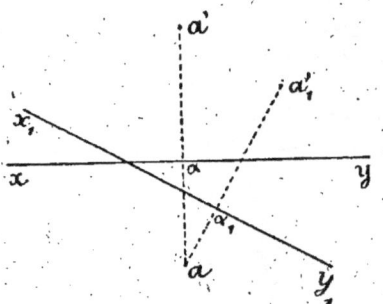

Fig. 610.

Ceci permet de faire l'épure facilement. Soient a et a' les projections du point donné sur l'épure (*fig.* 611). Comme les nouvelles projections du point A doivent être sur une même perpendiculaire à $x_1 y_1$, du point a je mène une perpendiculaire sur $x_1 y_1$, et je prends $\alpha_1 a'_1 = \alpha a'$.

Le sens de $\alpha_1 a'_1$, par rapport à $x_1 y_1$ est celui de $\alpha a'$ par rapport à xy.

a'_1 est la nouvelle projection verticale du point.

Fig. 611.

Remarque. — On raisonnerait de même pour un changement de plan horizontal, le nouveau plan horizontal H_1 étant toujours perpendiculaire au plan vertical V.

Comme le plan vertical reste fixe, la projection verticale ne change pas ainsi que l'éloignement du point. Donc, si $x_1 y_1$ définit le nouveau plan horizontal (*fig.* 612), on obtiendra la nouvelle projection horizontale du point en portant sur une perpendiculaire à $x_1 y_1$ menée par a' un éloignement $\alpha_1 a_1$ égal à αa et de même sens.

570. — **Problème.** — *Changer de plan vertical par rapport à une droite.*

Une droite étant définie par deux points, il suffit de changer deux points (a, a') et (b, b') (fig. 613).

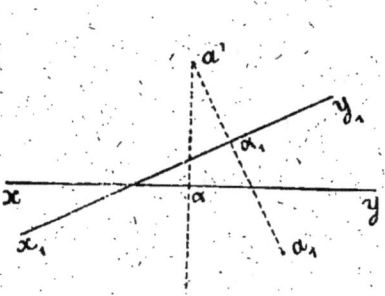

Fig. 612.

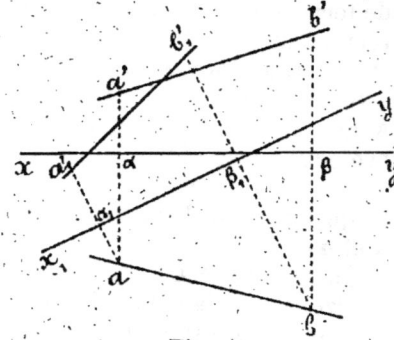

Fig. 613.

Dans l'épure, on obtient ainsi $a'_1 b'_1$, nouvelle projection verticale de la droite.

— La remarque du problème précédent indique comment on effectuerait un changement de plan horizontal.

571. — Application. — *Choisir un plan vertical parallèle à une droite donnée.*

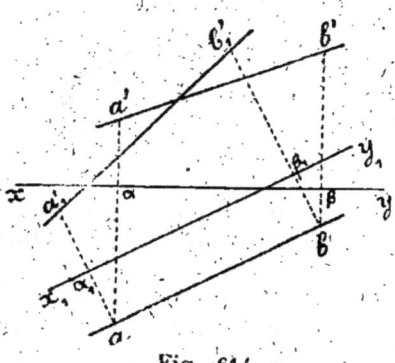

Fig. 614.

Après le changement de plan vertical effectué, la projection horizontale ab, qui n'a pas changé, doit être parallèle à la ligne de terre (558); donc, je mène $x_1 y_1$ parallèle à ab (fig. 614) et j'en déduis $a'_1 b'_1$, la nouvelle projection verticale de la droite.

— Pour choisir un plan horizontal parallèle à la droite, il suffirait de mener $x_1 y_1$ parallèle à $a'b'$ et d'effectuer ensuite le changement de plan horizontal indiqué par $x_1 y_1$.

572. — Problème. — *Changer de plan vertical par rapport à un plan.*

Soit PaQ le plan donné et $x_1 y_1$ la nouvelle ligne de terre (fig. 615).

CHANGEMENTS DE PLANS.

Le plan horizontal restant fixe, la trace horizontale ne change pas.

Pour déterminer le plan, il suffit de connaître un point en dehors de la droite αP. Dans l'épure, on a cherché a'_1 nouvelle projection verticale d'un point (a, a') du plan PαQ'.

Le plan, après changement du plan vertical, est défini par αP et le point (a, a'_1).

Si on veut la nouvelle trace verticale, il suffira de figurer une horizontale $(as, a'_1 s'_1)$ du plan dans le nouveau système de projection, et de joindre $\gamma s'_1$.

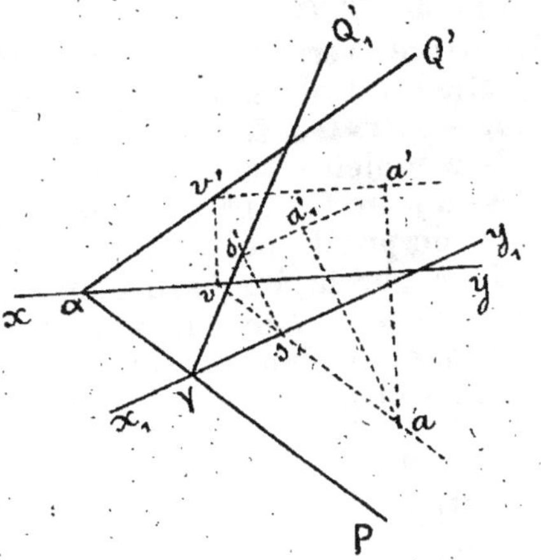

Fig. 615.

Remarque. — Si $x_1 y_1$ définissait un nouveau plan horizontal, la trace verticale αQ' ne changerait pas, et il suffirait d'effectuer le changement de plan horizontal pour un point quelconque (a, a') du plan PαQ'.

573. — *Application*. — *Ramener le plan vertical à être perpendiculaire au plan donné.*

Après changement, la trace horizontale αP doit être perpendiculaire à la nouvelle ligne de terre (563); donc il suffira de choisir $x_1 y_1$ perpendiculaire à αP.

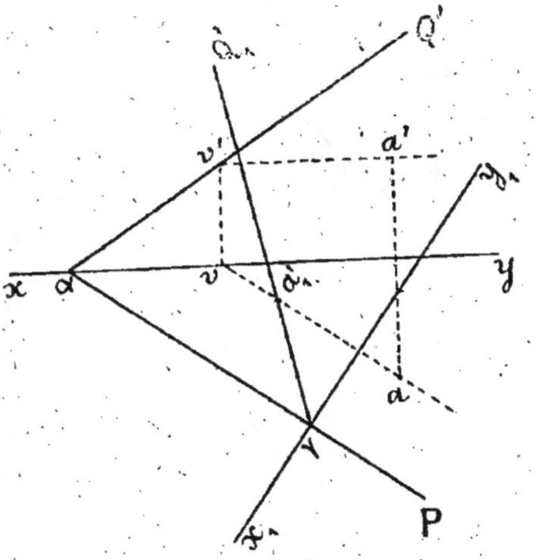

Si on remarque, en outre, que tout point d'un plan perpendiculaire au plan vertical se projette verticalement sur sa trace verticale, on obtiendra un point de cette trace en

Fig. 616.

144   NOTIONS DE GÉOMÉTRIE DESCRIPTIVE.

figurant a'_1 nouvelle projection verticale de (a, a'), point situé dans le plan $P\alpha Q'$.

La trace verticale $\gamma Q'_1$, dans le nouveau système de projection, est obtenue en joignant le point γ au point a'_1.

574. — REMARQUE. — Une figure située dans un plan de profil se projette sur les deux plans de projection suivant les traces du plan. Un changement de plan vertical, en prenant le plan de profil pour plan vertical, donne la figure en vraie grandeur sur le nouveau plan vertical. Pour ramener les projections sur l'ancien système de plans, on refera le changement de plan vertical en sens inverse.

Dans les deux épures suivantes, qui se lisent aisément, on

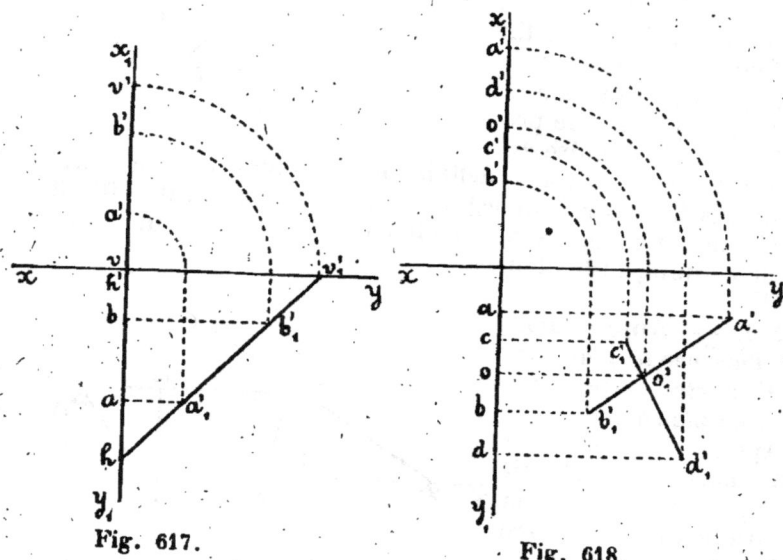

Fig. 617.   Fig. 618.

a trouvé les traces d'une droite de profil (fig. 617) et le point de rencontre de deux droites de profil (fig. 618).

Rotations.

575. — **Problème**. — *Faire tourner un point d'un angle donné α autour d'un axe vertical.*

Soit l'axe oZ perpendiculaire au plan H, et le point A que l'on fait tourner autour de cet axe d'un angle α (fig. 619).

J'observe que l'arc de cercle décrit par le point A est dans un plan horizontal et, par suite, se projette horizontalement en vraie grandeur ; en même temps, l'angle α de rotation du point A se projette aussi horizontalement en vraie grandeur. En outre, la cote du point A ne change pas. Ceci conduit à la construction suivante sur l'épure (*fig.* 620) :

Du pied o de l'axe vertical comme centre, avec oa pour rayon, je trace un arc de cercle ; je fais l'angle $\widehat{aoa_1} = \alpha$, angle de rotation donné ; comme, d'autre part, la cote de A n'a pas changé, je mène par a_1 une ligne de rappel jusqu'à sa rencontre avec la parallèle à xy menée par a'.

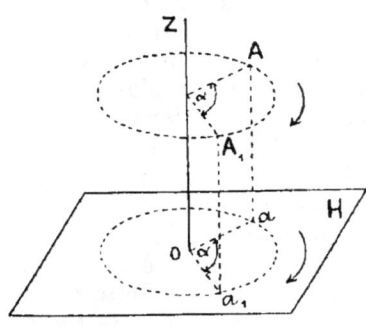

Fig. 619.

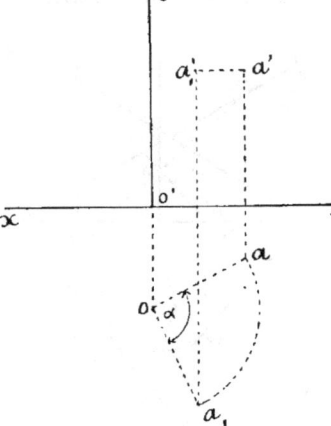

Fig. 620.

Les nouvelles projections du point sont a_1 et a'_1.

REMARQUE. — Pour que a_1 soit déterminé sur l'épure, il faut indiquer en outre le sens de la rotation effectuée autour de l'axe vertical.

576. — **Problème.** — *Faire tourner une droite d'un angle donné* α *autour d'un axe vertical* (fig. 621).

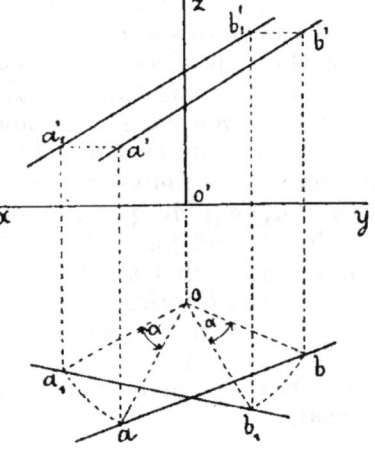

Fig. 621.

Soit la droite donnée $(ab, a'b')$.

Une droite étant déterminée par deux points, il suffit de faire tourner de l'angle α et dans le même sens deux points (a, a') et (b, b') comme l'indique l'épure (*fig.* 621). $a_1 b_1$ et $a'_1 b'_1$ sont les nouvelles projections de la droite.

577. — **Problème.** — *Faire tourner d'un angle* θ, *autour d'un axe vertical, un plan donné par ses traces.*

Soit PαQ' le plan donné. On remarque que, pendant la rotation autour de l'axe vertical, la trace horizontale du plan reste toujours à la même distance du pied o de l'axe ; on observe, en outre, que le point (s, s') où l'axe perce le plan PαQ' reste fixe pendant la rotation. Après la rotation, le plan est déterminé par la nouvelle trace horizontale et le point (s, s').

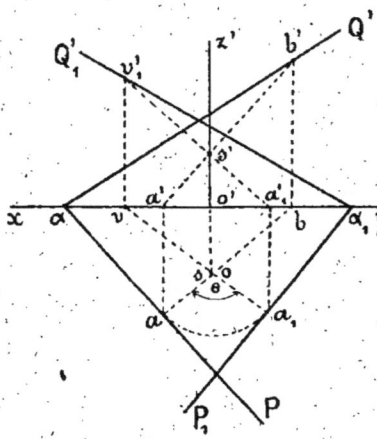

Fig. 622.

Je détermine d'abord le point fixe (s, s'). Pour cela, il suffit de mener la ligne de plus grande pente du plan passant par ce point. Sa projection horizontale est perpendiculaire à αP et passe évidemment par o ; sa projection verticale $a'b'$ rencontre $o'z'$ en s', d'où l'on déduit s.

Cela étant, je décris la circonférence de centre o et de rayon oa, et je fais l'angle $\widehat{aoa_1} = \theta$, angle de rotation donné (*fig.* 622) ; la nouvelle trace horizontale $a_1 P_1$ est la tangente en a_1 à la circonférence décrite.

Si l'on veut la nouvelle trace verticale, on peut utiliser la droite $(sa_1, s'a'_1)$ du plan, dont la trace verticale est le point (v, v'_1) ; on joint alors le point $α_1$ au point v'_1, et l'on obtient la nouvelle trace verticale $α_1 Q'_1$.

578. — **Application.** — *Amener, par rotation autour d'un axe vertical donné, un plan donné à être perpendiculaire au plan vertical de projection.*

Soit PαQ' le plan donné et $(o, o'z')$ l'axe de rotation (*fig.* 623).

RABATTEMENTS.

On a vu (563) qu'un plan perpendiculaire au plan vertical a sa trace horizontale perpendiculaire à la ligne de terre. Donc, en procédant comme dans l'épure précédente, il suffit d'amener la perpendiculaire oa à αP suivant oa_1 parallèle à xy; la trace horizontale nouvelle sera la perpendiculaire $a_1 P_1$ à xy menée par le point a_1. En outre, la trace verticale nouvelle $a_1 Q'_1$ passe par s', car tous les points du plan rendu de bout se projettent sur sa trace verticale.

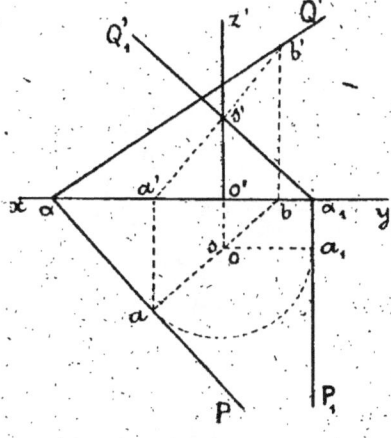

Fig. 623.

REMARQUE. — On effectuerait de même une rotation autour d'un axe de bout, c'est-à-dire perpendiculaire au plan vertical.

Il suffit de remarquer que l'arc de cercle décrit par un point est dans un plan parallèle au plan vertical; donc cet arc se projette en vraie grandeur sur le plan vertical, ainsi que l'angle de rotation. En outre, l'éloignement du point ne change pas.

Rabattements.

Une figure *plane* se projette en vraie grandeur lorsqu'elle est située dans un plan parallèle au plan de projection. De là, le problème suivant :

579. — **Problème.** — *Un plan étant donné, on le fait tourner autour de sa trace horizontale pour l'amener sur le plan horizontal de projection, ou autour d'une de ses horizontales pour le rendre parallèle au plan horizontal, trouver ce que devient un point quelconque de ce plan.*

Si PR est la trace horizontale du plan M, le point A de ce plan (*fig.* 624), en tournant autour de PR, décrit un arc de cercle dont le plan est perpendiculaire à PR. Le centre I est obtenu en abaissant la perpendiculaire Aa sur le plan horizontal H, et du pied a de cette perpendiculaire, la perpendiculaire aI à PR. La longueur IA est le rayon du cercle décrit.

Après rabattement, IA vient en IA$_1$ sur aI prolongée, ou en IA$_2$ suivant le sens de rotation.

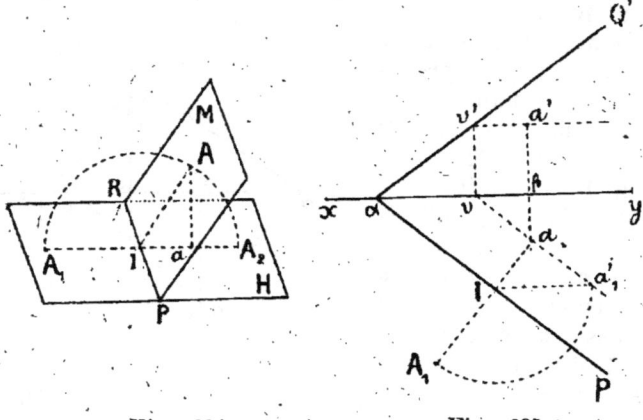

Fig. 624.   Fig. 625.

Dans l'épure (*fig.* 625), on connaît a, et par suite aI. On peut, en outre, construire un triangle rectangle égal au triangle IaA de l'espace. Pour cela, sur la perpendiculaire à aI, on prend la longueur aa'_1 égale à la cote du point A, c'est-à-dire égale à βa', et l'on mène la droite Ia'_1. On aura le rabattement du point en A$_1$ en reportant Ia'_1 suivant IA$_1$.

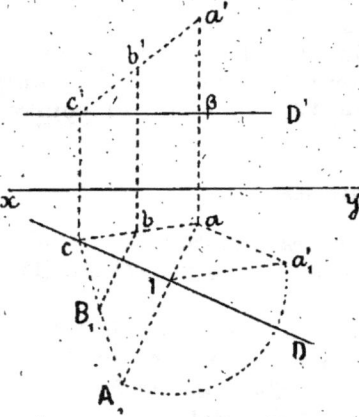

Fig. 626.

Si, dans la figure 624, H est un plan horizontal de cote quelconque, PR devient une horizontale du plan M de même cote que le plan H, et aA est la cote *relative* à ce plan H. Dans ce cas, pour l'épure (*fig.* 626), si (D, D') est l'horizontale autour de laquelle on rabat le point (a, a'), on abaisse aI perpendiculaire sur D, et, sur la perpendiculaire à aI, on prend $aa'_1 =$ βa', cote *relative* du point A. Il suffit de reporter Ia'_1 suivant IA$_1$.

RABATTEMENTS.

580. — REMARQUE. — La droite αP ou la droite D dans les épures précédentes s'appelle *charnière* de rabattement.

On observera enfin que, connaissant le rabattement d'un point A d'un plan, on en déduit aisément les rabattements de tous les autres points de ce plan.

Ainsi, pour obtenir B_1 (*fig.* 626), on a joint le premier point (a, a') au point (b, b') ; la droite ainsi menée rencontrant la charnière en un point fixe (c, c'), son rabattement est cA_1. Il suffit évidemment d'abaisser ensuite de b la perpendiculaire à la charnière D, perpendiculaire qui détermine B_1 sur cA_1.

581. — *Problème inverse.* — *Connaissant le rabattement sur le plan horizontal d'un point d'un plan donné, trouver, sur l'épure, les projections de ce point.*

On peut observer que, dans la construction du triangle rectangle Iaa'_1 (*fig.* 625), l'angle aigu au sommet I mesure le rectiligne du dièdre formé par le plan PαQ' avec le plan horizontal, puisque, dans l'espace (*fig.* 624), le plan du triangle égal IaA est perpendiculaire à la trace horizontale du plan.

Il en résulte que, pour le rabattement d'un second point (v, v'), par exemple, du même plan (*fig.* 627), on aura un triangle Evv'_1 pour lequel on a $\widehat{E} = \widehat{I}$, et de même pour tout autre point du plan.

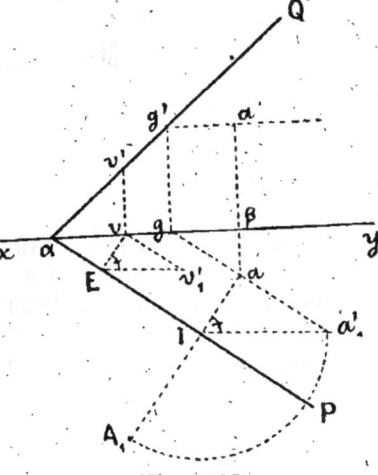

Fig. 627.

Ceci posé, du point A_1 rabattement donné, j'abaisse la perpendiculaire A_1I sur la charnière αP ; je mène par I la parallèle à Ev'_1 que l'on a d'abord construite, et je reporte IA_1 suivant Ia'_1 sur cette parallèle. Si j'abaisse $a'_1 a$ perpendiculaire à A_1I, j'obtiens a, et la cote $\beta a'$ du point A est égale à aa'_1.

Comme vérification, le point (a, a') doit se trouver sur l'horizontale $(ag, a'g')$ du plan.

— L'opération qu'on vient de faire s'appelle *relever le point A*.

— Ces constructions subsistent si la charnière de rabattement est une horizontale quelconque du plan.

Remarque. — Par analogie avec les deux problèmes précédents, on peut rabattre un plan autour de sa trace verticale sur le plan vertical, ou sur un plan parallèle au plan vertical autour d'une frontale du plan.

Résolution de quelques problèmes sur le point, la droite et le plan.

582. — **Problème**. — *Trouver la droite d'intersection de deux plans.*

Deux points suffisent pour déterminer cette droite. Pour en obtenir un, on coupe les deux plans donnés M et M' par un troisième plan auxiliaire P ; ce plan P donne dans chacun d'eux une droite. Les deux droites obtenues AB et AC se coupent en un point A qui est un point commun aux deux plans M et M'.

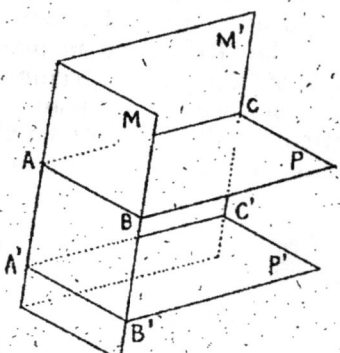

Fig. 628.

Un second plan auxiliaire P' donne un second point A' commun aux deux plans M et M'.

L'intersection des deux plans est donc la droite AA'.

Ce procédé n'est applicable que si, dans l'épure, on a immédiatement, et presque sans constructions, les droites que donnent les plans auxiliaires. Dans ce but, on utilise des plans horizontaux ou des plans de front.

Ainsi, dans l'épure (*fig.* 629), un premier plan horizontal H' donne dans le plan PαQ' une horizontale $(va, v'a')$ et dans le plan RβS' une horizontale $(ua, u'a')$; ces deux horizontales se coupent en un point (a, a') de l'intersection cherchée.

Un second plan horizontal H" donne dans le plan PαQ' et dans le plan RβS' deux autres droites horizontales qui se coupent en un point (b, b') de l'intersection cherchée.

Les projections de l'intersection des deux plans sont donc ab et $a'b'$.

583. — Remarque. — Si les traces des deux plans se

PROBLÈMES SUR LE POINT, LA DROITE ET LE PLAN. 151

coupent dans les limites de l'épure (*fig.* 630), on remarque que les deux traces verticales sont précisément les intersections

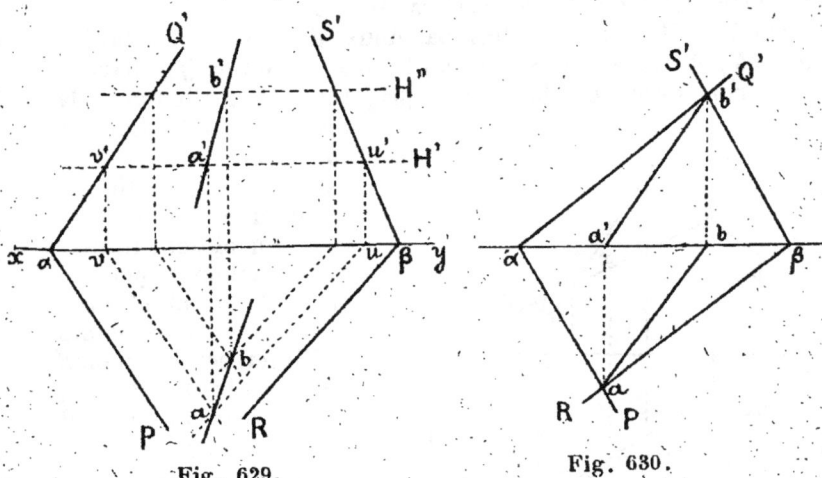

Fig. 629.   Fig. 630.

des deux plans par un même plan, qui est le plan vertical de projection ; donc le point (b, b') est un point de l'intersection cherchée. De même, les deux traces horizontales des deux plans sont les intersections des deux plans par un même plan qui est le plan horizontal de projection ; donc le point (a, a') est un point de l'intersection cherchée.

L'intersection des deux plans est donc la droite $(ab, a'b')$.

584. — Problème. — *Trouver le point d'intersection d'une droite et d'un plan.*

Soit à chercher le point où la droite D perce le plan P (*fig.* 631). Par la droite D, je fais passer un plan auxiliaire Q ; je cherche l'intersection MN de ce plan avec le plan P, et le point O où la droite MN rencontre la droite D est le point où la droite D perce le plan P.

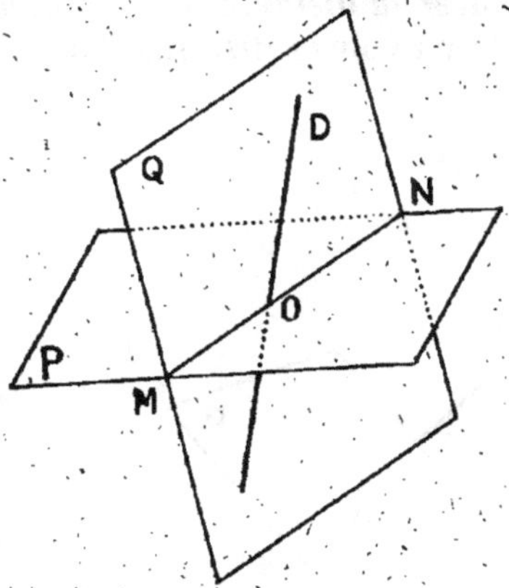

Fig. 631.

Pour appliquer aisément ce procédé dans l'épure, on choisit

152 NOTIONS DE GÉOMÉTRIE DESCRIPTIVE.

comme plan passant par la droite D le plan qui la projette soit horizontalement, soit verticalement.

Ainsi, soit le plan défini par deux droites concourantes $(ab, a'b')$ et $(ac, a'c')$ et soit (d, d') la droite donnée (*fig. 632*).

Je considère le plan PαQ' projetant verticalement la droite (d, d'). Comme tout point de ce plan est projeté verticalement sur sa trace verticale, on obtient immédiatement en projection verticale m' et n', projections de deux points de l'intersection du plan PαQ' avec le plan donné; des lignes de rappel donnent ensuite m et n.

Le point (o, o') où la droite $(mn, m'n')$ rencontre la droite (d, d') est le point où la droite (d, d') perce le plan donné.

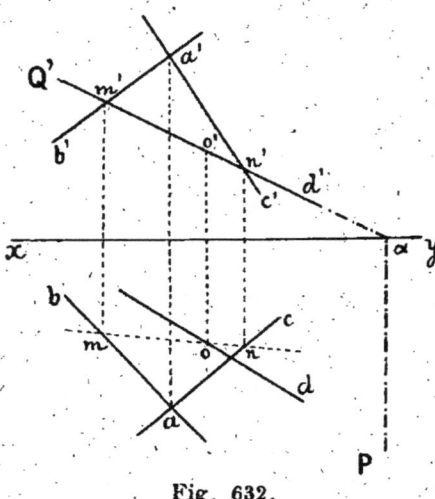

Fig. 632.

585. — *Problème.* — *Trouver la distance d'un point à un plan.*

Pour avoir la distance du point donné A au plan donné P

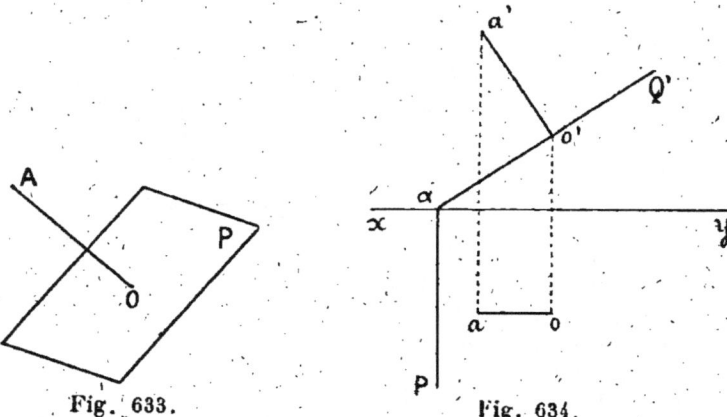

Fig. 633.   Fig. 634.

(*fig. 63*), j'abaisse de A la perpendiculaire sur le plan; puis je

PROBLÈMES SUR LE POINT, LA DROITE ET LE PLAN. 153

cherche le point O où cette perpendiculaire perce le plan. Il ne reste plus qu'à trouver la longueur AO.

On peut supposer qu'on a, par un changement de plan vertical, amené le plan donné à être perpendiculaire au plan vertical de projection suivant PαQ' (*fig.* 634).

Dans ces conditions, la perpendiculaire au plan menée par le point (*a*, *a'*) est parallèle au plan vertical, c'est-à-dire une droite de front, et sa projection verticale est perpendiculaire à la trace verticale αQ' du plan. Le point (*o*, *o'*) où elle perce le plan est obtenu immédiatement, puisqu'il est projeté verticalement sur αQ'.

Enfin la longueur AO parallèle au plan vertical se projette verticalement en vraie grandeur suivant *a'o'*.

586. — **Problème.** — *Trouver l'angle de deux droites concourantes.*

On obtient cet angle en rabattant sur un plan horizontal, par exemple, le plan déterminé par les deux droites données.

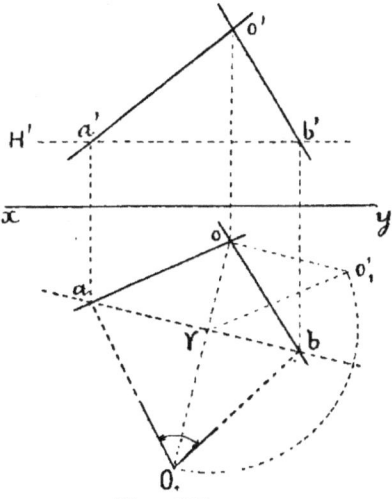

Fig. 635.

Ainsi, soient (*fig.* 635) les deux droites concourantes (*oa*, *o'a'*) et (*ob*, *o'b'*). J'effectue le rabattement sur le plan horizontal H'.

La charnière de rabattement est alors la droite horizontale (*ab*, *a'b'*) du plan des deux droites.

La règle ordinaire du rabattement d'un point (579) donne le rabattement en O_1 du point (*o*, *o'*). Comme les points (*a*, *a'*) et (*b*, *b'*) sont des points fixes, l'angle cherché est l'angle $\widehat{aO_1b}$ obtenu en joignant le point O_1 aux points *a* et *b*.

587. — **Exemple d'épure.** — *Représenter l'ensemble de deux triangles opaques ABC, DEF et leur droite d'intersection.*

Soient *abc*, *a'b'c'* (*fig.* 636) les projections du triangle ABC, *def* et *d'e'f'* les projections du triangle DEF.

Pour trouver l'intersection des plans des deux triangles, je cherche les points où les droites (*ef*, *e'f'*) et (*df*, *d'f'*) percent le plan ABC défini par les deux droites concourantes $(ab, a'b')$ et $(ac, a'c')$.

En considérant le plan projetant verticalement la droite

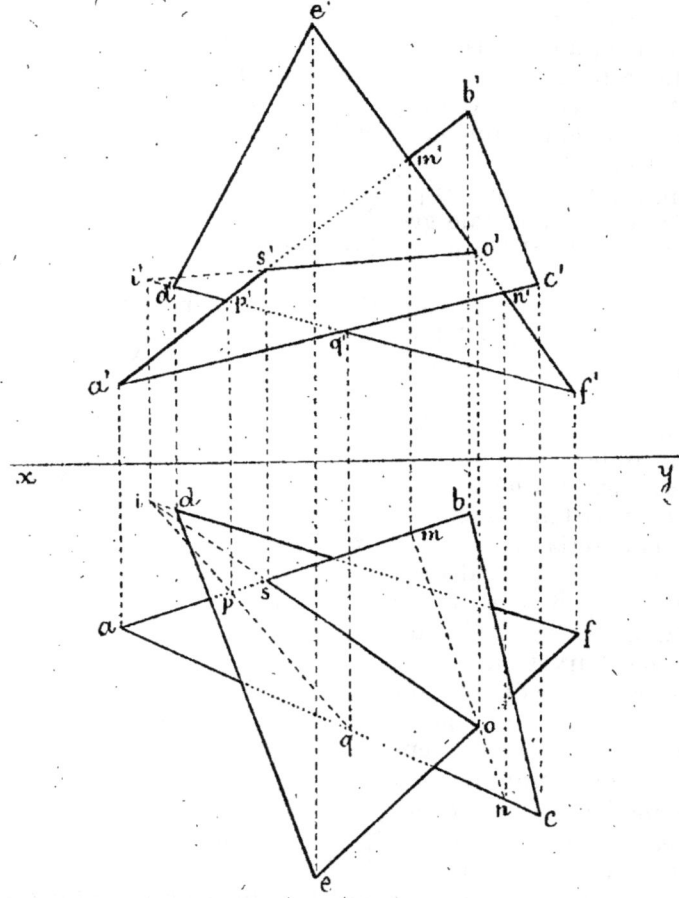

Fig. 636.

$(ef, e'f')$, ce plan coupe le plan du triangle ABC suivant la droite $(mn, m'n')$, et cette droite rencontre la droite $(ef, e'f')$ au point (o, o') : c'est le point où la droite $(ef, e'f')$ perce le plan du triangle ABC.

En considérant de même le plan projetant verticalement

la droite $(df, d'f')$, on détermine le point (i, i') de l'intersection des deux plans. Les projections de l'intersection des deux plans des triangles sont oi et $o'i'$. La partie utile de l'intersection est $(os, o's')$ comprise à la fois à l'intérieur des deux triangles.

588. — *Note sur la ponctuation d'une épure.* — Ponctuer une épure, c'est indiquer, à l'aide de traits conventionnels, les parties vues et les parties cachées de la figure représentée par cette épure.

A cet effet, il faut distinguer d'abord un point *vu* d'un point *caché*, soit en projection horizontale, soit en projection verticale.

Pour la projection horizontale, un point est vu si, sur la *verticale* indéfinie passant par ce point, il n'y a au-dessus de lui aucun autre point de cote plus élevée.

Pour la projection verticale, un point est vu si, sur la droite *de bout* passant par ce point, il n'y a en avant de lui aucun autre point d'éloignement plus grand.

D'après ces principes, si, dans une figure de l'espace, on a deux droites AB et DF (*fig.* 637) qui ne se rencontrent pas, mais dont les projections horizontales se rencontrent en v, le point V_2 de DF sera *caché* par le point V_1 de AB situé sur la même verticale vZ, si la cote de V_1 est supérieure à celle de V_2.

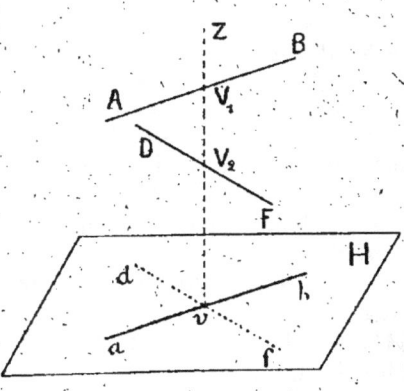

Fig. 637.

La même remarque s'applique à la projection verticale de deux droites AB et DF en utilisant la droite *de bout* qui s'appuie à la fois sur chacune de ces droites.

Ces remarques ont été appliquées pour indiquer sur l'épure (*fig.* 636) les portions des côtés de chacun des triangles ABC, DEF qui sont cachées par l'opacité de l'autre.

Enfin, par *convention de dessin*, on marque en trait plein toute ligne de la figure vue en projection, en adoptant un trait uniforme de grosseur moyenne pour toutes les parties vues; en trait pointillé, c'est-à-dire en points ronds (......) toute ligne cachée en projection.

Les lignes de rappel sont marquées en trait plein *rouge* ainsi que les lignes de construction, ou en trait noir pointillé formé de petits traits (------) consécutifs.

Certaines données, sur lesquelles il n'est pas nécessaire d'attirer plus particulièrement l'attention dans l'épure, sont marquées en trait mixte (—.—.—.—). Telles seraient les traces du plan du triangle ABC, par exemple, si l'on avait voulu les indiquer sur l'épure.

EXERCICES PROPOSÉS.

407. — Trouver les points d'intersection d'une droite avec les bissecteurs des dièdres formés par les plans de projection.

408. — Trouver sur une droite donnée par ses projections un point dont le rapport de la cote et de l'éloignement est égal à un nombre donné k.

409. — On donne un plan, soit par ses traces, soit par deux droites qui se coupent. Reconnaître : 1° si une droite donnée par ses projections est située dans ce plan; 2° si un point donné par ses projections est dans ce plan.

410. — Un plan étant défini par deux droites concourantes, construire les traces du plan.

411. — Mener par un point une parallèle à un plan.

412. — Mener par un point le plan parallèle à un plan donné.

413. — Mener par un point la perpendiculaire à un plan donné.

414. — Mener par un point le plan perpendiculaire à une droite donnée.

415. — Trouver l'intersection de deux plans définis chacun par deux droites qui se coupent.

416. — Mener par un point une droite s'appuyant sur deux droites données.

417. — Mener une droite parallèle à une direction donnée et s'appuyant sur deux droites données.

418. — Mener par un point une parallèle à un plan et rencontrant une droite donnée.

419. — Trouver la distance d'un point à une droite donnée.

EXERCICES.

420. — Mener la perpendiculaire commune à une droite verticale et à une droite quelconque.

421. — Mener la perpendiculaire commune à deux droites quelconques. — (On pourra, par deux changements de plans, ramener ce cas au précédent; ou encore, on pourra chercher la *direction* de la perpendiculaire commune (519); puis on mènera une parallèle à cette direction s'appuyant sur les deux droites données.)

422. — Trouver les angles d'une droite avec les plans de projection.

423. — Trouver l'angle d'une droite et d'un plan quelconque.

424. — Trouver les angles d'un plan donné avec les plans de projection.

425. — Trouver l'angle de deux plans donnés par leurs traces. — (On pourra, par un point de l'espace, mener les perpendiculaires aux plans donnés pour définir l'angle cherché.)

426. — Amener, par changement de plan, les deux projections verticales de deux droites à être parallèles.

LIVRE VI

LES POLYÈDRES

589. — **Définitions.** — On appelle **polyèdre** ou **solide** un corps solide limité de toutes parts par des polygones plans.

Les polygones plans qui limitent un polyèdre s'appellent les **faces** du polyèdre ; les côtés de ces polygones sont les **arêtes** du polyèdre.

Les angles solides formés par les faces sont les **angles solides** du polyèdre, et les sommets de ces angles sont les **sommets** du polyèdre.

On appelle **diagonale** d'un polyèdre une droite qui joint deux sommets non situés dans une même face.

— Un polyèdre **convexe** est un polyèdre tel que, si l'on prolonge le plan d'une face quelconque, le polyèdre soit situé tout entier du même côté par rapport au plan de la face prolongé indéfiniment.

Les faces d'un polyèdre convexe sont des polygones convexes, et ses angles solides sont des angles solides convexes.

— Un polyèdre qui a 4 faces s'appelle un **tétraèdre**,
—   5   —   **pentaèdre**,
—   6   —   **hexaèdre**,
—   8   —   **octaèdre**,
—   12   —   **dodécaèdre**,
—   20   —   **icosaèdre**.

LE PRISME. 159

Un polyèdre ne peut avoir moins de quatre faces, et un tétraèdre est toujours convexe.

CHAPITRE PREMIER

LE PRISME

§ I. — Définitions et théorèmes généraux.

590. — **Définition.** — On appelle **prisme** un polyèdre qui a deux sortes de faces : d'abord, deux polygones *égaux* dont les côtés sont respectivement parallèles deux à deux, puis des parallélogrammes ayant un côté commun avec chacun des deux polygones.

591. — On peut construire un polyèdre satisfaisant à ces conditions, ce qui démontre l'existence du prisme.

Je considère un polygone plan quelconque ABCDE (*fig.* 638) et par les sommets A, B, C, D, E, je mène des parallèles entre elles, de même sens et non situées dans

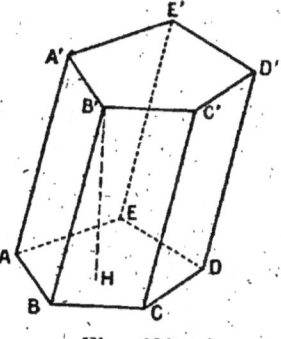

Fig. 638.

le plan du polygone ; sur chacune de ces parallèles, je prends une longueur égale AA′ = BB′ = CC′ = DD′ = EE′, et je mène les droites A′B′, B′C′, C′D′, D′E′, E′A′ : le polyèdre ABCDEA′B′C′D′E′ ainsi construit est un prisme.

En effet, le quadrilatère ABA′B′ ayant deux côtés opposés égaux, parallèles et de même sens, est un parallélogramme ; il en résulte que les côtés AB et A′B′ sont égaux et parallèles. Il en est de même des quadrilatères BCB′C′, CDC′D′, etc. Je dis maintenant que le polygone

A'B'C'D'E' est un polygone plan égal au polygone ABCDE et que ces deux polygones ont leurs côtés respectivement parallèles. En effet, on sait que deux plans parallèles interceptent sur des droites parallèles des longueurs égales (464); donc si, par le point A', on mène un plan parallèle au plan du polygone ABCDE, ce plan passera par les points B',C',D',E'. Ceci montre que le polygone A'B'C'D'E' est plan. De plus, les deux polygones ABCDE et A'B'C'D'E' ont leurs côtés respectivement égaux et parallèles comme côtés opposés d'un parallélogramme, et leurs angles sont égaux chacun à chacun comme ayant les côtés parallèles et de même sens ; donc les deux polygones ABCDE, A'B'C'D'E' sont égaux, et le polyèdre ABCDEA'B'C'D'E' est un prisme. — Les deux polygones égaux ABCDE, A'B'C'D'E' sont appelés les **bases** du prisme, les parallélogrammes ABA'B', BCB'C', etc., sont les **faces latérales**, et les arêtes AA',BB'... non situées dans les plans de bases sont les **arêtes latérales**.

Un prisme est **droit** si les arêtes latérales sont perpendiculaires aux plans des bases. Les faces latérales sont alors des rectangles.

Un prisme est **oblique** si les arêtes latérales ne sont pas perpendiculaires aux plans des bases.

On appelle **hauteur** d'un prisme la distance entre les deux bases. Elle est mesurée par la perpendiculaire B'H abaissée d'un point de la base supérieure (*fig.* 638) sur la base inférieure.

Dans un prisme droit, l'arête latérale mesure la hauteur du prisme.

On appelle **section droite** d'un prisme oblique le polygone obtenu en coupant le prisme par un plan perpendiculaire aux arêtes latérales et rencontrant toutes ces arêtes.

LE PRISME.

Un prisme est dit *triangulaire, quadrangulaire, pentagonal*, etc., suivant qu'il a pour bases des triangles, des quadrilatères, des pentagones, etc.

Un prisme est dit *régulier* lorsque, étant droit, il a pour bases des polygones réguliers.

Théorème.

592. — *Deux prismes droits qui ont des bases égales et même hauteur sont égaux.*

En effet, on peut faire coïncider ces deux prismes. Il suffit, pour cela, de faire coïncider les deux bases inférieures ; les arêtes latérales, qui sont alors perpendiculaires au même plan, prennent la même direction deux à deux, et, comme elles sont égales, les sommets des deux bases supérieures coïncident. Les deux prismes coïncidant sont égaux.

Théorème.

593. — *Les sections faites dans un prisme par deux plans parallèles rencontrant toutes les arêtes latérales sont des polygones égaux.*

Soient les deux polygones MNPQR, M'N'P'Q'R' obtenus en coupant le prisme ABCDEA'B'C'D'E' par deux plans parallèles qui rencontrent toutes les arêtes latérales ; je dis que ces deux polygones sont égaux.

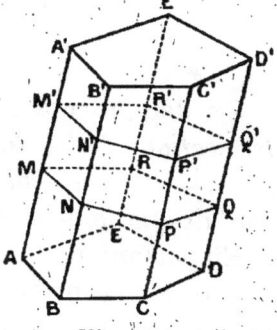

Fig. 639.

En effet, on sait que les intersections de deux plans parallèles par un troisième plan sont parallèles, donc MN et

M'N' sont parallèles. Le quadrilatère MNM'N' ayant ses côtés opposés parallèles est un parallélogramme, donc MN = M'N'. Il en est de même des autres côtés des deux polygones qui sont égaux deux à deux. De plus, les deux polygones ont leurs angles égaux chacun à chacun, comme ayant les côtés parallèles dirigés dans le même sens.

Les deux polygones MNPQR, M'N'P'Q'R' ayant leurs côtés égaux chacun à chacun et leurs angles respectivement égaux sont égaux, car on peut les faire coïncider.

594. — Surface prismatique. — On appelle **surface prismatique** la surface engendrée par une droite qui se déplace parallèlement à une direction fixe G en s'appuyant constamment sur les côtés d'un polygone MNPQR (*fig.* 640).

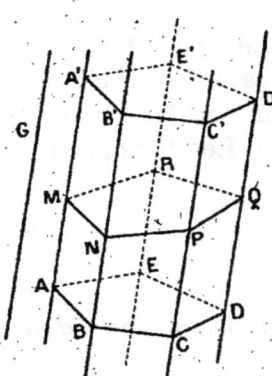

Fig. 640.

On voit que, lorsque la droite mobile parcourt un côté MN du polygone fixe, elle engendre un plan qui est une face de la surface prismatique.

Les droites telles que AA', BB', CC'... sont les arêtes de la surface prismatique.

On démontrerait, comme précédemment (593), que : *les sections faites dans une surface prismatique par deux plans parallèles entre eux, et non parallèles aux arêtes, sont des polygones égaux.*

En partant de la surface prismatique, on peut encore définir le prisme comme il suit : Un prisme est le solide compris entre une surface prismatique et les deux sections obtenues en coupant la surface par deux plans parallèles entre eux et non parallèles aux arêtes.

LE PRISME.

§ II. — Propriétés du parallélépipède.

595. — *Définitions*. — On appelle **parallélépipède** un prisme dont les bases sont des parallélogrammes (*fig.* 641).

Comme les faces latérales sont aussi des parallélogrammes, il résulte de la définition que *toutes* les faces d'un parallélépipède sont des parallélogrammes.

Un parallélépipède est *droit* ou *oblique* suivant que ses arêtes latérales sont perpendiculaires ou obliques aux plans des deux bases.

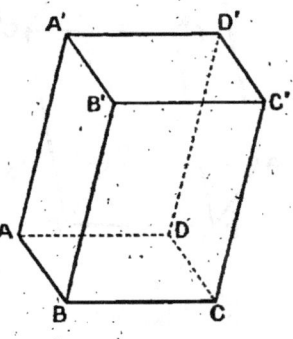

Fig. 641.

Un parallélépipède est dit *rectangle* lorsque, étant *droit*, il a pour bases des rectangles (*fig.* 642).

Les longueurs de trois arêtes AB, AD, AA' issues d'un même sommet A sont appelées les *dimensions* du parallélépipède. L'arête AA' mesure la hauteur du solide.

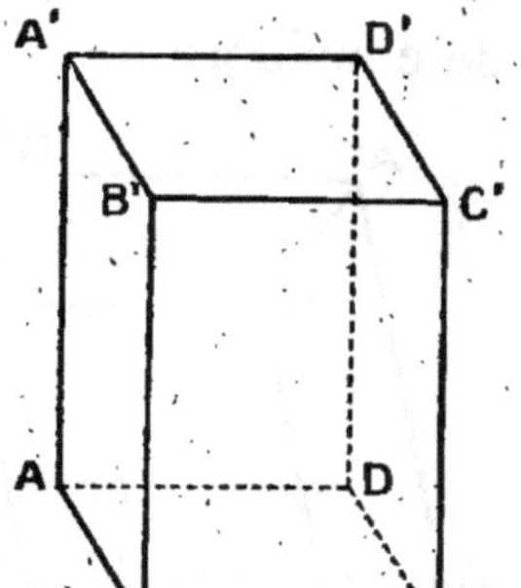

Le **rhomboèdre** est un parallélépipède dont toutes les faces sont des losanges.

Le **cube** est un parallélépipède rectangle dont toutes les faces sont des carrés.

Fig. 642.

596. — Pour déterminer un parallélépipède, il suffit de connaître la direction des arêtes et leur longueur. En effet, supposons que l'on connaisse le trièdre AXYZ (*fig.* 643), et la longueur des trois arêtes AB, AD, AA'. On construit

164 LES POLYÈDRES.

facilement le parallélogramme ABCD, puis, en menant par les points B, C, D les droites BB', CC', DD' égales et parallèles à AA' et de même sens, on obtient le parallélépipède ABCDA'B'C'D'.

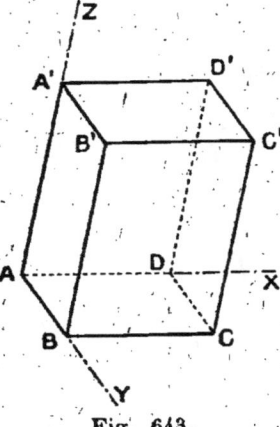
Fig. 643.

— Dans un parallélépipède rectangle, le trièdre AXYZ est *trirectangle* ; il suffit alors de connaître les longueurs des trois arêtes.

Enfin, pour déterminer un cube, il suffit de connaître la longueur de l'arête.

Théorème.

597. — *Dans un parallélépipède, deux faces opposées sont égales et parallèles.*

Soit le parallélépipède quelconque ABCDA'B'C'D'. Je considère deux faces opposées ABA'B' et DCD'C' ; je dis qu'elles sont égales et parallèles.

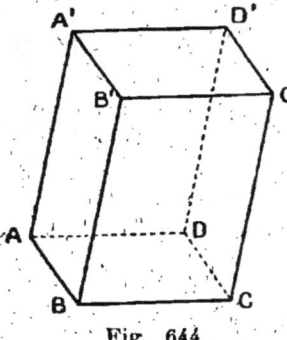
Fig. 644.

En effet, comme les bases sont des parallélogrammes, les droites AB et DC sont égales et parallèles comme côtés opposés d'un parallélogramme ; de même, les droites AA' et DD' sont égales et parallèles pour la même raison. Il en résulte que les plans des faces ABA'B', DCD'C' sont parallèles, et ces faces sont des parallélogrammes égaux.

LE PRISME.

598. — Conséquence. — Deux faces opposées d'un parallélépipède étant égales et parallèles, il en résulte que l'*on peut prendre pour bases d'un parallélépipède deux faces opposées quelconques.*

Théorème.

599. — *Toute section faite dans un parallélépipède par un plan qui rencontre quatre arêtes parallèles est un parallélogramme.*

Soit la section MNPQ obtenue en coupant le parallélépipède ABCDA'B'C'D' par un plan qui rencontre les quatre arêtes parallèles AA', BB', CC', DD'; je dis que cette section est un parallélogramme.

En effet, deux faces opposées étant parallèles, les droites MN et QP sont parallèles comme

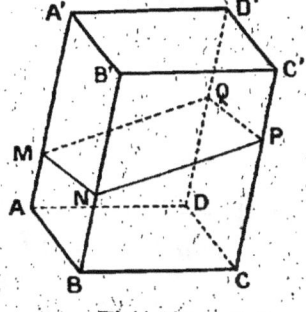

Fig. 645.

intersections de deux plans parallèles par un troisième. Il en est de même des droites NP et MQ. Le quadrilatère MNPQ ayant ses côtés opposés parallèles est un parallélogramme.

Théorème.

600. — *Les diagonales d'un parallélépipède se coupent en un même point qui est le milieu de chacune d'elles.*

Soient en effet AC' et BD' deux diagonales quelconques du parallélépipède ABCDA'B'C'D'. Ces deux droites sont les diagonales du quadrilatère ABC'D'; or ce quadrilatère est un parallélogramme, puisque les

166 LES POLYÈDRES.

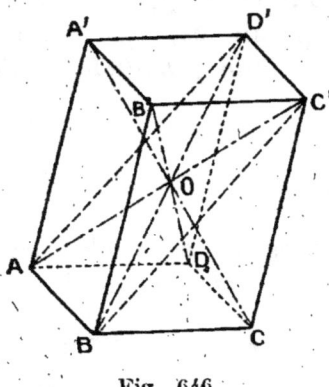

Fig. 646.

deux côtés opposés AB et D'C' sont égaux, parallèles et de même sens ; donc les diagonales AC' et BD' se coupent en un point O situé au milieu de chacune d'elles. On verrait de même que les diagonales B'D et A'C coupent la diagonale AC' en son milieu, c'est-à-dire au même point O situé aussi au milieu des diagonales B'D et A'C.

Théorème.

601. — *Dans un parallélépipède rectangle les diagonales sont égales, et le carré de l'une d'elles est égal à la somme des carrés des trois arêtes partant d'un même sommet.*

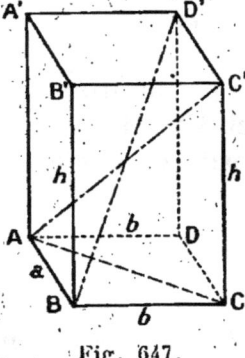

Fig. 647.

1° En raisonnant comme dans le théorème précédent, on voit que les diagonales AC' et D'B sont les diagonales du rectangle ABC'D' ; donc elles sont égales. Il en est de même des autres diagonales du parallélépipède.

2° Soient a, b, h les nombres qui mesurent les arêtes AB, AD et AA'. Dans le triangle rectangle ACC', on a :

$$\overline{AC'}^2 = \overline{AC}^2 + \overline{CC'}^2 = \overline{AC}^2 + h^2. \qquad (1)$$

Or, dans le triangle rectangle ABC, on a :

$$\overline{AC}^2 = \overline{AB}^2 + \overline{BC}^2 = a^2 + b^2 ;$$

LE PRISME.

en remplaçant dans l'égalité (1), on obtient :

$$\overline{AC'}^2 = a^2 + b^2 + h^2.$$

— Dans le cas particulier du cube, les trois arêtes sont égales, on a donc :

$$b = h = a,$$

et par suite

$$\overline{AC'}^2 = 3a^2,$$

d'où

$$AC' = a\sqrt{3}.$$

Aire latérale du prisme et du parallélépipède.

Définition. — On appelle *aire latérale* d'un prisme la somme des aires des faces latérales.

Théorème.

602. — *L'aire latérale d'un prisme a pour mesure le produit des nombres qui mesurent le périmètre d'une section droite et l'arête latérale.*

En effet, l'aire latérale du prisme ABCDEA'B'C'D'E' est égale à la somme des aires des parallélogrammes qui forment les faces latérales du prisme.

Or, en menant une section droite MNPQR, les côtés de la section droite sont perpendiculaires aux arêtes latérales du prisme ; de sorte que, si l'on

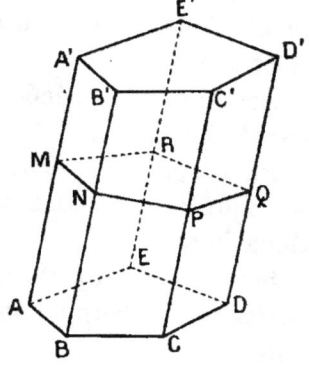

Fig. 648.

prend AA' pour base du parallélogramme ABB'A', le côté MN de la section droite en est la hauteur. Il en est de même pour les autres faces latérales, et l'on a :

$$\text{aire } ABB'A' = AA' \times MN,$$
$$\text{aire } BCC'B' = BB' \times NP,$$
$$\text{aire } CDD'C' = CC' \times PQ,$$
$$\text{aire } DEE'D' = DD' \times QR,$$
$$\text{aire } EAA'E' = EE' \times RM.$$

Si l'on additionne ces égalités membre à membre, en remarquant que l'on a :

$$AA' = BB' = CC' = DD' = EE',$$

on obtient :

aire latérale prisme $= (MN + NP + PQ + QR + RM) AA'$,

ou encore :

aire latérale prisme $=$ périm. section dr. $\times$ arête.

REMARQUE I. — Dans le cas d'un prisme droit, la base est évidemment une section droite; de sorte que l'on peut dire :

L'aire latérale d'un prisme droit a pour mesure le produit des nombres qui mesurent le périmètre de la base et la hauteur.

Les énoncés précédents s'appliquent évidemment au parallélépipède.

REMARQUE II. — On obtiendra l'aire *totale* d'un prisme en ajoutant à l'aire latérale la somme des aires des deux bases.

603. Développement de la surface latérale d'un prisme. — Supposons appliquée sur la surface latérale du prisme ABCDEA'B'C'D'E' (*fig.* 648) une feuille de papier, puis ouvrons cette feuille suivant l'arête latérale AA' de manière à étendre toutes les faces sur un même plan. Dans cette opération, les côtés de la section droite sont toujours perpendiculaires aux arêtes latérales qui restent parallèles, donc la section droite se développe suivant une droite $M_1N_1P_1Q_1R_1M'_1$ (*fig.* 649), chaque côté de la section droite se développant en vraie grandeur. Les arêtes latérales étant perpendicu-

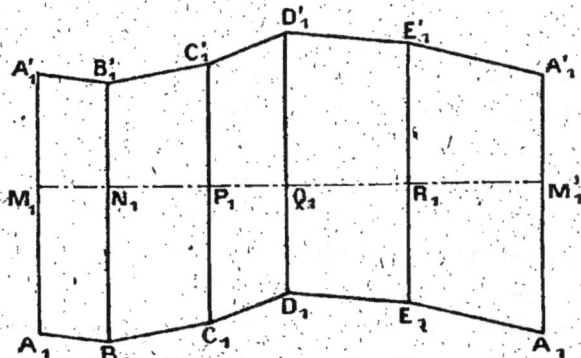

Fig. 649.

laires aux côtés de la section droite, elles seront, sur le développement, perpendiculaires à la droite $M_1M'_1$ et pour avoir le développement de la face ABB'A', on portera $M_1A'_1 = MA'$, $M_1A_1 = MA$, $N_1B'_1 = NB'$ et $N_1B_1 = NB$, puis on mènera les droites A_1B_1 et $A'_1B'_1$. En opérant de même pour les autres faces, on obtient le développement complet de la surface latérale du prisme (*fig.* 649).

§ III. — Volume du parallélépipède et du prisme.

604. — ***Définitions***. — On appelle **volume** l'étendue d'une portion limitée de l'espace.

605. — ***Volumes égaux***. — Deux volumes sont égaux lorsqu'on peut les faire coïncider.

606. — ***Somme de deux ou plusieurs volumes***. — Un volume V est dit la *somme* de deux volumes V_1 et V_2

lorsqu'il est formé de parties respectivement égales aux volumes V_1 et V_2.

Il est la somme de plusieurs volumes V_1, V_2, V_3, etc., lorsqu'il est formé de parties respectivement égales aux volumes V_1, V_2, V_3, etc.

Les parties V_1 et V_2 peuvent être placées différemment et former, par conséquent, deux volumes V et V' qui ne coïncideraient pas. Dans ce cas, les deux volumes V et V' sont dits deux volumes *équivalents*.

607. — **Mesurer** le volume d'un polyèdre, c'est chercher le rapport de ce volume à l'unité de volume. En d'autres termes, c'est chercher combien de fois le volume de ce polyèdre contient l'unité de volume ou une partie aliquote de l'unité de volume.

Dans tout ce qui va suivre, nous prendrons pour unité de volume le cube dont l'arête est égale à l'unité de longueur.

L'unité de volume change donc avec l'unité de longueur. Ainsi, si le mètre est l'unité de longueur, l'unité de volume est un cube de 1 mètre de côté : on l'appelle le *mètre cube*.

Si l'unité de longueur est le décimètre, le centimètre, le décamètre, etc., l'unité de volume correspondante est le décimètre cube, le centimètre cube, le décamètre cube, etc.

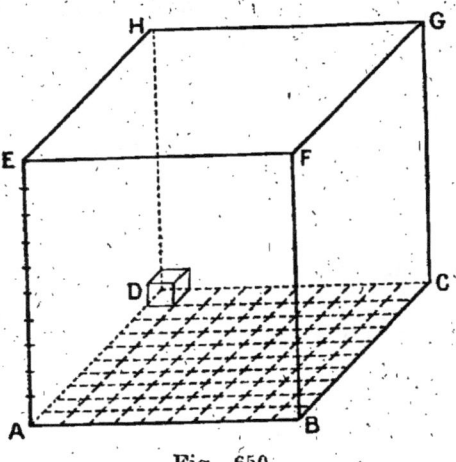

Fig. 650.

608. — Rappelons que : *le mètre cube vaut 1000 décimètres cubes*.

LE PRISME.

En effet, je considère le cube ABCDEFGH (*fig.* 650) dont l'arête a 1 mètre de longueur. La base ABCD est un carré ayant 1 mètre de côté. On a vu (355) que ce carré peut se décomposer en 100 décimètres carrés, sur chacun desquels on peut construire un cube ayant 1 décimètre de côté : ce cube est un *décimètre cube*, et l'on pourra en placer 100 sur la base ABCD. Or, cette couche de 100 décimètres cubes peut se répéter 10 fois dans la hauteur AE, puisque AE contient 10 décimètres ; de sorte que l'on aura dans le mètre cube 10 couches de 100 décimètres cubes, soit en tout :

$$100 \times 10 \quad \text{ou} \quad 1000 \text{ décimètres cubes.}$$

Le même raisonnement prouve que le décimètre cube vaut 1000 centimètres cubes ; que le décamètre cube vaut 1000 mètres cubes, etc.

Théorème fondamental.

609. — *Tout prisme oblique est équivalent à un prisme droit qui aurait pour base une section droite du prisme oblique et pour hauteur l'arête latérale.*

Soit le prisme oblique quelconque ABCDA'B'C'D'. Je mène une section droite M'N'P'Q' par un point M' de l'arête AA', choisi de telle manière que le plan sécant rencontre toutes les arêtes latérales du prisme ; je prolonge les arêtes au delà de la base inférieure, et, sur le prolongement de A'A, c'est-à-dire dans le même sens que

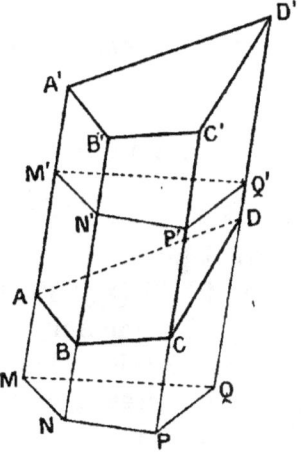

Fig. 651.

A′M′, je porte AM = A′M′, et, par le point M, je mène une autre section droite MNPQ. Les deux sections droites MNPQ et M′N′P′Q′ obtenues par deux plans parallèles sont des polygones égaux (593); il en résulte que le polyèdre MNPQM′N′P′Q′ est un prisme droit qui a pour base une section droite du prisme oblique et pour arête latérale MM′ égale à AA′ arête latérale du prisme oblique, car on a :

$$MM' = MA + AM' = M'A' + AM' = AA'.$$

Je dis que ce prisme droit est équivalent au prisme oblique donné.

En effet, on remarque, tout d'abord, que les deux prismes ont une partie commune ABCDM′N′P′Q′; il suffit donc de démontrer l'égalité des deux polyèdres MNPQABCD et M′N′P′Q′A′B′C′D′.

Puisque l'arête latérale du prisme droit est égale à l'arête latérale du prisme oblique, on a :

$$NN' = BB' \quad \text{ou} \quad NB + BN' = BN' + N'B'.$$

Si, aux deux membres de cette égalité, on retranche la quantité commune BN′, on obtient :

$$NB = N'B'.$$

On conclut de même que

$$PC = P'C' \quad \text{et} \quad QD = Q'D'.$$

Ceci posé, je suppose que l'on fasse glisser le solide M′N′P′Q′A′B′C′D′ le long des arêtes latérales, de manière à amener la base M′N′P′Q′ en coïncidence avec la base MNPQ; les droites M′A′ et MA sont alors perpendiculaires à un même plan en un même point M, donc elles prennent la même direction, et comme elles sont de même sens et que, de plus, on a M′A′ = MA, le point A' tombe au point A. Le même raisonnement montre que le point B' tombe en B, le point C' en C et le point D' en D. Les deux solides M'N'P'Q'A'B'C'D' et MNPQABCD coïncidant sont donc égaux, ce qui démontre l'*équivalence* du prisme oblique ABCDA'B'C'D' et du prisme droit MNPQM'N'P'Q', puisqu'ils sont formés d'une partie commune et d'une partie égale.

610. — Pour trouver le volume d'un prisme quelconque, nous procéderons comme il suit :

On établit :

1° Le volume d'un parallélépipède rectangle,
2° Le volume d'un parallélépipède droit,
3° Le volume d'un prisme droit,
4° Le volume d'un parallélépipède oblique,
5° Le volume d'un prisme oblique.

Volume d'un parallélépipède rectangle.

Théorème.

611. — *Le nombre qui mesure le volume d'un parallélépipède rectangle est égal au produit des trois nombres qui mesurent ses trois dimensions, en prenant pour unité de volume le cube dont l'arête est égale à l'unité de longueur.*

Cet énoncé suppose évidemment que les dimensions sont mesurées avec la même unité de longueur.

1° Je suppose que les nombres qui mesurent les trois arêtes

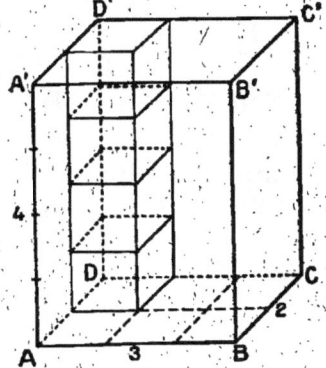

Fig. 652.

soient des nombres entiers et que l'on ait, par exemple :

AB = 3 mèt., AD = 2 mèt., AA' = 4 mèt.,

Le mètre étant l'unité de longueur, l'unité de volume correspondante sera le mètre cube.

Je divise AB en 3 parties égales, AD en 2 parties égales et AA' en 4 parties égales, puis par les points de division, je mène des plans parallèles aux faces du parallélépipède. Ces plans décomposent le polyèdre en cubes ayant chacun 1 mètre de côté; chacun d'eux est donc égal à un mètre cube, et le nombre de mètres cubes ainsi construits sur la base est égal au produit 3×2. Mais ce nombre de mètres cubes est répété 4 fois, puisque la hauteur AA', égale à 4 mètres, est divisée en 4 parties égales; il en résulte que le volume du parallélépipède ABCDA'B'C'D' est bien représenté en mètres cubes par le produit $3 \times 2 \times 4$.

2° Je suppose que les nombres qui mesurent les trois arêtes soient fractionnaires.

Soit à évaluer le volume du parallélépipède rectangle ABCDA'B'C'D' (fig. 653), l'arête AB étant mesurée par le nombre $\frac{3}{4}$, l'arête AD par le nombre $\frac{2}{3}$ et l'arête AA' par le nombre $\frac{4}{5}$.

Soit MN (fig. 654) l'unité de longueur qui pourra être 1 mètre, 1 décimètre, etc., et soit MNPQM'N'P'Q' l'unité de volume, c'est-à-dire le cube dont l'arête MN est l'unité de longueur.

L'arête AB étant les $\frac{3}{4}$ de MN, je divise MN en 4 parties égales, et l'arête AB contient 3 de ces parties; de même, l'arête AD étant les $\frac{2}{3}$ de l'unité de longueur

MN ou MQ, je divise MQ en 3 parties égales, et l'arête AD contient 2 de ces parties ; enfin, l'arête AA' étant les $\frac{4}{5}$ de l'unité de longueur MN ou MM', je divise MM' en 5 parties égales, et l'arête AA' contient 4 de ces parties. Par les points de division je mène des plans parallèles

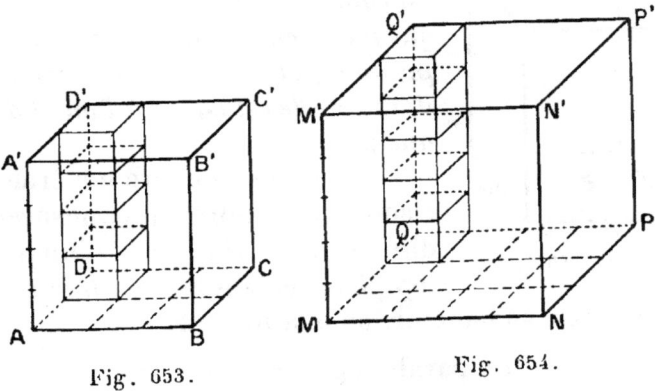

Fig. 653. Fig. 654.

aux faces, les deux polyèdres sont décomposés en petits parallélépipèdes rectangles égaux, car, ayant leurs dimensions égales, on peut les faire coïncider. Le cube MNPQM'N'P'Q' en contient $4 \times 3 \times 5$ et le parallélépipède rectangle ABCDA'B'C'D' en contient $3 \times 2 \times 4$. L'un de ces petits parallélépipèdes peut donc être considéré comme une commune mesure entre le parallélépipède donné et l'unité de volume ; de sorte que l'on peut écrire :

$$\frac{Vol.\ ABCDA'B'C'D'}{Vol.\ MNPQM'N'P'Q'} = \frac{3 \times 2 \times 4}{4 \times 3 \times 5} = \frac{3}{4} \times \frac{2}{3} \times \frac{4}{5}.$$

Or, le rapport de deux grandeurs de même espèce est égal au quotient des deux nombres qui les mesurent ; donc, si l'on remarque que le nombre qui mesure l'unité de volume MNPQM'N'P'Q' est 1, l'égalité précédente devient :

$$\text{nombre mesurant vol. ABCDA'B'C'D'} = \frac{3}{4} \times \frac{2}{3} \times \frac{4}{5},$$

égalité qui exprime bien que : *le nombre qui mesure le volume d'un parallélépipède rectangle est égal au produit des trois nombres qui mesurent ses trois dimensions, en prenant pour unité de volume le cube dont l'arête est égale à l'unité de longueur.*

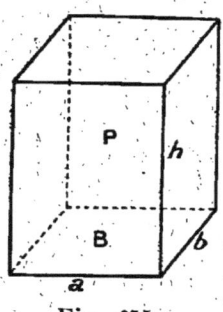

Fig. 655.

— Si, d'une manière générale, a et b sont les nombres qui mesurent les dimensions de la base B d'un parallélépipède rectangle P et h le nombre qui mesure sa hauteur, on a la formule :

$$\text{Vol. \textbf{parallélép.} P} = a \times b \times h. \qquad (1)$$

REMARQUE. — Si l'on remarque que le nombre qui mesure l'aire de la base B est égal au produit des nombres a et b, en prenant pour unité d'aire le carré construit sur l'unité de longueur, la formule (1) peut encore s'écrire comme il suit :

$$\text{Vol. \textbf{parallélép.} P} = aire\, B \times h,$$

ce qui conduit à l'énoncé suivant : *le nombre qui mesure le volume d'un parallélépipède rectangle est égal au produit des nombres qui mesurent l'aire de sa base et sa hauteur, en prenant pour unité d'aire le carré construit sur l'unité de longueur, et pour unité de volume le cube construit sur l'unité d'aire.*

— Dans l'étude des volumes qui vont suivre, nous supposerons toujours cette correspondance entre les unités de longueur, d'aire et de volume; de sorte que, pour abréger, on peut énoncer le théorème précédent comme il suit :

Le volume d'un parallélépipède rectangle a pour mesure le produit des nombres qui mesurent l'aire de sa base et sa hauteur.

Corollaire I. — *Le rapport des volumes de deux parallélépipèdes rectangles qui ont deux dimensions égales, est égal au rapport des troisièmes dimensions.*

Soit V le volume du premier parallélépipède rectangle de dimensions a, b et h, et V' le volume du second parallélépipède de dimensions a, b et h'. On a :

$$V = a \times b \times h,$$
$$V' = a \times b \times h';$$

d'où, en divisant membre à membre :

$$\frac{V}{V'} = \frac{h}{h'}.$$

Corollaire II. — *Le rapport des volumes de deux parallélépipèdes rectangles qui ont une dimension égale, est égal au produit des rapports de leurs deux autres dimensions.*

Soit V le volume du premier parallélépipède rectangle de dimensions a, b, h, et V' le volume du second parallélépipède de dimensions a', b', h. On a :

$$V = a \times b \times h,$$
$$V' = a' \times b' \times h;$$

d'où, en divisant membre à membre :

$$\frac{V}{V'} = \frac{a}{a'} \times \frac{b}{b'}.$$

Corollaire III. — *Le rapport des volumes de deux parallélépipèdes rectangles quelconques est égal au produit des rapports de leurs trois dimensions.*

Soient V et V' les volumes de deux parallélépipèdes rectangles de dimensions a, b, h et a', b', h'. On a :

$$V = a \times b \times h,$$
$$V' = a' \times b' \times h';$$

d'où, en divisant membre à membre :

$$\frac{V}{V'} = \frac{a}{a'} \times \frac{b}{b'} \times \frac{h}{h'}.$$

612. — Volume d'un cube. — *Le volume d'un cube a pour mesure le cube du nombre qui mesure son arête.*

En effet, si a est le nombre qui mesure l'arête du cube, d'après ce qui précède, on a :

$$\text{Volume cube} = a \times a \times a = a^3.$$

613. — On peut encore obtenir le volume d'un parallélépipède rectangle en raisonnant comme il suit :

Théorème. — *Le nombre qui mesure le volume d'un parallélépipède rectangle est égal au produit des trois nombres qui mesurent ses trois dimensions, en prenant pour unité de volume le cube dont l'arête est égale à l'unité de longueur.*

Pour établir ce théorème, on remarque d'abord que deux parallélépipèdes rectangles qui ont les trois dimensions égales sont égaux (592); puis on compare successivement deux parallélépipèdes rectangles qui ont deux dimensions égales, puis une seule dimension égale, et, enfin, on compare deux parallélépipèdes rectangles qui n'ont aucune dimension égale. De là, les théorèmes suivants:

614. Théorème. — *Le rapport des volumes de deux parallélépipèdes rectangles de même base est égal au rapport de leurs hauteurs.*

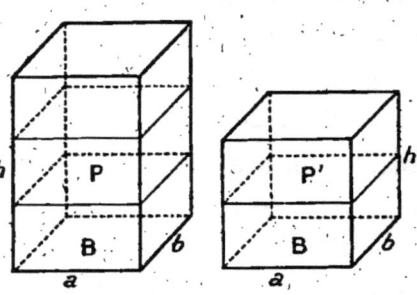

Fig. 656.

Soient, en effet, le parallélépipède rectangle P de base B et de hauteur h et le parallélépipède rectangle P' de même base B et de hauteur h' (*fig.* 656).

Je divise la hauteur h' en un certain nombre de parties égales, par exemple en 2 parties, et je suppose l'une de ces parties contenue 3 fois dans h; ce qui revient à supposer une commune mesure contenue 2 fois dans h' et 3 fois dans h. On a alors :

$$\frac{h}{h'}=\frac{3}{2}. \qquad (1)$$

Par les points de division, je mène des plans parallèles aux bases. On obtient ainsi des parallélépipèdes rectangles égaux comme ayant même base et même hauteur (592). L'un de ces parallélépipèdes peut être considéré comme une commune mesure contenue 3 fois dans P et 2 fois dans P', de sorte que l'on a :

$$\frac{P}{P'}=\frac{3}{2}. \qquad (2)$$

Des égalités (1) et (2) résulte l'égalité :

$$\frac{P}{P'}=\frac{h}{h'}.$$

— Le théorème étant vrai si petite que soit la partie aliquote de h' prise pour commune mesure, nous *admettrons* qu'il est encore vrai lors même que h et h' n'auraient pas de commune mesure.

On peut d'ailleurs raisonner comme on l'a fait précédemment (495).

Remarque. — Comme une face quelconque peut être prise pour base d'un parallélépipède rectangle, dire que deux parallélépipèdes rectangles ont même base revient à dire qu'ils ont deux dimensions égales. Donc, le théorème précédent peut s'énoncer plus généralement ainsi :

Le rapport des volumes de deux parallélépipèdes rectangles qui ont deux dimensions égales est égal au rapport de leurs troisièmes dimensions.

615. Théorème. — *Le rapport des volumes de deux parallélépipèdes rectangles de même hauteur est égal au rapport des aires de leurs bases.*

Soient P et P' deux parallélépipèdes rectangles de bases B et B' et de même hauteur h. Soient a et b les dimensions de la base B et a', b', les dimensions de la base B'.

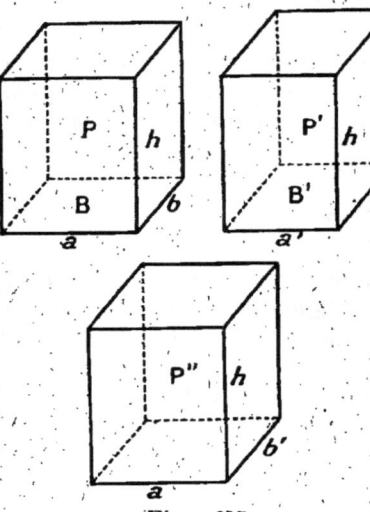

Fig. 657.

Je construis un parallélépipède rectangle P″ ayant deux dimensions communes avec P et P'; il suffit de lui donner les dimensions a, b', h. Je compare successivement P et P″ puis P″ et P'. D'après le théorème précédent, P et P″ ayant les dimensions a et h communes, on a :

$$\frac{P}{P''} = \frac{b}{b'};$$

on a de même :

$$\frac{P''}{P'} = \frac{a}{a'}.$$

Je multiplie membre à membre, en supposant P, P' et P″ remplacés par les *nombres* qui les mesurent; le *nombre* mesurant P″ disparaît, et l'on obtient :

$$\frac{P}{P'} = \frac{a}{a'} \times \frac{b}{b'}.$$

Mais on sait que le rapport des aires des bases B et B' est égal au produit $\frac{a}{a'} \times \frac{b}{b'}$ (361); on peut donc encore écrire :

$$\frac{P}{P'} = \frac{\text{aire B}}{\text{aire B'}}.$$

REMARQUE. — Comme une dimension quelconque peut être prise pour hauteur, on peut énoncer ce théorème plus généralement comme il suit :

Le rapport des volumes de deux parallélépipèdes rectangles qui ont une dimension égale, est égal au produit des rapports de leurs deux autres dimensions.

616. — Théorème. — *Le rapport des volumes de deux parallélépipèdes rectangles quelconques est égal au produit des rapports de leurs trois dimensions.*

Soient les deux parallélépipèdes rectangles P et P' de dimensions a, b, h et a', b', h'.

Je construis un parallélépipède rectangle P" ayant *deux* dimensions communes a et b avec P et *une* dimension commune h' avec P'; puis je compare successivement P avec P" et P" avec P'. Les parallélépipèdes P et P" ayant deux dimensions égales sont entre eux comme leurs troisièmes dimensions; on a donc :

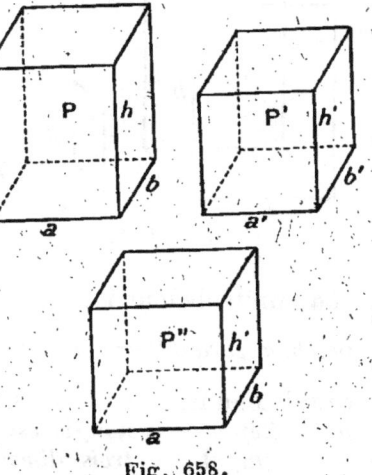

Fig. 658.

$$\frac{P}{P''} = \frac{h}{h'}. \qquad (1)$$

De même P" et P' ayant une dimension égale, le rapport de leurs volumes est égal au produit des rapports de leurs deux autres dimensions ; on a donc :

$$\frac{P''}{P'} = \frac{a}{a'} \times \frac{b}{b'}. \qquad (2)$$

Je multiplie membre à membre les égalités (1) et (2), en supposant P, P' et P" remplacés par les *nombres* qui les mesurent ; le *nombre* mesurant P" disparaît, et l'on obtient :

$$\frac{P}{P'} = \frac{a}{a'} \times \frac{b}{b'} \times \frac{h}{h'}.$$

— Ceci posé, soit à mesurer le volume du parallélépipède rectangle P (*fig.* 659). Soit α l'unité de longueur et p le cube dont l'arête est α, par conséquent l'unité de volume.

Mesurer le volume de P, c'est le comparer à l'unité de volume p. D'après les théorèmes précédents, on a :

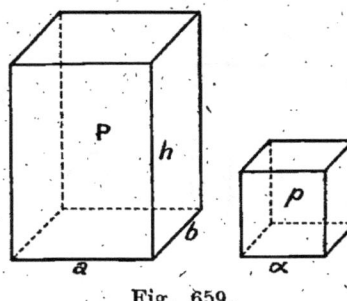

Fig. 659.

$$\frac{P}{p} = \frac{a}{\alpha} \times \frac{b}{\alpha} \times \frac{h}{\alpha}. \qquad (1)$$

Mais le rapport de deux grandeurs de même espèce est égal au quotient des nombres qui les mesurent. Si l'on remarque que les nombres qui mesurent p et α sont égaux à 1, puisque p est l'unité de volume et α l'unité de longueur, l'égalité (1) devient :

nomb. mesurant P = nomb. mes. a × nomb. mes. b × nomb. mes. h,

ce qui conduit à l'énoncé : *Le nombre qui mesure le volume d'un parallélépipède rectangle est égal au produit des trois nombres qui mesurent ses trois dimensions, en prenant pour unité de volume le cube dont l'arête est égale à l'unité de longueur.*

Volume du parallélépipède droit.

Théorème.

617. — *Le volume d'un parallélépipède droit a pour mesure le produit des nombres qui mesurent l'aire de sa base et sa hauteur.*

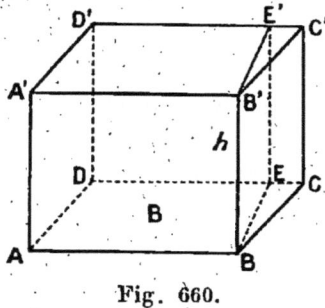

Fig. 660.

Soit le parallélépipède droit ABCDA'B'C'D' dont la base ABCD est un parallélogramme.

En prenant pour base la face BCC'B', le parallélépipède droit peut être considéré comme un parallélépipède oblique dont l'arête latérale est AB. Je mène alors une section droite. Pour cela, remarquant que la droite BB' est perpendiculaire à AB par hypothèse, il suffit de mener dans le plan ABCD la droite BE perpendiculaire à AB ; les deux droites concourantes BB' et BE déterminent alors un plan perpendiculaire à l'arête AB, et la section obtenue BEE'B' est un *rectangle*, puisque ce quadrilatère est un parallélogramme dont l'angle en B est droit par hypothèse.

Dans ces conditions, le parallélépipède donné est équivalent au parallélépipède droit qui aurait pour base la section droite, c'est-à-dire le rectangle BEE'B' et pour hauteur l'arête latérale AB (609) ; en d'autres termes, la mesure du parallélépipède ABCDA'B'C'D' est ramenée à celle d'un parallélépipède rectangle que l'on sait trouver. On a donc :

$$Vol.\ ABCDA'B'C'D' = aire\ BEE'B' \times AB = BE \times BB' \times AB;$$

mais
$$AB \times BE = aire\ ABCD;$$

donc :
$$Vol.\ ABCDA'B'C'D' = aire\ ABCD \times BB' = aire\ base\ B \times h,$$

c'est-à-dire le produit des nombres qui mesurent l'aire de la base et la hauteur.

VOLUME DU PRISME DROIT.

Théorème.

618. — *Le volume d'un prisme droit a pour mesure le produit des nombres qui mesurent l'aire de sa base et sa hauteur.*

1° Je considère d'abord un prisme droit *triangulaire* ABCA'B'C' (*fig.* 661).

Je construis le parallélépipède droit ABCDA'B'C'D'

dont la base est le parallélogramme ABCD construit sur

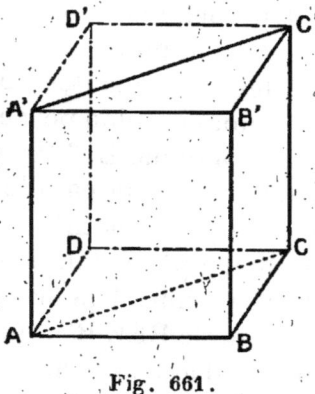
Fig. 661.

AB et BC et qui a même hauteur que le prisme triangulaire donné.

Ce parallélépipède est alors composé de deux prismes triangulaires droits égaux. En effet, ces deux prismes droits ont des bases égales ABC et ADC et ils ont même hauteur, donc on peut les faire coïncider (592). Il en résulte que le volume du prisme triangulaire ABCA'B'C' est la moitié du volume du parallélépipède droit ABCDA'B'C'D'. Or, on a :

$$Vol.\ ABCDA'B'C'D' = aire\ ABCD \times AA',$$

donc

$$Vol.\ ABCA'B'C' = \frac{1}{2} aire\ ABCD \times AA' = aire\ ABC \times AA',$$

c'est-à-dire le produit des nombres qui mesurent l'aire de la base et la hauteur.

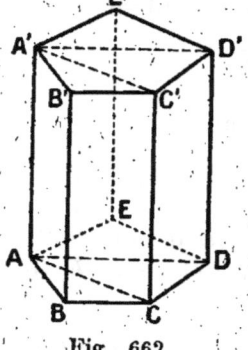
Fig. 662.

2° Je considère maintenant un prisme droit quelconque ABCDEA'B'C'D'E' (fig. 662).

Je décompose la base ABCDE en triangles en menant les diagonales AC et AD, issues d'un même sommet A; puis, par ces diagonales et l'arête AA', je fais passer des plans qui décomposent le prisme polygonal donné en prismes triangulaires de même hauteur AA' que le prisme donné. Le volume du prisme polygonal est donc

LE PRISME.

la somme des volumes des prismes triangulaires. Or, on a :

$$Vol.\ ABCA'B'C' = aire\ ABC \times AA',$$
$$Vol.\ ACDA'C'D' = aire\ ACD \times AA',$$
$$Vol.\ ADEA'D'E' = aire\ ADE \times AA';$$

donc, en additionnant, on obtient :

$$Vol.\ ABCDEA'B'C'D'E' = (aire\ ABC + aire\ ACD + aire\ ADE)AA',$$

ou encore

$$Vol.\ ABCDEA'B'C'D'E' = aire\ ABCDE \times AA',$$

c'est-à-dire le produit des nombres qui mesurent l'aire de la base et la hauteur.

Remarque. — Comme un prisme oblique est équivalent à un prisme droit qui aurait pour base la section droite et pour hauteur l'arête latérale, on a donc une première expression du volume d'un prisme oblique comme il suit :

Le volume d'un prisme oblique a pour mesure le produit des nombres qui mesurent l'aire de sa section droite et l'arête latérale.

Volume du parallélépipède oblique.

Théorème.

619. — *Le volume d'un parallélépipède oblique a pour mesure le produit des nombres qui mesurent l'aire de sa base et sa hauteur.*

Soit le parallélépipède quelconque ABCDA'B'C'D'. Je prends pour base la face DCD'C' et je mène la section droite MNPQ en coupant par un plan perpendiculaire à l'arête latérale BC; cette section est un parallélogramme. Le parallélépipède oblique est alors équivalent à un parallélépipède droit qui aurait pour base la section droite MNPQ et pour hauteur l'arête BC. Or, le volume de ce parallélépipède droit a pour mesure le produit des nombres qui mesurent l'aire de la base MNPQ et l'arête BC; on aura donc aussi :

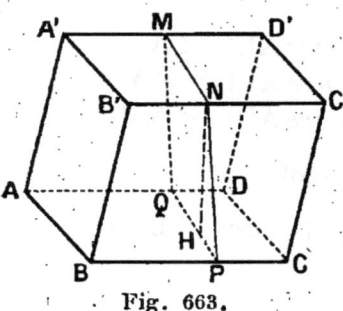

Fig. 663.

$$Vol.\ ABCDA'B'C'D' = aire\ MNPQ \times BC.$$

Je mène la hauteur NH du parallélogramme MNPQ. Les deux plans MNPQ et ABCD étant rectangulaires, la perpendiculaire NH à l'intersection PQ des deux plans est perpendiculaire au plan ABCD (500); de sorte que la hauteur NH du parallélogramme MNPQ est en même temps la hauteur du parallélépipède.

Ceci posé, on a :

$$Aire\ MNPQ = PQ \times NH;$$

donc

$$Vol.\ ABCDA'B'C'D' = PQ \times NH \times BC.$$

Mais

$$BC \times PQ = aire\ ABCD;$$

donc

$$Vol.\ ABCDA'B'C'D' = aire\ ABCD \times NH,$$

c'est-à-dire le produit des nombres qui mesurent l'aire de la base et la hauteur.

LE PRISME

Volume du prisme quelconque.

Théorème.

620. — *Le volume d'un prisme quelconque a pour mesure le produit des nombres qui mesurent l'aire de sa base et sa hauteur.*

1° Je considère d'abord un prisme triangulaire quelconque ABCA'B'C' (*fig.* 664).

Je construis le parallélépipède ABCDA'B'C'D' dont la base est le parallélogramme ABCD construit sur AB et BC et qui a même hauteur A'H que le prisme triangulaire donné. Je dis que le prisme triangulaire est la moitié de ce parallélépipède. En effet, je mène une section droite MNPQ du parallélépipède en coupant

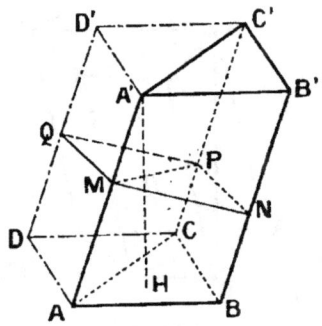

Fig. 664.

par un plan perpendiculaire à l'arête AA'. Cette section droite est un parallélogramme partagé en deux triangles égaux par la diagonale MP. Or, le prisme oblique ABCA'B'C' est équivalent à un prisme droit qui aurait pour base la section droite MNP et pour hauteur l'arête AA', et de même le prisme oblique ACDA'C'D' est équivalent à un prisme droit qui aurait pour base la section droite MPQ et pour hauteur l'arête AA'; comme les deux sections droites MNP et MPQ sont égales, les deux prismes obliques sont équivalents à deux prismes droits qui ont des volumes égaux, donc ils sont eux-mêmes équivalents, et le prisme ABCA'B'C' est la moitié du parallélépipède ABCDA'B'C'D'. Or, on a :

$$\text{Vol. ABCDA'B'C'D'} = \text{aire ABCD} \times \text{A'H},$$

A'H étant la hauteur du prisme oblique; donc

$$Vol.\ ABCA'B'C' = \frac{1}{2}\ aire\ ABCD \times A'H = aire\ ABC \times A'H,$$

c'est-à-dire le produit des nombres qui mesurent l'aire de la base et la hauteur.

2° Je considère maintenant un prisme quelconque ABCDEA'B'C'D'E' (*fig.* 665).

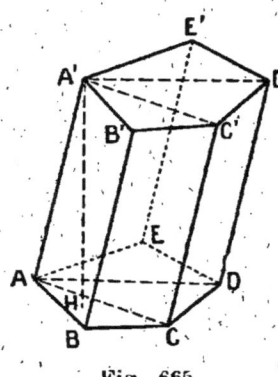

Fig. 665.

Je décompose ce prisme en prismes triangulaires. Pour cela, je mène les diagonales AC et AD de la base, issues d'un même sommet; puis, par ces diagonales et l'arête AA', je fais passer des plans qui décomposent le prisme polygonal donné en prismes triangulaires de même hauteur A'H que le prisme donné. Le volume du prisme polygonal est donc la somme des volumes des prismes triangulaires. Or, on a :

$$Vol.\ ABCA'B'C' = aire\ ABC \times A'H,$$
$$Vol.\ ACDA'C'D' = aire\ ACD \times A'H,$$
$$Vol.\ ADEA'D'E' = aire\ ADE \times A'H,$$

donc, en additionnant, on obtient :

$$Vol.\ ABCDEA'B'C'D'E' = (aire\ ABC + aire\ ACD + aire\ ADE)A'H$$

ou encore :

$$Vol.\ ABCDEA'B'C'D'E' = aire\ ABCDE \times A'H,$$

c'est-à-dire le produit des nombres qui mesurent l'aire de la base et la hauteur.

FORMULE. — En désignant par B le nombre qui mesure l'aire de la base, par h le nombre qui mesure

LE PRISME.

la hauteur, on a pour le volume du prisme quelconque la formule suivante :

$$Vol. \text{ prisme} = B \times h.$$

Remarque I. — De ce qui précède, on déduit évidemment les conséquences suivantes :

1° *Deux prismes quelconques qui ont des bases équivalentes et même hauteur sont équivalents.*

En effet, ils ont même volume.

2° *Le rapport des volumes de deux prismes qui ont des bases équivalentes est égal au rapport des hauteurs des deux prismes.*

3° *Le rapport des volumes de deux prismes qui ont même hauteur est égal au rapport des aires des deux bases.*

Remarque II. — Dans les applications numériques, on devra toujours exprimer les mesures des longueurs de la figure *avec la même unité*, afin de bien faire correspondre les unités de longueur, d'aire et de volume.

Application. — Un bassin a la forme d'un prisme droit ; la base est un octogone régulier de 12 mètres de côté et la hauteur est $1^m,75$. On demande le nombre d'hectolitres d'eau que ce bassin peut contenir.

Le volume du bassin s'obtiendra en multipliant l'aire de la base par la hauteur ; or, l'aire de la base est égale à $2c^2(\sqrt{2}+1)$, en désignant par c le côté de l'octogone (376).

En faisant $c = 12$, l'aire de la base évaluée en mètres carrés est :

$$2 \times 12^2 (\sqrt{2}+1),$$

et le volume du bassin évalué en mètres cubes est :

$$2 \times 12^2 (\sqrt{2}+1) \times 1,75,$$

ou :

$$3,5 \times 144 \times 2,414 = 1215^{m^3},362^{dm^3}.$$

Le mètre cube valant 10 hectolitres, le volume du bassin en hectolitres est :

$$12153^{hl},62^l.$$

EXERCICES PROPOSÉS

427. — Les arêtes d'un parallélépipède rectangle sont proportionnelles aux nombres 2, 3 et 4. Son volume est égal à 875 décimètres cubes. Calculer : 1° à 1 millimètre près les trois arêtes ; 2° à 1 décimètre carré près la surface totale.

428. — Un parallélépipède rectangle a ses trois dimensions respectivement proportionnelles à 1, 2, 3 et la surface totale de ses faces est de 25 décimètres carrés. On demande de calculer, à moins de $\frac{1}{10}$ de millimètre près, chacune des trois dimensions, et à moins de 1 centimètre cube près le volume de ce parallélépipède. *(Arts et métiers.)*

429. — Dans un parallélépipède rectangle, les trois dimensions sont en progression arithmétique et leur somme égale 24 mètres. Sachant que la surface totale du solide vaut 366 mètres carrés, trouver son volume.
(Brevet supérieur).

430. — Un diamant de forme cubique ayant été abîmé par accident, on est obligé de le faire tailler en forme de parallélépipède rectangle. La base de ce parallélépipède est le carré ayant pour sommets les milieux des côtés de la base du cube primitif, la hauteur du parallélépipède est de 1 centimètre. On le vend sous cette seconde forme 1408 francs, à raison de 200 francs le gramme. Avant l'accident, il valait 22528 francs. Sachant que le prix d'un diamant varie proportionnellement au carré de son poids, trouver : 1° la longueur de l'arête du diamant primitif ; 2° la densité du diamant.
(B. S.)

431. — Calculer les dimensions d'un parallélépipède rectangle dont le volume est de 13824 décimètres cubes, sachant que la somme de ses trois dimensions est égale à $12^m,6$ et que l'une d'elles est moyenne proportionnelle entre les deux autres.
(B. S.)

432. — Un terrain triangulaire a pour côtés 130, 140 et 150 mètres. On creuse tout autour un fossé qui raccourcit chacun des trois côtés de 2 mètres. La profondeur du fossé est

de 1ᵐ,50, et sa section droite est un rectangle. On répand ensuite, sur le triangle, la terre provenant du déblai à une hauteur uniforme. Quelle sera cette hauteur ?

(B. S.)

433. — Un propriétaire a fait construire un pavillon hexagonal de 5 mètres de hauteur, au prix de 14 fr. 05 le mètre cube de maçonnerie, y compris la pierre de taille. On sait que le rayon de l'hexagone extérieur servant de base au pavillon est de 8 mètres, que l'épaisseur des murs est de 0ᵐ,80, que les fondations atteignent 1ᵐ,20 de profondeur et que les ouvertures occupent la douzième partie de la surface des murs. Combien ce propriétaire devra-t-il payer au maître-maçon ?

(B. S.)

434. — Un prisme oblique a pour base un triangle équilatéral de côté a ; ses arêtes latérales font un angle de 60° avec le plan de base et ont pour longueur $2a$: trouver le volume du prisme et l'aire de sa section droite.

435. — Une barre de fer ayant la forme d'un prisme oblique pèse 10 kilogrammes. La section droite est un hexagone régulier dont le côté a 4 centimètres. On demande la longueur de l'arête latérale du prisme, sachant que la densité du fer est 7,8.

436. — Un prisme droit hexagonal régulier a une hauteur de 1 décimètre, et une surface totale de 4 décimètres carrés. Trouver son volume et son poids, sachant qu'il est en fer et que la densité du fer est 7,8.

CHAPITRE II

LA PYRAMIDE

621. — **Définitions**. — On appelle **pyramide** un solide qui a pour *base* un polygone quelconque et pour faces latérales des triangles ayant un sommet commun non situé dans le plan de base et chacun un côté commun avec le polygone de base (*fig*. 666).

Le sommet commun S à toutes les faces latérales est le *sommet* de la pyramide.

192   LES POLYÈDRES.

La distance SH du sommet S au plan de la base est la *hauteur* de la pyramide.

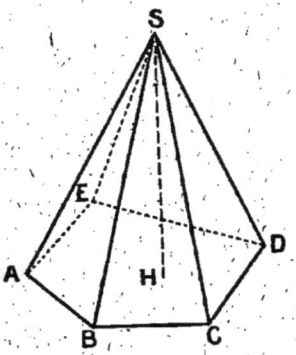

Fig. 666.

Les demi-droites SA, SB, SC, SD, SE sont les *arêtes latérales*.

Si l'on coupe un angle polyèdre par un plan qui rencontre toutes les arêtes d'un même côté du sommet, il résulte de la définition que le solide compris entre les faces de l'angle polyèdre et la section est une pyramide.

Une pyramide est dite *triangulaire*, *quadrangulaire*, *pentagonale*, *hexagonale*, etc., selon que sa base est un triangle, un quadrilatère, un pentagone, un hexagone, etc.

Une pyramide *triangulaire* est encore appelée **tétraèdre**, et, dans ce cas, une face quelconque peut servir de base.

Une pyramide est dite *régulière* si sa base est un polygone régulier et si, en outre, la perpendiculaire menée du sommet au plan de base passe par le centre de la base.

On nomme une pyramide en énonçant la lettre du sommet la première.

Théorème.

622. — *Les sections faites dans une pyramide par des plans parallèles au plan de base sont des polygones semblables à la base, et le rapport de similitude de deux de ces sections est égal au rapport des distances du sommet aux plans de section.*

1° Soit A'B'C'D'E' une section faite dans la pyramide SABCDE par un plan parallèle au plan de la base

LA PYRAMIDE.

D'après cette hypothèse, les deux polygones ABCDE et A'B'C'D'E' ont leurs côtés deux à deux parallèles comme intersections de deux plans parallèles par un troisième ; j'en conclus l'égalité des angles homologues de ces polygones, c'est-à-dire :

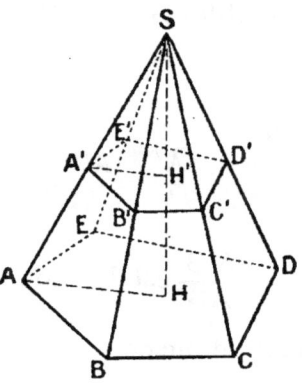

Fig. 667.

$$\widehat{A'} = \widehat{A}, \quad \widehat{B'} = \widehat{B}, \quad \widehat{C'} = \widehat{C},$$
$$\widehat{D'} = \widehat{D}, \quad \widehat{E'} = \widehat{E}.$$

En outre, le parallélisme de A'B' et AB donne :

$$\frac{A'B'}{AB} = \frac{SB'}{SB}; \qquad (1)$$

de même, le parallélisme de B'C' et BC donne :

$$\frac{SB'}{SB} = \frac{B'C'}{BC} = \frac{SC'}{SC}, \qquad (2)$$

et en continuant ainsi pour les autres côtés des deux polygones, on a des suites de rapports égaux comme (1) et (2) qui ont chacune avec la suivante un rapport commun. On en déduit les égalités.

$$\frac{A'B'}{AB} = \frac{B'C'}{BC} = \frac{C'D'}{CD} = \frac{D'E'}{DE} = \frac{E'A'}{EA}.$$

Les deux polygones A'B'C'D'E' et ABCDE ayant les angles égaux chacun à chacun et les côtés homologues proportionnels sont semblables.

2° Soient SH et SH' les distances du sommet S aux plans des deux polygones ABCDE, A'B'C'D'E'. Le plan ASH rencontrant les plans de ces polygones sui-

Neveu et Bellenger. — Géométrie.

vant les droites parallèles AH et A'H', les triangles semblables SAH et SA'H' donnent :

$$\frac{SH'}{SH} = \frac{SA'}{SA} ; \qquad (3)$$

mais $\dfrac{SA'}{SA} = \dfrac{A'B'}{AB}$, donc $\dfrac{A'B'}{AB} = \dfrac{SH'}{SH}$.

Or, $\dfrac{A'B'}{AB}$ est le rapport de similitude des deux polygones ; donc ce rapport est encore égal au rapport $\dfrac{SH'}{SH}$.

— On remarquera que ABCDE, au lieu d'être la base de la pyramide, pourrait être une section quelconque parallèle au plan de la base ; alors, les sections ABCDE, A'B'C'D'E' étant semblables au polygone de base, sont semblables entre elles, et leur rapport de similitude est $\dfrac{SH'}{SH}$.

623. — **Conséquence.** — *Le rapport des aires des deux polygones ABCDE, A'B'C'D'E' est égal au rapport des carrés des distances du sommet de la pyramide aux plans de ces polygones.*

En effet, on sait que le rapport des aires de deux polygones semblables est égal au carré du rapport de similitude (380) ; on a donc :

$$\frac{aire\ A'B'C'D'E'}{aire\ ABCDE} = \frac{\overline{A'B'}^2}{\overline{AB}^2} = \frac{\overline{SH'}^2}{\overline{SH}^2}.$$

Théorème.

624. — *Si deux pyramides ont même hauteur, les aires des sections planes faites dans ces pyramides à une* même distance des sommets par des plans parallèles aux bases sont proportionnelles aux aires des bases.

Soient, en effet, h la hauteur des deux pyramides, d la distance des plans des sections aux sommets, S et S_1 les aires des bases, S' et S'_1 les aires des sections correspondantes; on a :

$$\frac{S'}{S} = \frac{d^2}{h^2}, \qquad (1)$$

$$\frac{S'_1}{S_1} = \frac{d^2}{h^2}. \qquad (2)$$

Des égalités (1) et (2) on déduit :

$$\frac{S'}{S} = \frac{S'_1}{S_1}. \qquad (3)$$

Théorème.

625. — *Si deux pyramides ont même hauteur et des bases équivalentes, les sections planes faites à une même distance des sommets par des plans parallèles aux bases sont équivalentes.*

En effet, dans l'égalité (3) du théorème précédent, on a, par hypothèse, $S = S_1$: donc on en déduit :

$$S' = S'_1.$$

Aire latérale d'une pyramide.

626. — **Définitions**. — On appelle *aire latérale* d'une pyramide la somme des aires des faces latérales.

On appelle **apothème** d'une pyramide régulière la hauteur d'une face latérale.

Théorème.

627. — *L'aire latérale d'une pyramide régulière a pour mesure le demi-produit des nombres qui mesurent le périmètre de la base et l'apothème.*

Soit la pyramide régulière SABCDEF; les faces latérales sont alors des triangles isocèles égaux. En effet, les côtés SA, SB, SC... sont des obliques dont les pieds sont également distants du pied O de la perpendiculaire SO au plan de base, puisque O est le centre du polygone régulier ABCDEF; donc, les faces latérales sont bien des triangles égaux.

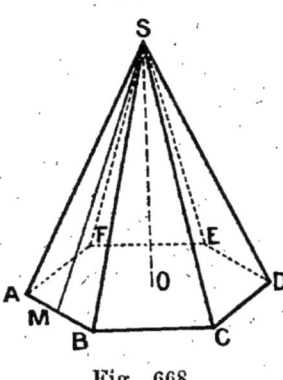

Fig. 668.

Pour obtenir l'aire latérale de la pyramide, il suffit donc de calculer l'aire d'un des triangles tel que SAB et de la multiplier par le nombre n des côtés de la base.

Le triangle SAB a pour hauteur l'apothème SM de la pyramide; on a donc :

$$\text{aire SAB} = \frac{1}{2} AB \times SM.$$

En multipliant par n, on obtient pour l'aire latérale de la pyramide :

$$\frac{1}{2} AB \times n \times SM.$$

Or $AB \times n$ est le périmètre de la base; en posant $SM = a$ et $AB \times n = p$, on a la formule.

$$\text{aire lat. } \mathbf{pyramide} = \frac{1}{2} p \times a.$$

LA PYRAMIDE.

— On obtient l'aire *totale* de la pyramide en ajoutant l'aire de la base à l'aire latérale.

REMARQUE I. — Pour une pyramide non régulière, on obtiendrait l'aire latérale en faisant la somme des aires de toutes les faces latérales.

REMARQUE II. — Le développement de la surface latérale d'une pyramide s'obtient sans difficulté. Il suffit de construire sur un même plan, à la suite l'un de l'autre, des triangles respectivement égaux aux triangles SAB, SBC, SCD...., ces triangles ayant deux à deux un côté commun.

VOLUME DE LA PYRAMIDE.

Pour comparer le volume de la pyramide, c'est-à-dire la portion d'espace comprise entre la base et les faces latérales, à l'unité de volume, on se sert, comme intermédiaire, du volume du prisme déjà établi précédemment.

A cet effet, on démontre d'abord le théorème suivant :

Théorème.

628. — *Deux pyramides triangulaires qui ont des bases équivalentes et même hauteur sont équivalentes.*

Soient deux pyramides triangulaires SABC, S'A'B'C' qui ont des bases équivalentes et même hauteur (*fig.* 669). Je suppose les bases placées sur un même plan ; les sommets S et S' seront à la même distance de ce plan.

Cela étant, je partage la hauteur en un certain nombre de parties égales, par exemple en 4, et par les points de division je mène des plans parallèles au plan de base ; ces plans déterminent dans les deux pyramides des sections DEF, D'E'F', GHI, G'H'I', etc. qui sont équivalentes deux à deux (625). En outre, je construis les prismes DEFAQO, GHIDPV, KLMGRU, qui ont pour bases les sections déterminées dans la pyramide SABC et dont les arêtes latérales sont parallèles à l'arête SA de la pyramide. En effectuant les mêmes constructions dans la pyramide S'A'B'C', chacun des prismes inscrits dans cette seconde pyramide est équivalent au prisme

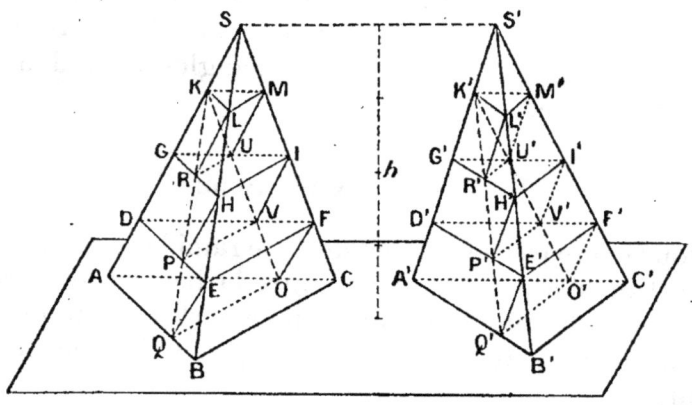

Fig. 669.

correspondant de la première, car ces prismes ont des bases équivalentes (625) et même hauteur.

Comme ces prismes sont en même nombre dans les deux pyramides, il en résulte que la somme des prismes inscrits dans la seconde pyramide équivaut à la somme des prismes inscrits dans la première.

Si je démontre maintenant que, lorsque le nombre des prismes augmente indéfiniment, la somme des volumes des prismes inscrits dans chaque pyramide diffère d'aussi peu que l'on veut du volume de cette pyramide, je conclurai de l'équivalence des sommes de prismes, l'équivalence des deux pyramides.

Je considère, par exemple, les prismes inscrits dans

la pyramide SABC; je remarque que les sommets K, R, P, Q d'une part, et les sommets K, U, V, O d'autre part, sont sur des droites KQ et KO respectivement parallèles à SB et SC, car les arêtes des prismes sont toutes égales et parallèles à SK ; il résulte de là que la différence entre le volume de la pyramide SABC et la somme des prismes inscrits est moindre que la différence entre les deux pyramides SABC et KAQO. Or cette dernière différence est le solide KQOSBC qui tend vers zéro quand on double indéfiniment le nombre des prismes, car alors KQO vient coïncider avec SBC; donc, à plus forte raison, la différence entre SABC et la somme des prismes deviendra aussi petite que l'on veut.

Il en est de même pour la pyramide S'A'B'C' ; comme les sommes des prismes sont toujours équivalentes, les deux pyramides SABC et S'A'B'C' sont elles-mêmes équivalentes.

629. — **Conséquence**. — Si donc par le sommet S d'une pyramide triangulaire SABC on mène une parallèle XY au plan de base, toutes les pyramides telles que S'A BC qui ont pour base ABC et leur sommet S' sur XY sont équivalentes à la pyramide SABC, puisqu'elles ont même base et même hauteur.

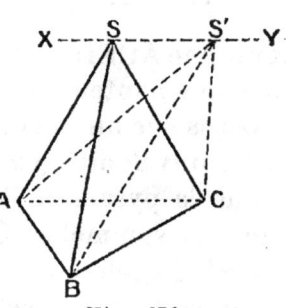

Fig. 670.

Théorème.

630. — *Le volume d'une pyramide a pour mesure le tiers du produit des nombres qui mesurent l'aire de sa base et sa hauteur.*

1° Je considère tout d'abord une pyramide triangulaire SABC. Je vais démontrer que cette pyramide est le tiers du volume d'un prisme triangulaire de même base et de même hauteur.

Pour construire ce prisme je mène AD et CE égales et parallèles à BS de même sens, puis je mène SD, SE et DE. Ce prisme contient la pyramide donnée SABC et la pyramide quadrangulaire SACED.

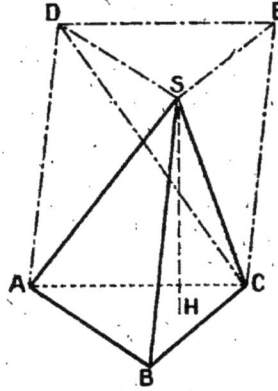

Fig. 671.

Si par les trois points S, D, C on fait passer un plan, ce plan décompose la pyramide quadrangulaire SACED en deux pyramides triangulaires SADC et SCDE. Or, ces deux pyramides ont des bases égales ADC et DCE puisque la diagonale DC partage le parallélogramme ACED en deux triangles égaux; en outre, elles ont même hauteur, puisqu'elles ont même sommet S et les bases sur un même plan; ces deux pyramides sont donc équivalentes (628).

Mais la pyramide SCDE peut être regardée comme ayant son sommet en C; dans ces conditions, elle a une base SDE égale à la base ABC de la pyramide SABC et même hauteur que cette pyramide; donc la pyramide SCDE est équivalente à la pyramide SABC. Comme, d'autre part, la pyramide SADC est équivalente à la pyramide SCDE, il en résulte que le prisme ABCDSE est la somme de trois pyramides équivalentes à SABC.

Or, le volume du prisme a pour mesure le produit des nombres qui mesurent l'aire de la base ABC et la hauteur SH; donc, puisque la pyramide SABC est le tiers du prisme, on aura :

$$Vol.\ \text{SABC} = \frac{1}{3} aire\ \text{ABC} \times \text{SH}.$$

2° Je considère maintenant une pyramide quelconque SABCDE.

Je la décompose en pyramides triangulaires en menant des plans par l'arête SA et chacune des diagonales AC et AD de la base.

Ces pyramides ont pour bases les triangles ABC, ACD, ADE dont la somme est le polygone ABCDE, et, pour hauteur, la hauteur SH de la pyramide donnée. On a donc :

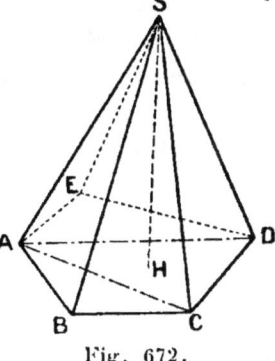

Fig. 672.

$$Vol.\ SABCDE = \frac{1}{3}\ aire\ ABC \times SH + \frac{1}{3}\ aire\ ACD \times SH$$
$$+ \frac{1}{3}\ aire\ ADE \times SH,$$

ou encore :

$$Vol.\ SABCDE = \frac{1}{3}(aire\ ABC + aire\ ACD + aire\ ADE)SH,$$

ou enfin :

$$Vol.\ SABCDE = \frac{1}{3}\ aire\ ABCDE \times SH.$$

FORMULE. — En désignant par B le nombre qui mesure l'aire du polygone ABCDE, par h le nombre qui mesure la hauteur SH, on a pour le volume de la pyramide quelconque la formule suivante :

$$Vol.\ \mathbf{pyramide} = \frac{1}{3} B \times h.$$

CONSÉQUENCES. — De ce qui précède, résultent immédiatement les conséquences suivantes :

1° *Deux pyramides quelconques qui ont des bases équivalentes et même hauteur sont équivalentes,*

2° *Deux pyramides quelconques qui ont des bases équivalentes sont entre elles comme leurs hauteurs.*

En effet, en désignant par B l'aire de la base, par h et h' les hauteurs, on a pour les volumes V et V′ :

$$V = \frac{1}{3} B \times h \quad \text{et} \quad V' = \frac{1}{3} B \times h',$$

d'où l'on tire :

$$\frac{V}{V'} = \frac{h}{h'}.$$

3° *Deux pyramides quelconques qui ont même hauteur sont entre elles comme les aires de leurs bases.*

En effet, les volumes V et V′ sont :

$$V = \frac{1}{3} B \times h \quad \text{et} \quad V' = \frac{1}{3} B' \times h,$$

d'où l'on tire :

$$\frac{V}{V'} = \frac{B}{B'}.$$

631. — REMARQUE SUR LES POLYÈDRES RÉGULIERS. — On appelle *polyèdre régulier*, un polyèdre dont tous les angles solides sont égaux et qui a pour faces des polygones réguliers égaux.

Il existe cinq polyèdres réguliers *convexes* :

1° Le **tétraèdre** régulier, qui a pour faces quatre triangles équilatéraux égaux ;

2° L'**hexaèdre** régulier ou **cube**, qui a pour faces six carrés égaux ;

3° L'**octaèdre** régulier, qui a pour faces huit triangles équilatéraux égaux ;

4° Le **dodécaèdre** régulier, qui a pour faces douze pentagones réguliers égaux ;

5° L'**icosaèdre** régulier, qui a pour faces vingt triangles équilatéraux égaux.

632. — *Volume du tétraèdre régulier*. — Soit le tétraèdre régulier SABC dont l'arête a pour mesure le nombre a.

Je mène la hauteur SH ; en désignant par V le volume du tétraèdre, on a :

$$V = \frac{1}{3} \, \text{aire} \, ABC \times SH.$$

Or

$$\text{aire} \, ABC = \frac{a^2 \sqrt{3}}{4} \quad (N° 374),$$

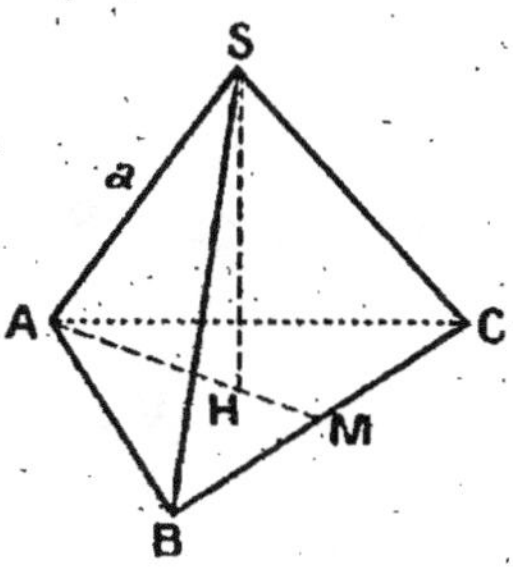

donc

$$V = \frac{a^2 \sqrt{3}}{12} \times SH. \qquad (1)$$

Fig. 673.

Pour calculer SH, je remarque que les obliques SA, SB, SC sont égales ; donc les points A, B, C sont également éloignés du pied H de la perpendiculaire SH. Il en résulte que le point H est le centre du cercle circonscrit au triangle ABC ; mais ce triangle est équilatéral, et, dans ce cas, le point H coïncide avec le point de concours des hauteurs qui sont en même temps les médianes du triangle ABC. Donc la droite AM est une hauteur du triangle ABC et $AM = \dfrac{a\sqrt{3}}{2}$. D'autre part, $AH = \dfrac{2}{3} AM$, donc :

$$AH = \frac{2}{3} \times \frac{a\sqrt{3}}{2} = \frac{a\sqrt{3}}{3}.$$

Le triangle rectangle SAH donne alors :

$$\overline{SH}^2 = \overline{SA}^2 - \overline{AH}^2 = a^2 - \frac{3a^2}{9} = \frac{2a^2}{3},$$

d'où l'on tire :

$$SH = \frac{a\sqrt{2}}{\sqrt{3}}.$$

En remplaçant SH par sa valeur dans l'égalité (1), on obtient :

$$V = \frac{a^2\sqrt{3}}{12} \times \frac{a\sqrt{2}}{\sqrt{3}} = \frac{a^3\sqrt{2}}{12}.$$

— L'aire totale du tétraèdre régulier est

$$\frac{a^2\sqrt{3}}{4} \times 4 = a^2\sqrt{3}.$$

EXERCICES PROPOSÉS.

437. — Une pyramide régulière a pour base un hexagone régulier de 3 décimètres de côté et pour hauteur 4 décimètres. Calculer : 1° la longueur de l'arête latérale; 2° la surface latérale de la pyramide; 3° son volume; 4° son poids, sachant qu'elle est en argent pur et que la densité de l'argent est 10,46 ; 5° combien faudrait-il y ajouter de cuivre pour former un lingot propre à fabriquer des pièces de 5 francs de monnaie française, et combien obtiendrait-on de pièces?

438. — Une pyramide régulière pentagonale est telle que ses arêtes latérales sont égales au côté a de la base. Calculer son volume en fonction de a.

439. — On considère un cube ABCDA'B'C'D' dont l'arête est égale à 1 mètre; les quatre sommets A', B, C', D sont les sommets d'un tétraèdre régulier. Calculer avec 3 décimales exactes le volume, l'arête et la surface totale de ce tétraèdre.

(*B. S.*)

440. — La base d'une pyramide régulière est un triangle équilatéral circonscrit à un cercle de 17 mètres de rayon ; la surface latérale de la pyramide est double de celle de la base. Calculer : 1° le volume de la pyramide; 2° le poids d'un cube en fonte ayant pour diagonale la hauteur de la pyramide. La densité de la fonte est 7,49.

[[(*B. S.*)

TRONC DE PYRAMIDE.

441. — Étant donné un tétraèdre régulier dont l'arête a pour longueur a, on demande de calculer : 1° le volume de ce tétraèdre ; 2° la longueur de la droite MN qui joint les milieux de deux arêtes opposées SA, BC ; 3° à quelle distance du sommet S faut-il mener un plan parallèle à la base ABC pour que le solide soit divisé en deux parties équivalentes ?

Application : $a = 2$.

Nota. — On établira d'abord les formules avec a, et on fera $a = 2$ dans les formules obtenues.

(B. S.)

442. — Un parallélépipède rectangle a pour dimensions a, b, c. Trouver le volume et la surface totale de l'octaèdre qui a pour sommets les centres des faces du parallélépipède.

(Arts et Métiers).

443. — Une pyramide triangulaire SABC a pour base un triangle ABC dont les côtés ont respectivement pour longueur :

$$AB = 13^{cm}, \qquad BC = 14^{cm}, \qquad CA = 15^{cm}.$$

L'arête SA est perpendiculaire au plan de base, et la face SBC fait un angle de 60° avec le plan de base. Calculer l'aire totale et le volume de cette pyramide.

CHAPITRE III

TRONC DE PYRAMIDE. — TRONC DE PRISME. APPLICATIONS.

§ I. — Tronc de pyramide.

633. — *Définitions.* — On appelle **tronc de pyramide à bases parallèles** le solide compris entre la base d'une pyramide et la section obtenue en coupant la pyramide par un plan parallèle à la base.

La section déterminée par le plan sécant et la base de la pyramide sont les *bases* du tronc de pyramide.

Les autres faces qui sont des trapèzes sont appelées *faces latérales*.

LES POLYÈDRES.

La hauteur du tronc de pyramide à bases parallèles est la distance des plans des deux bases.

Dans le cas d'une pyramide *régulière*, on obtient un tronc de pyramide régulier. Les deux bases sont des polygones réguliers, les longueurs des arêtes latérales sont égales, et par suite les faces latérales sont des trapèzes isocèles égaux.

Enfin, la hauteur d'un de ces trapèzes est *l'apothème* du tronc de pyramide régulier.

Aire latérale d'un tronc de pyramide régulier.

Théorème.

634. — *L'aire latérale d'un tronc de pyramide régulier a pour mesure le demi-produit des nombres qui mesurent la somme des périmètres des bases et l'apothème.*

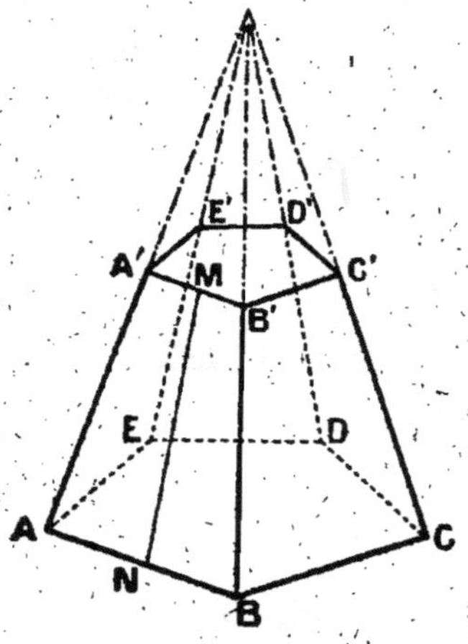

Soit le tronc de pyramide régulier ABCDEA'B'C'D'E'. Pour obtenir l'aire latérale, toutes les faces étant égales, il suffit de calculer l'aire d'une face ABB'A' et de la multiplier par le nombre n des faces. Soit MN l'apothème du tronc; on a :

$$\text{aire ABB'A'} = \frac{1}{2}(AB + A'B')MN.$$

Fig. 674.

En multipliant par n, et en désignant par S l'aire latérale, on a :

$$S = \frac{1}{2}(AB \times n + A'B' \times n)MN.$$

TRONC DE PYRAMIDE.

Si l'on représente par P le périmètre du polygone ABCDE, par p le périmètre du polygone A'B'C'D'E' et par a l'apothème MN, on a :

$$AB \times n = P \quad \text{et} \quad A'B' \times n = p;$$

donc

$$S = \frac{1}{2}(P + p)a.$$

Théorème.

635. — *Le volume d'un tronc de pyramide à bases parallèles est équivalent à la somme des volumes de trois pyramides ayant pour hauteur commune la hauteur du tronc et pour bases respectives les deux bases du tronc et la moyenne proportionnelle entre ces deux bases.*

1° Je considère d'abord un tronc de pyramide à bases triangulaires ABCDEF.

Par les trois points A, E, C je fais passer un plan; ce plan décompose le tronc de pyramide en deux pyramides, l'une triangulaire EABC et l'autre quadrangulaire EADFC. Dans cette dernière pyramide, je fais passer un plan par les trois points D, E, C; ce plan la partage en deux pyramides triangulaires EDFC et EDAC; de sorte que le tronc de pyramide est la somme des trois pyramides EABC, EDFC, EDAC.

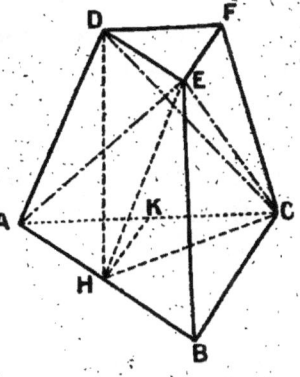

Fig. 675.

La première pyramide EABC a pour base la base ABC du tronc et pour hauteur la hauteur du tronc : c'est une des pyramides de l'énoncé.

La deuxième pyramide EDFC peut être considérée comme ayant pour sommet le point C ; sa base est alors la base DEF du tronc, et sa hauteur est la hauteur du tronc : c'est encore une des pyramides de l'énoncé.

Je considère maintenant la troisième pyramide EDAC. On peut la remplacer par une pyramide équivalente dont la hauteur serait celle du tronc. Pour cela, je mène EH parallèle à DA et je transporte le sommet E au point H où cette parallèle rencontre AB. La pyramide HADC ainsi obtenue, ayant même hauteur et même base que la pyramide EADC, est équivalente à cette pyramide.

Or, dans la pyramide HADC je peux prendre le sommet au point D ; sa base devient AHC et sa hauteur est la hauteur du tronc. Il reste à démontrer que l'aire du triangle AHC est moyenne proportionnelle entre les aires des triangles ABC et DEF.

Pour cela, je mène HK parallèle à BC ; j'obtiens un triangle AHK égal au triangle DEF, car AH = DE comme parallèles comprises entre parallèles, et les angles adjacents sont égaux comme ayant leurs côtés parallèles et de même sens.

Ceci posé, les deux triangles AHC et AHK ont même hauteur issue du sommet H ; donc les aires de ces triangles sont entre elles comme leurs bases AC et AK, et l'on a :

$$\frac{\text{aire AHC}}{\text{aire AHK}} = \frac{\text{AC}}{\text{AK}}. \qquad (1)$$

De même, les deux triangles ABC et AHC ont même hauteur issue du sommet C ; les aires de ces triangles sont entre elles comme leurs bases AB et AH, et l'on a :

$$\frac{\text{aire ABC}}{\text{aire AHC}} = \frac{\text{AB}}{\text{AH}}. \qquad (2)$$

Mais la droite HK parallèle à BC donne

$$\frac{AC}{AK} = \frac{AB}{AH};$$

d'où, en comparant les proportions (1) et (2), on déduit l'égalité des deux premiers rapports :

$$\frac{aire\ ABC}{aire\ AHC} = \frac{aire\ AHC}{aire\ AHK},$$

d'où l'on tire :

$(aire\ AHC)^2 = (aire\ ABC)(aire\ AHK) = (aire\ ABC)(aire\ DEF).$

La base de la troisième pyramide est donc moyenne proportionnelle entre les deux bases du tronc.

2° Je considère le tronc de pyramide quelconque ABCDEA′B′C′D′E′ obtenu en coupant la pyramide SABCDE par un plan A′B′C′D′E′ parallèle à la base.

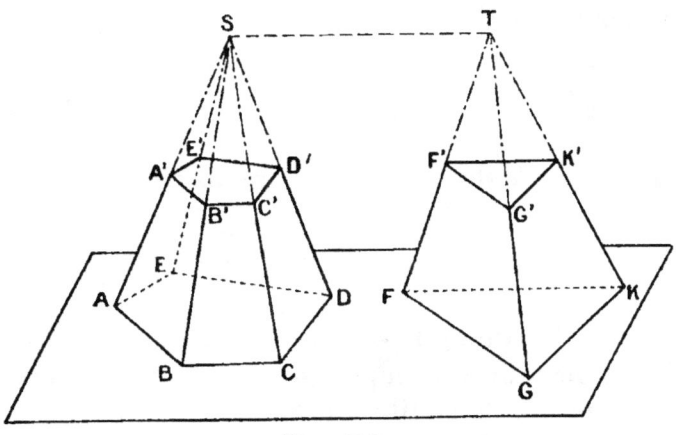

Fig. 676.

Dans le plan de la base j'imagine un triangle FGK équivalent au polygone ABCDE, et je prends un point T à une distance de ce plan égale à la hauteur de la pyramide SABCDE. Les deux pyramides SABCDE et TFGK sont équivalentes comme ayant des bases équivalentes et même hauteur.

Le plan A'B'C'D'E' détermine dans la pyramide TFGK une section F'G'K' équivalente au polygone A'B'C'D'E' (625), et par suite les deux pyramides SA'B'C'D'E' et TF'G'K' sont équivalentes. Il résulte de là que les deux troncs de pyramides, quelconque et triangulaire, sont équivalents comme différences de volumes équivalents. Or, ces deux troncs de pyramides ont même hauteur et des bases respectivement équivalentes, d'où l'on conclut que la mesure du volume établie pour un tronc de pyramide triangulaire s'applique à un tronc de pyramide à bases quelconques.

Formule. — Si B, b, h sont les nombres qui mesurent les aires des bases et la hauteur, les trois pyramides dont la somme équivaut au volume du tronc ont pour volumes respectifs :

$$\frac{1}{3} B \times h, \qquad \frac{1}{3} b \times h, \qquad \frac{1}{3} \sqrt{B.b} \times h,$$

et le volume V du tronc est donné par la formule

$$V = \frac{h}{3}\left(B + b + \sqrt{Bb}\right).$$

636. — REMARQUE I. — Au lieu de donner les aires B et b des deux bases, on peut donner l'aire B d'une base et le rapport k de similitude des deux bases.

On sait alors que le rapport des aires des deux bases est égal au carré k^2 du rapport de similitude. On a donc :

$$\frac{b}{B} = k^2 \qquad \text{d'où} \qquad b = k^2 B;$$

en portant cette valeur de b dans l'expression du volume, on obtient :

$$V = \frac{h}{3}(B + k^2 B + \sqrt{k^2 B^2})$$

ou :

$$V = \frac{B.h}{3}(1 + k + k^2).$$

637. — REMARQUE II. — On peut encore trouver la mesure du volume d'un tronc de pyramide en le considérant comme la différence de deux pyramides.

Appliquons ce procédé à la recherche du volume du tronc de pyramide de *seconde espèce*. On entend par là le solide obtenu en coupant une pyramide, dont les arêtes sont supposées prolongées, par un plan parallèle au plan de base et situé de l'autre côté du sommet (*fig.* 677).

Soit h la hauteur de la pyramide SABCD, h' la hauteur de SA'B'C'D' ; la hauteur H du tronc est encore la distance entre les deux bases ; de sorte que l'on a :

$$H = h + h'.$$

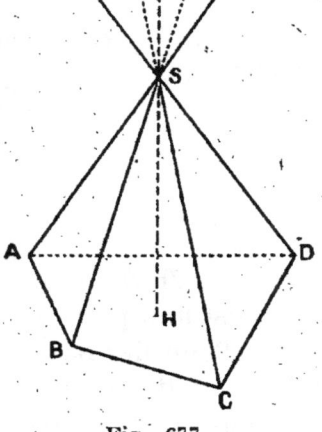

Fig. 677.

Soient B et b les aires des deux bases. Le volume V du tronc étant, dans ce cas, la somme des volumes des deux pyramides, on a :

$$V = \frac{1}{3}(Bh + bh'). \qquad (1)$$

Mais d'autre part, on a (623) :

$$\frac{B}{h^2} = \frac{b}{h'^2} = m.$$

En désignant par m la valeur commune de ces rapports, on tire :
$$B = mh^2 \quad \text{et} \quad b = mh'^2. \qquad (2)$$

En substituant dans l'égalité (1), on obtient :
$$V = \frac{m}{3}(h^3 + h'^3) = \frac{m}{3}(h + h')(h^2 - hh' + h'^2),$$

ou encore
$$V = \frac{H}{3}(mh^2 - mhh' + mh'^2). \qquad (3)$$

Mais les égalités (2) donnent :
$$Bb = m^2 h^2 h'^2 \quad \text{d'où} \quad mhh' = \sqrt{Bb}; \qquad (4)$$

des égalités (2) et (4), on déduit pour l'expression (3) du volume :
$$V = \frac{H}{3}(B + b - \sqrt{Bb}).$$

§ II. — Tronc de prisme triangulaire.

638. — Définition. — Un tronc de prisme triangulaire est une portion de prisme triangulaire comprise entre l'une des bases du prisme et un plan non parallèle à cette base, ce plan n'ayant aucun point de commun avec la base et coupant toutes les arêtes latérales.

Exemple. — Le solide ABCDEF (*fig.* 678) est un tronc de prisme triangulaire.

Les deux triangles ABC, DEF sont les bases du tronc.

Théorème.

639. — *Le volume d'un tronc de prisme triangulaire est équivalent à la somme des volumes de trois pyramides*

TRONC DE PRISME TRIANGULAIRE.

qui ont pour base commune une des bases du tronc et, pour sommets respectifs, les trois sommets de l'autre base.

Soit le tronc de prisme triangulaire ABCDEF (*fig.* 678). Je dis qu'il est équivalent à trois pyramides qui auraient pour base commune la base ABC et dont les sommets respectifs seraient les points E, D, F.

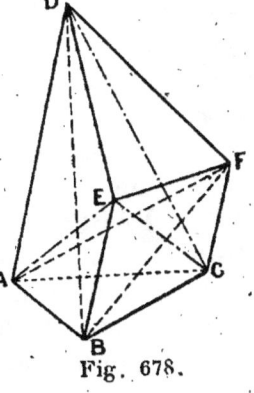

Fig. 678.

En effet, par les trois points E, A, C, je fais passer un plan ; ce plan décompose le solide en deux pyramides : l'une triangulaire EABC qui a pour base la base ABC du tronc et pour sommet le point E, est une des pyramides de l'énoncé ; l'autre est la pyramide quadrangulaire EADFC.

Par les trois points E, D, C, je fais passer un autre plan ; ce plan décompose la pyramide quadrangulaire EADFC en deux pyramides triangulaires EADC et EDFC.

La pyramide EADC ne change pas de volume si l'on déplace son sommet E jusqu'en B, sur la parallèle EB au plan de base ADC (629) ; elle est donc équivalente à la pyramide BADC. Or, dans cette dernière pyramide, on peut prendre le point D pour sommet, et l'on obtient la pyramide DABC qui a pour base la base ABC du tronc, et pour sommet le point D : c'est encore une des pyramides de l'énoncé.

Je considère maintenant la troisième pyramide EDFC. Elle ne change pas de volume si l'on déplace le sommet E jusqu'en B, sur EB parallèle au plan de base ; elle est alors remplacée par la pyramide équivalente BDFC dans laquelle on peut prendre le point D pour sommet.

On obtient alors la pyramide DBFC. Or, dans cette dernière pyramide, comme DA est parallèle au plan de base, on peut transporter le sommet D en A et l'on obtient la pyramide équivalente ABFC. Enfin, dans cette pyramide ABFC on peut prendre pour sommet le point F, et l'on a la pyramide FABC qui a pour base la base ABC du tronc et pour sommet le point F de l'autre base.

Le tronc de prisme est donc bien équivalent à la somme des volumes des trois pyramides EABC, DABC, FABC.

640. — REMARQUE. — Dans le cas où les arêtes latérales sont perpendiculaires au plan de base ABC, le tronc est dit *droit*, et les arêtes latérales sont alors les hauteurs des trois pyramides.

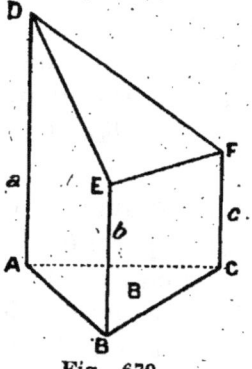

Fig. 679.

Soit B l'aire de la base ABC; posons :

$$AD = a, \quad BE = b, \quad CF = c,$$

on a :

$$Vol. \text{EABC} = \frac{1}{3} B \times a,$$

$$Vol. \text{DABC} = \frac{1}{3} B \times b,$$

$$Vol. \text{FABC} = \frac{1}{3} B \times c.$$

d'où

$$Vol. \text{ABCDEF} = B . \frac{a+b+c}{3}.$$

Donc : *le volume d'un tronc de prisme triangulaire droit a pour mesure le produit des nombres qui mesurent l'aire de la base et la moyenne arithmétique des trois arêtes latérales.*

Théorème.

641. — *Le volume d'un tronc de prisme triangulaire oblique a pour mesure le produit des nombres qui mesurent l'aire d'une section droite et la moyenne arithmétique des trois arêtes latérales.*

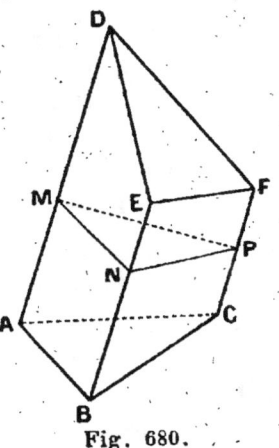

Fig. 680.

Soit le tronc de prisme triangulaire ABCDEF. Je mène une section droite MNP qui ne coupe pas les bases.

Cette section droite partage le solide en deux troncs de prisme triangulaires *droits* ayant pour base commune la section droite MNP.

D'après ce qui précède, on peut alors écrire :

$$\text{Vol. MNPDEF} = \text{aire MNP} \left[\frac{\text{MD} + \text{NE} + \text{PF}}{3} \right],$$

$$\text{Vol. MNPABC} = \text{aire MNP} \left[\frac{\text{MA} + \text{NB} + \text{PC}}{3} \right].$$

En faisant la somme de ces deux volumes, on obtient :

$$\text{Vol. ABCDEF} = \text{aire MNP} \left[\frac{\text{MD} + \text{MA} + \text{NE} + \text{NB} + \text{PF} + \text{PC}}{3} \right],$$

ou encore :

$$\text{Vol. ABCDEF} = \text{aire MNP} \left[\frac{\text{AD} + \text{BE} + \text{CF}}{3} \right].$$

642. — *Application.* — **Volume du tas de pierres.** — On désigne ainsi un solide ayant pour bases deux rectangles ABCD, A'B'C'D' (*fig.* 681) ayant leurs côtés respectivement parallèles, et pour faces latérales des trapèzes.

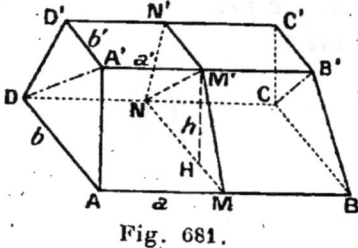

Fig. 681.

Soient a et b les dimensions du rectangle ABCD, $AB = a$, $AD = b$; soient de même a' et b' les dimensions correspondantes du rectangle A'B'C'D' et h la hauteur du solide, c'est-à-dire la distance des deux plans de bases.

Par les deux droites parallèles A'B' et CD je fais passer un plan; ce plan partage le solide en deux troncs de prismes triangulaires AA'DBB'C et A'DD'B'CC'.

Pour obtenir les volumes de ces troncs de prismes, je mène une section droite MNN'M' du solide total. Cette section est un trapèze de bases MN = b, M'N' = b' et de hauteur M'H = h, car M'H est perpendiculaire à la fois aux deux plans de bases. D'ailleurs, le plan A'B'CD partage le trapèze MNN'M' par la droite M'N en deux triangles MNM' et N'M'N qui sont respectivement les sections droites des deux troncs de prismes triangulaires.

On a donc:

$$\text{Vol. AA'DBB'C} = \text{aire MNM}' \left[\frac{AB + DC + A'B'}{3}\right],$$

ou

$$\text{Vol. AA'DBB'C} = \frac{bh}{2} \times \frac{2a + a'}{3} = \frac{bh}{6}(2a + a').$$

On a de même:

$$\text{Vol. A'DD'B'CC'} = \text{aire N'M'N} \left[\frac{A'B' + D'C' + DC}{3}\right],$$

ou

$$Vol.\ \text{A}'\text{DD}'\text{B}'\text{CC}' = \frac{b'h}{2} \times \frac{2a'+a}{3} = \frac{b'h}{6}(2a'+a).$$

En faisant la somme de ces deux volumes, on obtient le volume total :

$$Vol.\ \text{ABCDA}'\text{B}'\text{C}'\text{D}' = \frac{bh}{6}(2a+a') + \frac{b'h}{6}(2a'+a),$$

ou, en désignant par V le volume total :

$$\text{V} = \frac{h}{6}[b(2a+a') + b'(2a'+a)].$$

Remarque I. — Le solide précédent est encore appelé un *ponton* ou *tombereau*.

A l'aide de la formule précédente, on trouve le volume d'une auge de maçon.

Remarque II. — On observera que le *tas de pierres* n'est pas un tronc de pyramide, car les deux rectangles ABCD, A'B'C'D' ne sont pas semblables.

Si les deux bases étaient semblables, les côtés homologues seraient proportionnels et l'on aurait :

$$\frac{a'}{a} = \frac{b'}{b}.$$

En introduisant cette condition dans la formule précédente, on retrouvera la formule obtenue pour le volume d'un tronc de pyramide.

Volume du prismatoïde.

643. — **Définition.** — On appelle **prismatoïde** tout solide ayant pour bases deux polygones quelconques situés dans des plans parallèles, et pour faces latérales des trapèzes ayant un côté commun avec chacune des bases, ou des triangles ayant

un sommet commun avec l'une des bases et deux sommets communs avec l'autre base (*fig.* 682).

Théorème.

644. — *Si l'on désigne par* B *et* b *les aires des deux bases, par* B' *l'aire de la section faite dans le solide par un plan parallèle aux deux bases et équidistant des bases, par* h *la distance des deux bases, ou hauteur, le volume* V *du prismatoïde est donné par la formule*:

$$V = \frac{h}{6}(B + b + 4B').$$

En effet, soit le prismatoïde dont les bases parallèles sont ABCD et EFG (*fig.* 682).

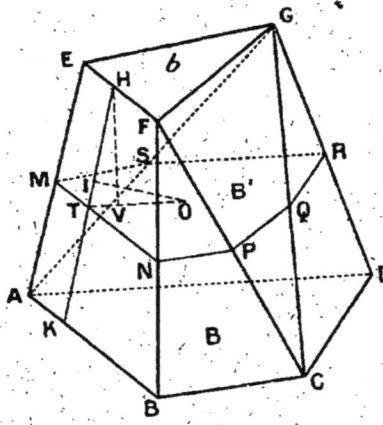

Fig. 682.

Soit la section MNPQRS faite dans le solide par le plan parallèle aux deux bases et équidistant des deux bases; je prends un point O quelconque à l'intérieur de cette section. Le solide peut alors être considéré comme la somme de pyramides ayant pour sommet commun le point O, et ayant pour bases toutes les faces du polyèdre.

Les deux pyramides de sommet O et ayant pour bases respectives les deux bases du prismatoïde ont pour hauteur $\frac{h}{2}$; leurs volumes ont donc pour expressions:

$$\frac{B \times h}{6} \quad \text{et} \quad \frac{b \times h}{6}.$$

Je considère maintenant une pyramide ayant pour base une face latérale du solide, par exemple la face ABFE. Le plan équidistant des bases coupe ce trapèze suivant MN qui joint les milieux des côtés non parallèles du trapèze.

PRISMATOÏDE. 219

Ceci posé, si du point O on abaisse la perpendiculaire OI sur la face ABFE, la distance OI est la hauteur de la pyramide OABFE ; si, en outre, par le point I on mène la perpendiculaire HIK aux bases du trapèze, HK est la hauteur de ce trapèze. La pyramide OABFE a donc pour volume

ou
$$\frac{1}{3} \, aire \, \text{ABFE} \times \text{OI},$$

ou encore :
$$\frac{1}{3} \text{MN} \times \text{HK} \times \text{OI},$$

$$\frac{2}{3} \text{MN} \times \text{HT} \times \text{OI}, \qquad (1)$$

HT étant la moitié de HK.

Or, on peut transformer l'expression (1). En effet, les deux droites OI et TH sont perpendiculaires à MN, donc le plan de ces deux droites est lui-même perpendiculaire à MN et par suite au plan MNPQRS, et l'intersection OT de ces deux plans est perpendiculaire à MN. Si l'on mène HV perpendiculaire à OT, cette droite est perpendiculaire au plan MNPQRS et la distance HV est égale à $\frac{h}{2}$. Ceci posé, les deux triangles rectangles OIT et HVT qui ont l'angle aigu $\widehat{T}$ commun sont semblables, et la proportionnalité des côtés homologues donne :

$$\frac{\text{OI}}{\text{HV}} = \frac{\text{OT}}{\text{HT}}.$$

d'où l'on tire :
$$\text{HT} \times \text{OI} = \text{OT} \times \text{HV}.$$

En remplaçant dans l'expression (1) le produit HT × OI par OT × HV, on obtient :

$$Vol. \, \text{OABFE} = \frac{2}{3} \text{MN} \times \text{OT} \times \text{HV};$$

mais
$$\text{MN} \times \text{OT} = 2 \, aire \, \text{OMN},$$

on a donc :
$$Vol. \, \text{OABFE} = \frac{4}{3} \, aire \, \text{OMN} \times \frac{h}{2},$$

ou
$$\text{Vol. OABFE} = 4 \, aire \, \text{OMN} \times \frac{h}{6}.$$

On aurait un résultat identique si la face latérale considérée était un triangle.

On conclut de là que la somme des volumes des pyramides qui ont comme bases les faces latérales du prismatoïde a pour expression
$$4 \, aire \, \text{MNPQRS} \times \frac{h}{6} \quad \text{ou} \quad 4\,\text{B}' \times \frac{h}{6}.$$

Si, à cette expression, on ajoute les deux volumes $\frac{\text{B} \times h}{6}$ et $\frac{b \times h}{6}$ trouvés précédemment, on obtient pour l'expression V du volume du prismatoïde :
$$\text{V} = \frac{h}{6}(\text{B} + b + 4\text{B}').$$

REMARQUE. — On peut, à l'aide de cette formule, retrouver les volumes déjà obtenus pour le prisme, la pyramide et le tronc de pyramide.

EXERCICES PROPOSÉS.

444. — Le côté de la base d'une pyramide triangulaire régulière est a, et l'on sait que sa surface latérale est double de sa base. Évaluer sa surface totale, son volume, ainsi que le volume du tronc de pyramide obtenu à l'aide d'une section parallèle à la base menée à une distance du sommet égale aux $\frac{2}{3}$ de la hauteur.

Application : $a = 9$ mètres.
(*B. S.*)

445. — Un obélisque a la forme d'un tronc de pyramide à base carrée, la base inférieure a $1^m,50$ de côté, la base supérieure a $0^m,80$ de côté et la hauteur est de 15 mètres. Ce tronc de pyramide est surmonté d'une pyramide dont les faces latérales sont des triangles équilatéraux. Touver le volume et la surface latérale de cet obélisque.
(*B. S.*)

446. — Les aires des bases d'un tronc de pyramide à bases parallèles étant B et b, calculer l'aire de la section faite parallèlement aux deux bases et à égale distance de chacune d'elles.

447. — Un tronc de pyramide a pour volume 2 décimètres cubes 220, et pour hauteur 20 centimètres. L'une des bases est un carré de 12 centimètres de côté : calculer le côté de l'autre base.

448. — Un tronc de pyramide a une base inférieure dont la surface est de $2^{m2},25$ et pour hauteur $2^m,40$; le rapport de similitude des deux bases est $\frac{2}{5}$.

1° Calculer le volume du tronc de pyramide ;

2° Calculer les hauteurs des deux pyramides dont le tronc est la différence.

(Arts et Métiers.)

449. — Une auge de maçon a une profondeur de $0^m,32$. La petite base qui est rectangulaire a $0^m,40$ sur $0^m,25$. Les faces latérales sont inclinées à 45°. Calculer le volume de l'auge.

(B. S.)

450. — Un tas de sable a pour bases deux rectangles horizontaux. Ses quatre faces latérales sont inclinées de 30° sur l'horizon. Calculer son volume, sachant que la base supérieure a 2 mètres de long et 1 mètre de large, et que la hauteur est égale à 1 mètre.

(B. S.)

451. — Étant donné un tétraèdre SABC, soient M, N, P, Q les milieux des arêtes SA, AB, BC, SC : démontrer que ces quatre points sont dans un même plan, et que ce plan partage le tétraèdre en deux parties équivalentes.

452. — On donne un losange ABCD dont les diagonales AC et BD ont pour longueurs $2a$ et $2b$. D'un même côté du plan ABCD, aux deux points A et C, on élève des perpendiculaires $AE = c$ et $CF = d$. Trouver le volume du tétraèdre EBDF.

453. — Un tronc de prisme quadrangulaire droit ABCDA'B'C'D' a pour base un rectangle ABCD dont les dimensions sont a et b.

1° Démontrer que l'on a :

$$AA' + CC' = BB' + DD'.$$

2° En posant $AA' + CC' = \alpha + \beta$, trouver le volume du tronc de prisme.

CHAPITRE IV

SYMÉTRIE. — HOMOTHÉTIE ET SIMILITUDE.

§ I. — Figures symétriques dans l'espace.

645. — On considère dans l'espace trois genres de symétrie : 1° la symétrie par rapport à une droite ou axe ; 2° la symétrie par rapport à un point ou centre ; 3° la symétrie par rapport à un plan.

646. — *Symétrie par rapport à une droite*. — On dit que deux points M et M' sont symétriques par rapport à une droite XY (*fig.* 683), si cette droite XY est perpendiculaire au milieu de la droite MM'.

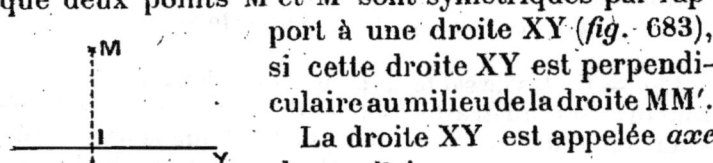

Fig. 683.

La droite XY est appelée *axe de symétrie*.

De même, si tous les points de deux figures (F) et (F') sont symétriques deux à deux par rapport à une droite XY, les deux figures (F) et (F') sont dites symétriques par rapport à l'axe XY.

Une rotation de 180° autour de XY fait coïncider un point quelconque M avec son symétrique M', car $IM = IM'$. Il en résulte qu'une rotation de 180° autour de l'axe fait coïncider deux figures symétriques par rapport à cet axe.

Ainsi, deux figures symétriques par rapport à un axe sont superposables ; il n'y a donc pas lieu d'étudier les éléments de ces deux figures identiques.

647. — *Symétrie par rapport à un point*. — On

FIGURES SYMÉTRIQUES DANS L'ESPACE.

dit que deux points M et M' sont symétriques par rapport à un point O (*fig.* 684), quand le point O est le milieu du segment MM'.

Le point O est appelé *centre de symétrie*.

De même, si tous les points de deux figures (F) et (F') sont symétriques deux à deux par rapport à un point O, les deux figures (F) et (F') sont dites symétriques par rapport au centre O.

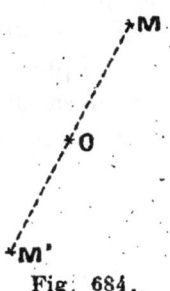

Fig. 684.

Théorème.

648. — *Deux figures* (F') *et* (F″) *symétriques d'une même figure* (F) *par rapport à deux centres différents* O' *et* O″ *sont égales*.

En effet, soit M un point quelconque de la figure (F), M' son symétrique par rapport à O' dans la figure (F') et M″ son symétrique par rapport à O″ dans la figure (F″).

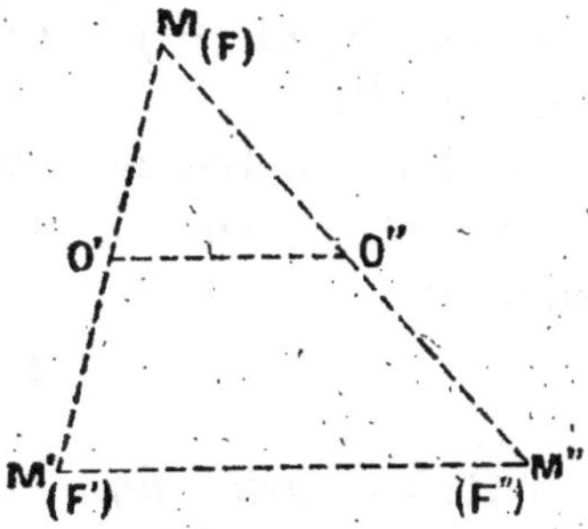

Je mène les droites O'O″ et M'M″. Dans le triangle MM'M″, la droite O'O″ joint les milieux de deux côtés, donc M'M″ est le double du segment O'O″; en outre, le segment M'M″ est parallèle à O'O″ et dirigé dans le même sens.

Fig. 685.

On conclut de là qu'une translation rectiligne (*464, Remarque*) parallèle à O'O″ et égale à 2O'O″ amène le point M' de la figure (F') en coïncidence avec M″ de la figure (F″), et comme il en est de même de tous les points, la figure (F') vient coïncider avec la figure (F″), donc ces figures sont égales. Elles ne diffèrent que par la place qu'elles occupent dans l'espace.

649. — Conséquence. — Pour construire la figure symétrique d'une figure donnée par rapport à un point, on pourra choisir ce point *arbitrairement* dans l'espace.

650. — Symétrie par rapport à un plan. — On dit que deux points M et M' sont symétriques par rapport à un plan P, quand ce plan est perpendiculaire au milieu du segment MM'.

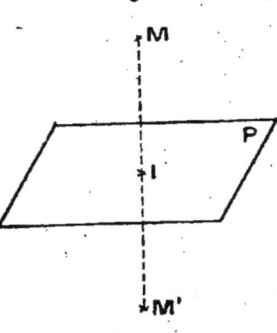

Fig. 686.

Le plan P est appelé plan de symétrie.

De même, si tous les points de deux figures (F) et (F') sont symétriques deux à deux par rapport à un plan P, les deux figures (F) et (F') sont dites *symétriques* par rapport au plan P.

— La symétrie par rapport à un plan est reliée à la la symétrie par rapport à un point par le théorème suivant :

Théorème.

651. — *Deux figures symétriques d'une même figure l'une par rapport à un point, l'autre par rapport à un plan, sont égales.*

Je remarque d'abord que les figures symétriques d'une même figure par rapport à des points différents peuvent coïncider (648); donc, il suffit de démontrer le théorème en supposant le centre de symétrie placé dans le plan de symétrie.

Cela étant, soit P un plan de symétrie, et, dans ce plan, un centre O de symétrie.

Soit M un point quelconque d'une figure (F), M' son

symétrique par rapport au plan P dans la figure (F′) symétrique de (F) par rapport au plan P ; soit, de même, M″ le symétrique de M par rapport au point O dans la figure (F″) symétrique de (F) par rapport au point O.

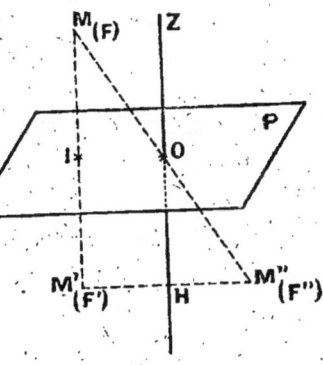

Fig. 687.

Si, par le point O, je mène la perpendiculaire ZOH au plan P, elle est contenue tout entière dans le plan MM′M″, car ce plan contenant MM′ est perpendiculaire au plan P. En outre, dans le plan MM′M″, la droite OH parallèle à MM′ passe par le milieu H de M′M″ et, de plus, elle est perpendiculaire à M′M″. Ceci démontre que les points M′ et M″ sont symétriques par rapport à l'axe ZOH.

Or, ce raisonnement s'applique à tous les points M′ de la figure (F′) symétrique de (F) par rapport au plan P et à tous les points M″ de la figure (F″) symétrique de (F) par rapport au point O ; on conclut de là que les figures (F′) et (F″) sont symétriques par rapport à l'axe ZOH, donc elles sont égales, car elles peuvent coïncider.

652. — **Corollaire.** — *Deux figures (F′) et (F″) symétriques d'une même figure (F) par rapport à deux plans différents P et Q sont égales.*

En effet, soient deux plans P et Q et un point O quelconque de l'espace.

La figure (F′) symétrique de (F) par rapport au plan P est égale à la figure (F₁) symétrique de (F) par rapport au point O (651).

De même, la figure (F″) symétrique de (F) par rapport au plan Q est égale à la figure (F_1) symétrique de (F) par rapport au point O. Donc les deux figures (F′) et (F‴) égales à la même figure (F_1) sont égales entre elles.

653. — **Conséquence.** — Il résulte des deux théorèmes précédents et du corollaire que toutes les figures symétriques d'une figure donnée, soit par rapport à des points quelconques ou par rapport à des plans quelconques, sont des figures égales.

De sorte qu'au point de vue de la forme et de la grandeur, *il n'existe qu'une seule figure symétrique d'une figure donnée.*

Donc, pour démontrer une propriété de deux figures symétriques, on peut considérer à volonté la symétrie par rapport à un point ou la symétrie par rapport à un plan; on peut, en outre, choisir où l'on veut le centre ou le plan de symétrie.

654. — **Applications.** — 1° *La figure symétrique d'un plan est un plan.*

Il suffit de choisir le plan donné comme plan de symétrie; alors chaque point du plan se correspond à lui-même.

2° *La figure symétrique d'une figure plane est une figure plane égale.*

Il suffit encore de prendre pour plan de symétrie le plan de la figure.

En particulier, *la figure symétrique d'une portion de droite est une portion de droite égale.*

De même, *la figure symétrique d'un angle est un angle égal.*

3° *La figure symétrique d'un dièdre est un dièdre égal, mais de sens contraire.*

Le fait est évident si l'on choisit comme plan de symétrie le plan d'une face du dièdre.

FIGURES SYMÉTRIQUES DANS L'ESPACE.

4° *La figure symétrique d'un trièdre est un trièdre qui a ses faces et ses dièdres respectivement égaux aux faces et aux dièdres du trièdre donné ; mais les deux trièdres ne sont pas semblablement orientés.*

Il suffit de choisir comme centre de symétrie le sommet du trièdre.

Les propriétés énoncées ont été établies précédemment (530 et 531).

Il en serait de même de la figure symétrique d'un angle polyèdre.

Les deux angles polyèdres, en général, ne peuvent pas coïncider.

Théorème.

655. — *Deux polyèdres symétriques sont équivalents.*

1° Je considère d'abord une pyramide SABCDE (*fig.* 688).

Je prends pour plan de symétrie le plan P de la base ABCDE. En construisant le symétrique S' de S par rapport au plan P, on obtient la pyramide S'ABCDE qui a même base que la première et même hauteur, puisque SH = S'H ; donc les deux pyramides sont équivalentes.

Mais on remarquera que les deux pyramides, en général, ne sont pas égales, car les angles polyèdres S et S' n'ont pas la même orientation.

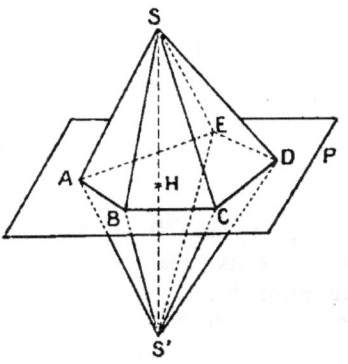

Fig. 688.

2° Je considère un polyèdre P. Dans l'intérieur de ce polyèdre P, je prends un point S arbitraire que je joins à tous les sommets du polyèdre, j'obtiens ainsi des pyramides dont la somme est le volume du polyèdre P.

Si, maintenant, on construit le polyèdre P' symétrique de P, à chaque pyramide composant P correspondra dans P' une pyramide équivalente, et les deux polyèdres P et P', composés d'un même nombre de pyramides équivalentes deux à deux, seront eux-mêmes équivalents.

On remarquera qu'ils ne sont pas, en général, égaux.

APPLICATION DE LA SYMÉTRIE A QUELQUES POLYÈDRES RÉGULIERS.

656. — Cube. — 1° *Le cube a un centre de symétrie qui est le point de rencontre des diagonales.*

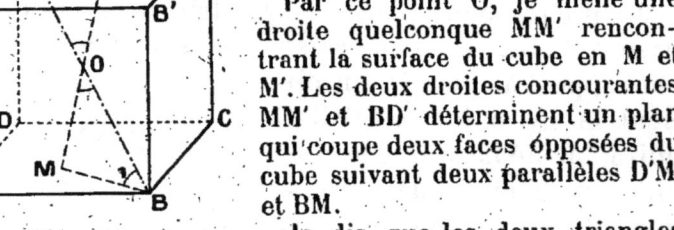

Fig. 689.

En effet, soit le cube ABCDA'B'C'D' (*fig.* 689) ; je mène la diagonale BD'. On sait que le point de rencontre des diagonales est situé au milieu O de BD'.

Par ce point O, je mène une droite quelconque MM' rencontrant la surface du cube en M et M'. Les deux droites concourantes MM' et BD' déterminent un plan qui coupe deux faces opposées du cube suivant deux parallèles D'M' et BM.

Je dis que les deux triangles OM'D' et OMB sont égaux. En effet, OD' = OB et les angles adjacents à ces côtés égaux sont égaux. Donc OM' = OM. Ceci étant vrai quel que soit le point M, il en résulte bien que le point O est centre de symétrie du cube.

2° *Le cube admet pour axes de symétrie les trois droites joignant les milieux des faces opposées et les six droites joignant les milieux des arêtes opposées.*

Soit en effet II' (*fig.* 690) une droite joignant les milieux de deux faces opposées. Cette droite II' est perpendiculaire à ces faces, car, dans le rectangle BDD'B', la droite II' est parallèle à BB' et à DD'.

Cela étant, si l'on mène un plan perpendiculaire à ll', ce plan détermine dans le cube un carré MNPQ dont le centre H est sur ll'. Les points de ce carré sont deux à deux symétriques par rapport à ce centre H, et par suite symétriques par rapport à ll', puisque la droite qui les joint est perpendiculaire à ll', et qu'en outre elle est partagée par le point H en deux parties égales.

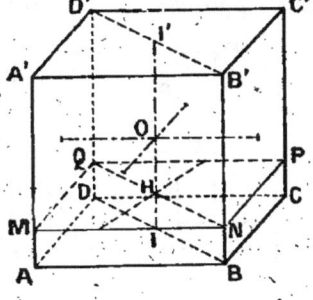

Fig. 690.

Comme ceci est vrai quelle que soit la position du plan MNPQ perpendiculaire à ll', il en résulte que tous les points du cube sont deux à deux symétriques par rapport à ll'. Donc la droite ll' est un axe de symétrie du cube.

Il y a *deux* autres axes analogues à ll'. Ces *trois* axes passent par le point O et forment un trièdre trirectangle.

En second lieu soit A"C" (*fig.* 691) une droite joignant les milieux de deux arêtes opposées. Cette droite est parallèle aux côtés AC et A'C' du rectangle ACC'A'.

Ceci posé, si l'on mène un plan perpendiculaire à A"C", ce plan détermine dans le cube un rectangle MNPQ dont le centre H est sur A"C".

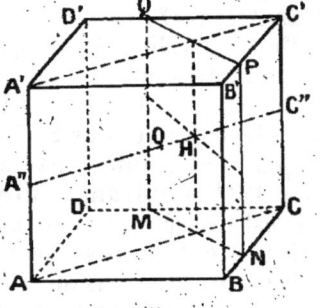

Tous les points de ce rectangle sont deux à deux symétriques par rapport au point H et, par suite, symétriques par rapport à A"C", car la droite qui les joint est perpendiculaire à A"C", et elle est partagée par le point H en deux parties égales.

Fig. 691.

Comme ceci est vrai quelle que soit la position du plan MNPQ perpendiculaire à A"C", il en résulte que tous les points du cube sont deux à deux symétriques par rapport à A"C". Donc la droite A"C" est un axe de symétrie du cube.

Il y a *cinq* autres droites analogues à A"C". Ces *six* axes passent par le centre O du cube.

3° *Le cube admet* **neuf** *plans de symétrie passant par son*

230   LES POLYÈDRES.

centre : trois sont parallèles aux faces opposées et six passent par deux arêtes opposées.

En effet, un plan comme A"B"C"D" (*fig.* 692) parallèle à deux faces opposées, et passant par le milieu A" de l'arête AA',

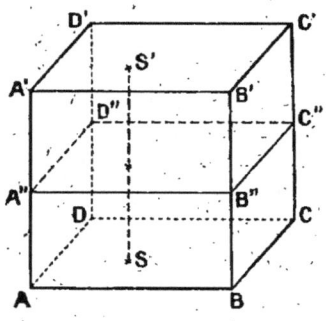
Fig. 692.

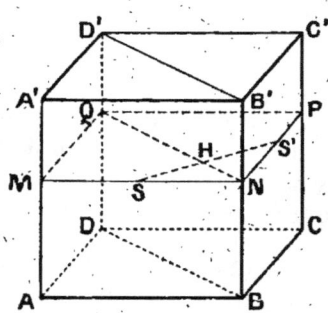
Fig. 693.

partage toute parallèle SS' à AA' et limitée au cube en deux parties égales. Donc le plan A"B"C"D" est un plan de symétrie. Il existe *trois* plans de symétrie analogues au plan A"B"C"D".

En second lieu, je dis que le plan BB'DD' (*fig.* 693) est aussi un plan de symétrie.

En effet, soit une droite SS' perpendiculaire à ce plan et limitée au cube. Par SS' je mène le plan parallèle à ABCD; ce plan détermine dans le cube un carré MNPQ qui coupe le plan BB'DD' suivant la droite QN, et la droite SS' parallèle à MP est divisée en deux parties égales au point H. Donc les points S et S' sont symétriques par rapport au plan BB'DD'.

Il existe *six* plans de symétrie analogues au plan BB'DD'.

657. — Octaèdre régulier. — Si l'on joint les centres des faces d'un cube, on forme un polyèdre qui est un *octaèdre régulier* (*fig.* 694).

On peut remarquer qu'il a 6 sommets, 8 faces et 12 arêtes.

Les faces sont bien des triangles équilatéraux égaux, car les arêtes sont les moitiés des diagonales des faces du cube, comme l'indique la section A"B"C"D" qui contient MNPQ.

Les diagonales de l'octaèdre sont respectivement parallèles aux arêtes du cube et passent par le centre O du cube en formant un trièdre trirectangle.

L'octaèdre régulier admet les mêmes éléments de symétrie

que le cube dont il dérive. Il admet : 1° un centre de symétrie O, intersection de ses trois diagonales ; 2° 9 axes de symétrie, 3 analogues à SS' et 6 analogues à A"C" ; 3° 9 plans de symétrie, 3 analogues à MNPQ et 6 analogues à BB'DD'.

658. — Remarque. — En cristallographie on considère des droites appelées *axes de symétrie* pour les cristaux. Cer-

Fig. 694.

taines de ces droites sont véritablement des axes de symétrie tels qu'on les a définis (646). D'autres, au contraire, ne répondent pas à cette définition ; mais toutes possèdent cette propriété qu'une rotation de $\frac{360°}{n}$ autour de chacune d'elles amène de nouveau le corps en coïncidence avec lui-même.

Ainsi, pour un prisme droit triangulaire dont les bases sont des triangles équilatéraux ABC et A'B'C' (*fig.* 695), une rotation de $\frac{360°}{3}$ autour de la droite OO' joignant les centres de gravité des deux bases, amène l'arête AA' sur BB', l'arête BB' sur CC' et l'arête CC' sur AA' ; donc le prisme vient en coïncidence avec lui-même.

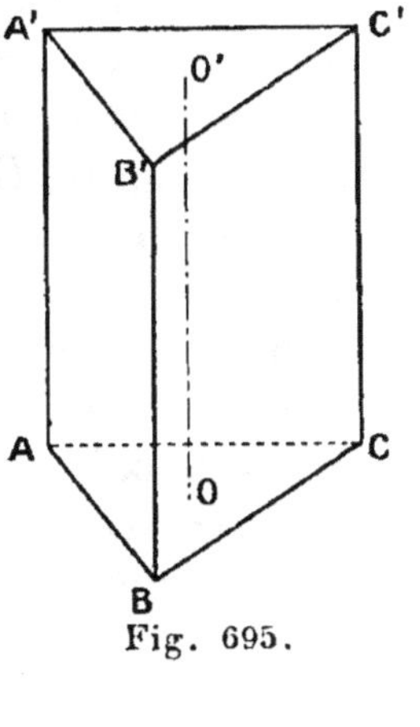

Pour distinguer ces axes de symétrie cristallographiques, on les dénomme : axes **binaires** si la rotation *la plus petite* amenant le corps en coïncidence

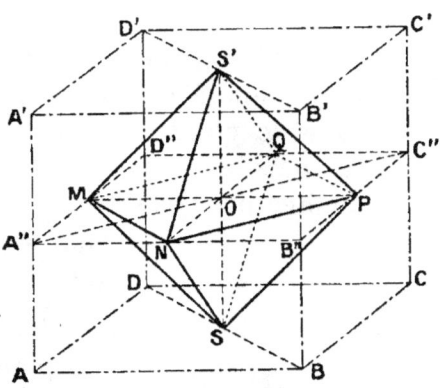

Fig. 695.

avec sa première position est $\frac{360°}{2}$; axes **ternaires** si cette rotation est $\frac{360°}{3}$, **quaternaires** si cette rotation est $\frac{360°}{4}$, etc.

§ II. — Homothétie et similitude.

659. — Définitions. — Soit O un point fixe donné, k un nombre donné et M un point quelconque de l'espace.

Je joins le point O au point M par une droite indéfinie ; puis, sur cette droite, je prends une longueur OM′ donnée par l'égalité

$$\frac{OM'}{OM} = k,$$

le point M′ est dit l'*homothétique* du point M.

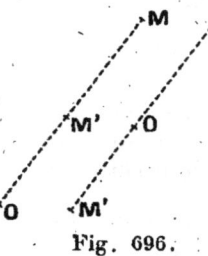

Fig. 696.

Le point O est appelé *centre d'homothétie* ou encore *centre de similitude*, et le nombre k est le *rapport d'homothétie* ou *rapport de similitude*.

Si les points M et M′ sont d'un même côté de O, l'homothétie est *directe* ; si M et M′ sont de part et d'autre de O, l'homothétie est *inverse*.

Enfin, si on répète la construction qui précède sur tous les points analogues à M d'une figure (F), on obtient une figure (F′) appelée *figure homothétique* de (F).

Les points M et M′ qui se correspondent dans les figures (F) et (F′) sont dits *homologues*.

On appelle *segments homologues* deux segments qui, dans l'une et l'autre figure, joignent des points homologues deux à deux.

On remarquera que ces définitions sont identiques à celles données en géométrie plane (260).

Théorème.

660. — *La figure homothétique d'une droite est une droite parallèle.*

La démonstration donnée en géométrie plane (262) s'applique sans modification.

On remarquera toutefois que, si l'homothétie est directe, les droites sont parallèles et de *même sens*; si l'homothétie est inverse, les droites sont parallèles et de *sens contraire*.

Théorème.

661. — *La figure homothétique d'un angle est un angle égal.*

Soit $\widehat{ACB}$ un angle donné et O le centre d'homothétie.

Je construis l'homothétique directe de la demi-droite CA par rapport au point O, k étant le rapport de similitude. On obtient la demi-droite C'A' qui, d'après le théorème précédent, est parallèle à CA et de même sens. De même, la demi-droite C'B' homothétique de CB est parallèle à CB et de même sens.

Donc les deux angles de l'espace $\widehat{A'C'B'}$ et $\widehat{ACB}$ sont égaux comme ayant leurs côtés respectivement parallèles et de même sens (427).

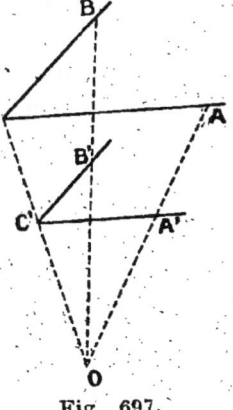

Fig. 697.

— Si l'homothétie était inverse, les deux angles seraient encore égaux comme ayant leurs côtés respectivement parallèles et de sens contraire.

Théorème.

662. — *La figure homothétique d'un plan est un plan parallèle.*

Soient un plan P et un point A de ce plan. Je construis le point A' homothétique de A par rapport au point O et dans le rapport k; je mène par le point A' le plan P' parallèle au plan P et je considère un point M quelconque du plan P : je dis que son homothétique M' est dans le plan P'.

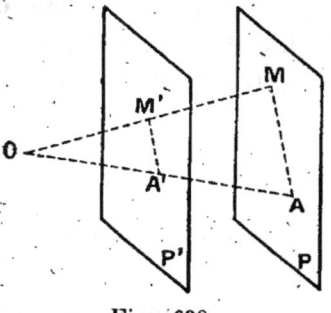

Fig. 698.

En effet, la droite A'M' étant parallèle à AM est située dans le plan P' (458); donc le point M' est situé dans le plan P'.

Réciproquement, tout point M' du plan P' est l'homothétique du point M où la droite OM' perce le plan P. En effet, les droites A'M' et AM sont parallèles comme intersections de deux plans parallèles par un troisième; on a donc :

$$\frac{OM'}{OM} = \frac{OA'}{OA}, \quad \text{c'est-à-dire :} \quad \frac{OM'}{OM} = k.$$

663. — Applications. — *La figure homothétique d'un polygone plan est un autre polygone plan qui a ses côtés parallèles aux côtés homologues du premier. Les côtés homologues sont dans un rapport constant, et ce rapport constant est égal au rapport d'homothétie.*

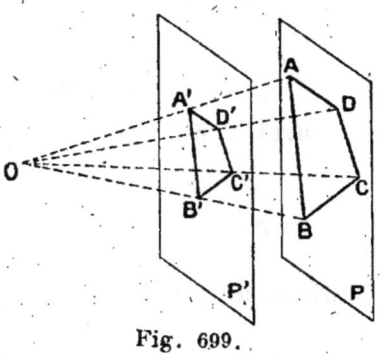

Fig. 699.

Le théorème précédent indique que la figure ABCD (*fig.* 699) étant dans un plan P, son homothétique A'B'C'D' sera dans un plan P' parallèle à P.

Cette remarque étant faite, la démonstration donnée en géométrie plane (264) s'applique sans modification.

Réciproquement : *Si deux polygones situés dans deux plans parallèles ont leurs côtés deux à deux parallèles et dans un rapport constant, les droites qui joignent deux à deux les sommets homologues de ces polygones vont concourir en un même point, et ce point est un centre d'homothétie pour les deux polygones.*

La démonstration donnée en géométrie plane (266) s'applique sans modification.

Théorème.

664. — *La figure homothétique d'un angle dièdre est un angle dièdre égal.*

En effet, aux deux demi-plans qui forment le dièdre donné correspondent deux demi-plans qui forment le dièdre homothétique.

Les faces homologues des deux dièdres sont parallèles (662), d'où résulte l'égalité des deux dièdres, car leurs angles plans seraient égaux comme ayant leurs côtés parallèles de même sens ou de sens contraire.

— On observera que si l'homothétie est directe, les deux dièdres sont de même sens ; si l'homothétie est inverse, les deux dièdres sont de sens contraire.

Théorème.

665. — *La figure homothétique* **directe** *d'un angle trièdre est un trièdre égal.*

Soit en effet le trièdre SABC et O le centre d'homothétie. La figure

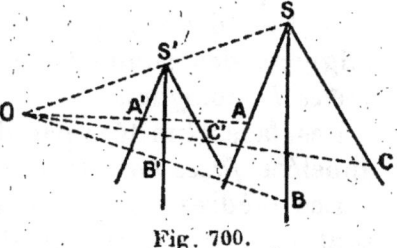

Fig. 700.

homothétique directe de la face $\widehat{ASB}$ est une face égale $\widehat{A'S'B'}$ (661), et il en est de même pour les autres faces.

Les deux trièdres SABC et S'A'B'C' ont alors leurs faces égales chacune à chacune et ils sont semblablement orientés, donc ils sont égaux.

Théorème.

666. — *La figure homothétique* **directe** *d'un angle polyèdre convexe est un angle polyèdre convexe égal.*

On peut imaginer, en effet, l'angle polyèdre donné décomposé en trièdres en menant des plans par une arête et les autres arêtes, et à chacun de ces trièdres correspondra dans l'angle polyèdre homothétique un trièdre égal et de même orientation. Les deux angles polyèdres seront alors composés d'un même nombre de trièdres égaux chacun à chacun et semblablement placés, donc ils sont égaux.

Théorème.

667. — *La figure homothétique d'un polyèdre est un autre polyèdre.*

En effet, la figure homothétique d'un polygone plan est un polygone plan (663) ; donc, à toutes les faces planes du polyèdre donné P correspondent des faces planes qui forment un second polyèdre P'.

— Les droites qui, dans l'un et l'autre polyèdre, joignent des sommets homothétiques sont appelées *arêtes homologues*.

Les faces limitées par des arêtes homologues sont appelées *faces homologues*.

Les dièdres compris entre deux faces homologues sont appelés *dièdres homologues*.

HOMOTHÉTIE ET SIMILITUDE.

Enfin, les angles solides qui ont des sommets homologues sont appelés *angles solides homologues*.

Théorème.

668. — *Si deux polyèdres sont homothétiques : 1° les arêtes homologues sont parallèles et dans un rapport constant; ce rapport est égal au rapport d'homothétie; 2° les faces homologues sont des polygones semblables; 3° les dièdres homologues sont égaux; 4° les angles solides homologues sont égaux si l'homothétie est directe; ils sont symétriques si l'homothétie est inverse.*

1° Les deux polyèdres ont leurs arêtes homologues parallèles, puisque la figure homothétique d'une droite est une droite parallèle (660). En outre, elles sont dans un rapport constant, car le rapport de deux arêtes homologues est égal au rapport k d'homothétie des deux polyèdres.

2° Les faces homologues des deux polyèdres ont leurs angles égaux chacun à chacun (661) et les côtés homologues proportionnels; donc ces faces sont des polygones semblables (270).

3° Les dièdres homologues sont égaux, comme on l'a vu précédemment (664).

4° Enfin, si l'homothétie est directe, les angles solides homologues sont égaux (666).

Ils seront symétriques si l'homothétie est inverse.

Théorème réciproque.

669. — *Si deux polyèdres ont leurs arêtes respectivement parallèles et dans un rapport constant, les faces sont deux à deux semblables, et les droites qui joignent les sommets homologues concourent en un même point. Ce* *point est un centre d'homothétie pour les deux polyèdres.*

En effet, tout d'abord, les faces sont deux à deux semblables, car ce sont des polygones qui ont leurs angles égaux chacun à chacun et les côtés homologues proportionnels.

Quant à la deuxième partie du théorème, la démonstration donnée en géométrie plane (266) s'applique sans modification.

Polyèdres semblables.

670. — **Définition.** — *On appelle* **polyèdres semblables** *deux polyèdres tels que l'un d'eux soit égal à un polyèdre homothétique* direct *de l'autre.*

Ainsi, soient P et P' deux polyèdres homothétiques *directs*; si le polyèdre P_1 est égal au polyèdre P', les deux polyèdres P et P_1 sont semblables.

Si A, B, C, D… sont les sommets de P et A', B', C', D'… les sommets homothétiques de P', les sommets correspondants A_1, B_1, C_1, D_1… de P_1 sont appelés *sommets homologues* de A, B, C, D…

On appelle *arêtes homologues* de P et P_1 deux arêtes comme AB et A_1B_1 joignant des sommets homologues dans l'un et l'autre polyèdre.

On appelle *faces homologues* les polygones plans limités par des arêtes homologues.

On appelle *dièdres homologues* les angles dièdres compris entre deux faces homologues.

On appelle *angles solides homologues* les angles solides qui ont des sommets homologues.

Théorème.

671. — *Dans deux polyèdres semblables* P *et* P_1, *1° les arêtes homologues sont proportionnelles; 2° les faces*

homologues sont des polygones semblables; 3° les dièdres homologues sont égaux; 4° les angles solides homologues sont égaux.

En effet, soit P′ le polyèdre homothétique direct de P auquel le polyèdre P_1 est égal et soit k le rapport d'homothétie.

Il est évident que le polyèdre P_1 égal au polyèdre P′ possède les mêmes propriétés que P′ vis-à-vis du polyèdre P; or, d'après ce que l'on a vu (668), P et P′ possèdent les propriétés énoncées dans le théorème, donc il en est de même des polyèdres semblables P et P_1.

672. — Définition. — On appelle *rapport de similitude* de deux polyèdres semblables le rapport de deux arêtes homologues.

Le rapport de similitude des deux polyèdres semblables P_1 et P est égal au rapport d'homothétie k des deux polyèdres homothétiques P′ et P, le polyèdre P′ étant égal à P_1.

Théorème réciproque.

673. — *Si deux polyèdres ont leurs faces semblables chacune à chacune et les angles solides formés par les faces semblables égaux et semblablement placés, ces deux polyèdres sont semblables.*

Soient les deux polyèdres P et P_1 qui ont leurs faces semblables chacune à chacune et les angles solides égaux et semblablement disposés (*fig.* 701). Les deux polyèdres ont alors leurs arêtes proportionnelles, et l'on a :

$$\frac{A_1 B_1}{AB} = \frac{B_1 C_1}{BC} = \frac{C_1 D_1}{CD} = \ldots = k.$$

Je prends un point O quelconque dans l'espace et je construis le polyèdre P′ homothétique direct de P par rapport à ce point O, le rapport d'homothétie étant k. Je dis que les polyèdres P_1 et P' sont égaux.

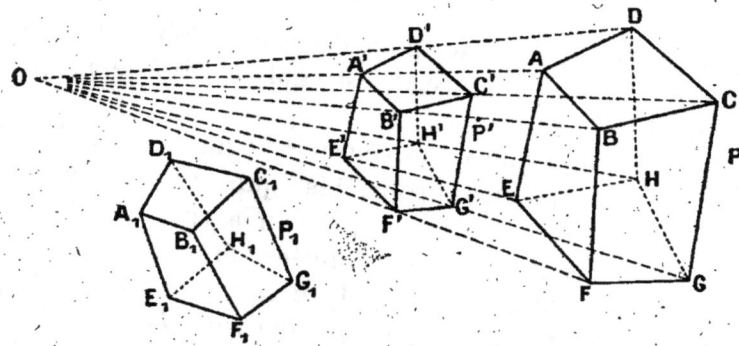

Fig. 701.

En effet, on a :
$$\frac{A'B'}{AB} = k;$$

mais, d'autre part, on a aussi :
$$\frac{A_1 B_1}{A_1 B_1} = k,$$

donc
$$\frac{A'B'}{AB} = \frac{A_1 B_1}{AB},$$

d'où l'on conclut
$$A'B' = A_1 B_1.$$

Il en est de même pour toutes les arêtes; donc les deux polyèdres P' et P_1 ont leurs arêtes égales chacune à chacune.

Les deux polygones $A'B'C'D'$ et $A_1 B_1 C_1 D_1$ qui sont semblables au polygone $ABCD$ sont semblables entre eux. Mais leur rapport de similitude est 1, puisque

$A'B' = A_1B_1$; on en conclut que les deux polygones $A'B'C'D'$ et $A_1B_1C_1D_1$ sont égaux, et comme il en est de même de toutes les faces, il résulte de là que les deux polyèdres P' et P_1 ont leurs faces égales chacune à chacune.

D'autre part, P et P_1 ayant leurs angles solides égaux chacun à chacun, les dièdres tels que AB et A_1B_1 sont égaux; mais les dièdres AB et $A'B'$ sont aussi égaux, donc les dièdres $A'B'$ et A_1B_1 sont égaux, et il en est de même pour tous les dièdres des polyèdres P' et P_1.

Ceci posé, on peut superposer les polyèdres P' et P_1. En effet, si l'on fait coïncider la face $A'B'C'D'$ de P' avec la face égale $A_1B_1C_1D_1$ de P, les dièdres $A'B'$ et A_1B_1 étant égaux et semblablement placés, le plan de la face $A'B'F'E'$ viendra sur le plan $A_1B_1F_1E_1$ et les deux polygones égaux $A'B'F'E'$ et $A_1B_1F_1E_1$ coïncideront, et de même pour toutes les faces; donc les deux polyèdres P' et P_1 sont égaux. Le polyèdre P_1 étant égal à un polyèdre P' homothétique de P, on en conclut que P_1 et P sont semblables.

674. — Conséquence. — Les théorèmes précédents permettent de définir encore deux polyèdres semblables comme il suit :

Deux polyèdres semblables sont deux polyèdres qui ont leurs faces semblables chacune à chacune et tels que les angles solides formés par les faces semblables soient égaux et semblablement placés.

675. — Application. — *Tout plan parallèle à l'une des faces d'un tétraèdre détermine un second tétraèdre semblable au premier.*

Soient le tétraèdre SABC et le tétraèdre SDEF obtenu en menant un plan parallèle à la face ABC (*fig.* 702).

La droite DE étant parallèle à AB, le triangle SDE est semblable au triangle SAB.

242   LES POLYÈDRES.

Il en est de même des triangles SEF et SBC ainsi que des triangles SDF et SAC. On sait, en outre, que la section DEF est semblable à la base ABC (622). Donc les deux tétraèdres ont leurs faces semblables chacune à chacune.

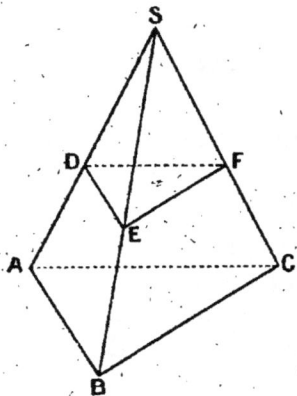

Fig. 702.

De plus, ils ont l'angle solide S commun, et les autres angles solides sont égaux deux à deux, puisque ce sont des trièdres qui ont les trois faces égales chacune à chacune et semblablement placées. Donc les deux tétraèdres sont semblables.

Théorème.

676. — *Deux tétraèdres qui ont un dièdre égal compris entre deux faces semblables chacune à chacune et disposées de la même façon sont semblables.*

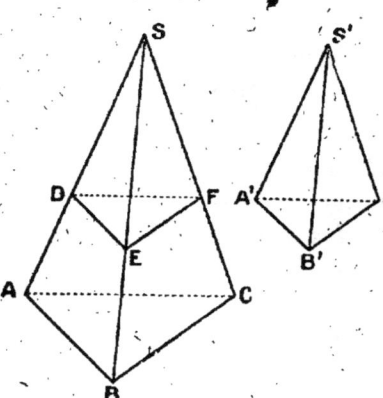

Fig. 703.

Soient les deux tétraèdres SABC et S'A'B'C' dans lesquels on suppose les dièdres SA et S'A' égaux, les faces SAB et S'A'B' semblables, ainsi que les faces SAC et S'A'C', ces faces étant semblablement disposées dans les deux tétraèdres. Je dis que ces deux tétraèdres sont semblables.

En effet, sur SA, je porte SD = S'A', et par le point D

je mène le plan parallèle à la base ABC ; ce plan détermine le tétraèdre SDEF semblable au tétraèdre SABC (675). Il suffit donc de démontrer que le tétraèdre SDEF est égal au tétraèdre S'A'B'C'.

Les deux triangles SDE et S'A'B' semblables au triangle SAB sont semblables entre eux ; or, leur rapport de similitude est 1, puisque SD = S'A' par construction ; donc les triangles SDE et S'A'B' sont égaux. Il en est de même des triangles SDF et S'A'C'.

On peut alors faire coïncider les deux tétraèdres S'A'B'C' et SDEF. En effet, si l'on fait coïncider le triangle S'A'C' avec le triangle SDF, comme les dièdres S'A' et SD sont égaux et les faces semblablement disposées, le plan de la face S'A'B' coïncidera avec le plan de la face SDE et les deux triangles égaux S'A'B' et SDE coïncideront. Alors les deux tétraèdres S'A'B'C' et SDEF coïncident, donc ils sont égaux. Or, le tétraèdre SDEF est semblable au tétraèdre SABC, donc il en est de même du tétraèdre S'A'B'C'.

677. — **Définition.** — Décomposer un polyèdre convexe en tétraèdres, c'est choisir à l'intérieur du polyèdre un point arbitraire et le joindre à tous les sommets. On obtient ainsi des pyramides à bases quelconques, qu'on peut décomposer ensuite en pyramides triangulaires ou tétraèdres en menant dans chaque base les diagonales partant d'un même sommet ; les plans menés par ces diagonales et le sommet commun aux pyramides décomposent chacune d'elles en tétraèdres.

Deux tétraèdres consécutifs ainsi obtenus ont évidemment une face commune.

Théorème.

678. — *Deux polyèdres convexes semblables peuvent être décomposés en un même nombre de tétraèdres sem-*

blables et semblablement disposés les uns par rapport aux autres.

En effet, soient P et P_1 les polyèdres semblables et k leur rapport de similitude. Je prends un centre O d'homothétie, et je suppose avoir construit le polyèdre P'

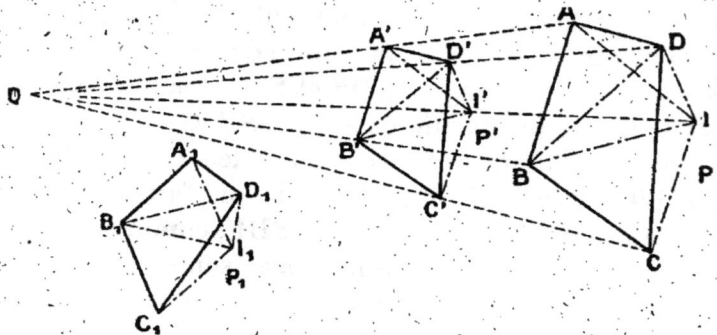

Fig. 704.

homothétique de P auquel P_1 est égal. Soient ABCD et $A_1B_1C_1D_1$ deux faces homologues des polyèdres semblables P et P_1 et A'B'C'D' la face de P' égale à $A_1B_1C_1D_1$.

A l'intérieur de P et P' je prends deux points homologues I et I', c'est-à-dire deux points en ligne droite avec le point O et tels que

$$\frac{OI'}{OI} = \frac{OA'}{OA} = k.$$

Cela étant, en joignant I' et I aux sommets des deux faces homologues A'B'C'D' et ABCD, on obtient deux pyramides homothétiques et les plans I'B'D' et IBD les partagent en tétraèdres homothétiques deux à deux. Comme on peut répéter ces constructions pour toutes les faces homologues des polyèdres homothétiques P' et P, ces deux polyèdres seront ainsi décomposés en tétraèdres homothétiques deux à deux.

De là résulte qu'en faisant coïncider P' avec P_1, le point I' vient occuper une position I_1 à l'intérieur de P_1, et tous les tétraèdres de sommet I_1 contenus dans P_1 sont semblables deux à deux aux tétraèdres de sommet I contenus dans P. Donc P et P_1 sont décomposés en un même nombre de tétraèdres semblables et semblablement disposés.

Théorème réciproque.

679. — *Si deux polyèdres convexes sont composés d'un même nombre de tétraèdres semblables deux à deux et semblablement disposés les uns par rapport aux autres, ces deux polyèdres sont semblables.*

Soient P et P_1 (*fig.* 704) les deux polyèdres formés par l'assemblage des tétraèdres de sommets communs I et I_1; soit k le rapport commun de similitude de tous ces tétraèdres semblables deux à deux. Avec le rapport k de similitude, je construis le polyèdre P' homothétique de P : je dis que le polyèdre P_1 est égal au polyèdre P'.

En effet, à chaque tétraèdre de P tel que IABD correspond dans P' un tétraèdre I'A'B'D' égal au tétraèdre $I_1A_1B_1D_1$ correspondant dans le polyèdre P_1; car il résulte de la construction que les deux tétraèdres I'A'B'D' et $I_1A_1B_1D_1$ ont un dièdre A'B' et A_1B_1 égal au dièdre AB, donc ces dièdres sont égaux; de plus, ces dièdres sont compris entre des faces égales et semblablement placées (272), donc on peut faire coïncider les tétraèdres I'A'B'D' et $I_1A_1B_1D_1$ (676), ce qui montre qu'ils sont égaux. De sorte que les polyèdres P' et P_1 sont composés d'un même nombre de tétraèdres égaux chacun à chacun et semblablement disposés les uns par rapport aux autres.

En superposant les tétraèdres I'A'B'D' et $I_1A_1B_1D_1$,

on voit sans difficulté que les autres tétraèdres se superposeront deux à deux. Les polyèdres P' et P, coïncidant sont égaux.

Le polyèdre P, étant égal à un polyèdre P' homothétique de P est donc semblable au polyèdre P.

Théorème.

680. — *Le rapport des volumes de deux polyèdres semblables est égal au rapport des cubes de deux arêtes homologues, c'est-à-dire au cube de leur rapport de similitude.*

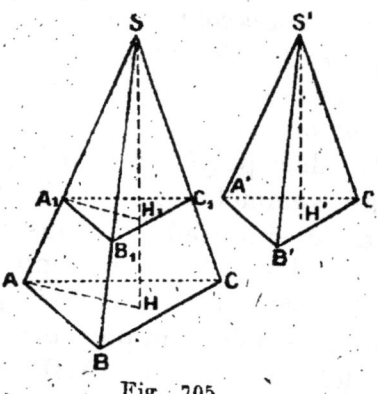

Fig. 705.

1° Soient d'abord deux tétraèdres semblables SABC et S'A'B'C'.

Sur SA je prends une longueur $SA_1 = S'A'$, et par le point A_1 je mène un plan parallèle au plan ABC. Ce plan détermine un tétraèdre $SA_1B_1C_1$ semblable à SABC et égal à S'A'B'C' (676).

Ceci posé, je mène les hauteurs des tétraèdres; on a alors :

$$\frac{Vol.\ SA_1B_1C_1}{Vol.\ SABC} = \frac{\frac{1}{3} aire\ A_1B_1C_1 \times SH_1}{\frac{1}{3} aire\ ABC \times SH}.$$

ou encore

$$\frac{Vol.\ SA_1B_1C_1}{Vol.\ SABC} = \frac{aire\ A_1B_1C_1}{aire\ ABC} \times \frac{SH_1}{SH}. \qquad (1)$$

Mais, d'autre part, on a (623) :

$$\frac{\text{aire } A_1B_1C_1}{\text{aire } ABC} = \frac{\overline{SH_1}^2}{\overline{SH}^2};$$

en substituant dans l'égalité (1), on obtient :

$$\frac{Vol.\ SA_1B_1C_1}{Vol.\ SABC} = \frac{\overline{SH_1}^3}{\overline{SH}^3}.$$

Mais les triangles semblables SA_1H_1 et SAH donnent :

$$\frac{SH_1}{SH} = \frac{SA_1}{SA};$$

on a donc :

$$\frac{Vol.\ SA_1B_1C_1}{Vol.\ SABC} = \frac{\overline{SA_1}^3}{\overline{SA}^3}.$$

En remplaçant le tétraèdre $SA_1B_1C_1$ par son égal $S'A'B'C'$, et en désignant par k le rapport de similitude, on a finalement :

$$\frac{Vol.\ S\ A'B'C'}{Vol.\ SABC} = \frac{\overline{S'A'}^3}{\overline{SA}^3} = k^3.$$

2° Soient maintenant deux polyèdres convexes semblables P' et P. Ces deux polyèdres peuvent être décomposés en un même nombre de tétraèdres semblables deux à deux et semblablement disposés les uns par rapport aux autres ; ces tétraèdres ayant deux à deux une face commune, ont tous deux à deux le même rapport k de similitude, et ce nombre k est en même temps le rapport de similitude des deux polyèdres P' et P.

Ceci posé, soient T_1, T_2... T_n les volumes des tétraèdres dont se compose le polyèdre P, et T'_1, T'_2... T'_n les volumes des tétraèdres respectivement semblables dont se compose le polyèdre P'. D'après la première partie du théorème, on a :

$$\frac{T'_1}{T_1} = \frac{T'_2}{T_2} = \ldots = \frac{T'_n}{T_n} = k^3.$$

D'après une propriété des rapports, on peut écrire :

$$\frac{T'_1 + T'_2 + \ldots T'_n}{T_1 + T_2 + \ldots T_n} = k^3,$$

ou encore :

$$\frac{Vol.\ P'}{Vol.\ P} = k^3.$$

EXERCICES PROPOSÉS.

454. — Deux droites symétriques par rapport à un plan font avec ce plan des angles égaux.

455. — Si deux plans sont symétriques par rapport à un troisième plan, ce troisième plan est bissecteur de l'angle formé par les deux premiers.

456. — Si une figure a deux plans de symétrie rectangulaires, elle a un axe de symétrie. Si elle a trois plans de symétrie rectangulaires, deux à deux, elle a un centre de symétrie.

457. — Trouver les éléments de symétrie du tétraèdre régulier.

458. — Trouver les éléments de symétrie d'un parallélépipède rectangle.

459. — Démontrer que tout plan mené par deux arêtes opposées d'un parallélépipède quelconque partage ce parallélépipède en deux prismes symétriques.

460. — Trouver les éléments de symétrie d'un prisme droit hexagonal et régulier.

461. — Soient M et P deux plans qui se coupent suivant une droite D, (F) une figure quelconque, (F') sa symétrique par rapport au plan M et (F'') la figure symétrique de (F') par rapport au plan P. Montrer qu'on peut faire coïncider (F) avec (F″) par une rotation autour de la droite D. Trouver l'angle de rotation.

462. — Chaque diagonale d'un cube est un axe de symétrie ternaire.

463. — La figure homothétique d'une circonférence par rapport à un point quelconque de l'espace est une circonférence.

464. — Peut-on faire coïncider deux polyèdres homothétiques, l'un direct, l'autre inverse d'un même polyèdre P par rapport à un même centre d'homothétie et dans le même rapport d'homothétie k ?

465. — S'il existe pour deux figures (F) et (F′) deux points de l'espace O et O′ tels qu'en joignant O à tous les points A, B, C... de (F) et O′ à tous les points A′, B′, C′,... de (F′), les segments OA, O′A′, etc., sont parallèles et dans un rapport constant k, les deux figures (F) et (F′) sont homothétiques. — Réciproque.

466. — Deux figures (F′) et (F″) homothétiques d'une même troisième (F) sont homothétiques entre elles. Calculer leur rapport d'homothétie, connaissant le rapport $k′$ d'homothétie de (F) avec (F′) et $k″$ de (F) avec (F″).

467. — Si une figure (F) a un centre de symétrie O, toute figure (F′) homothétique de (F) a aussi un centre de symétrie O′. Les deux figures (F) et (F′) sont alors à la fois directement et inversement homothétiques, et les deux rapports d'homothétie directe et inverse sont égaux. Si enfin S et S′ sont les centres d'homothétie, on a l'égalité :

$$\frac{SO'}{SO} = \frac{S'O'}{S'O} = k,$$

k étant le rapport d'homothétie.

468. — Deux tétraèdres qui ont leurs arêtes homologues proportionnelles sont semblables.

469. — Le rapport des aires de deux tétraèdres semblables est égal au carré du rapport de deux arêtes homologues.

Même proposition pour le rapport des aires de deux polyèdres convexes semblables.

470. — Couper une pyramide par un plan parallèle à sa base de manière que l'aire de la pyramide déterminée par ce plan et l'aire de la pyramide donnée soient proportionnelles aux deux longueurs m et n.

471. — Si l'on mène par les sommets d'un tétraèdre des plans parallèles aux faces opposées, le tétraèdre formé par ces plans est-il semblable au tétraèdre donné ? — Quel est le rapport des volumes de ces deux tétraèdres ?

Exercices de récapitulation.

472. — Le volume d'un prisme triangulaire est égal au produit de l'aire d'une face latérale quelconque par la moitié de la distance entre cette face et l'arête opposée.

473. — Un prisme oblique ABCDA'B'C'D' a pour base un trapèze ABCD. Prouver que son volume a pour mesure le produit de la demi-somme des aires des faces parallèles ADD'A', BCC'B' par leur distance mutuelle.

474. — Un parallélépipède tronqué a pour volume le produit de l'aire de la section droite par la moyenne arithmétique de deux arêtes opposées.

475. — Étant données trois droites situées d'une manière quelconque dans l'espace, construire un parallélépipède tel qu'il ait une arête sur chacune de ces droites.

476. — Le plan qui passe par le point milieu de trois arêtes non parallèles et non concourantes d'un cube coupe le solide suivant un hexagone régulier. — Montrer que le même plan est perpendiculaire au milieu d'une diagonale du cube.

477. — La somme des carrés des projections d'un segment de droite OM sur trois plans rectangulaires deux à deux est égale à $2\overline{OM}^2$.

478. — Si par les arêtes opposées d'un tétraèdre on mène des plans parallèles, on forme un parallélépipède circonscrit dont le volume est triple de celui du tétraèdre.

479. — Dans un tétraèdre SABC, le plan bissecteur SAD du dièdre SA partage la face opposée en deux triangles dont les aires sont proportionnelles aux aires des faces adjacentes du tétraèdre.

480. — Tout plan mené par une arête d'un tétraèdre et par le milieu de l'arête opposée partage le tétraèdre en parties équivalentes.

481. — Dans un tétraèdre, les droites qui joignent les milieux des arêtes opposées se coupent en leurs milieux.

482. — Dans un tétraèdre, les droites qui joignent les sommets aux points de concours des médianes des faces opposées concourent en un même point, et ce point est situé aux trois quarts de chaque droite à partir du sommet.

483. — Les perpendiculaires menées aux quatre faces d'un tétraèdre par les centres des cercles circonscrits à chacune de ces faces se coupent en un même point.

484. — Dans un tétraèdre, les six plans bissecteurs des dièdres se rencontrent en un même point équidistant des quatre faces.

485. — Dans un tétraèdre, les plans menés perpendiculairement aux arêtes en leurs milieux concourent en un même point.

486. — Si, dans un tétraèdre, deux couples d'arêtes opposées sont rectangulaires, il en est de même des arêtes du troisième couple. On l'appelle alors tétraèdre orthogonal. Démontrer que dans un tel tétraèdre les hauteurs et les perpendiculaires communes aux arêtes opposées se coupent en un même point.

487. — Si on coupe un tétraèdre par un plan parallèle à deux arêtes opposées, la section est un parallélogramme.

488. — Trouver dans l'intérieur d'un tétraèdre un point tel qu'en le joignant aux quatre sommets du tétraèdre on obtienne quatre tétraèdres équivalents.

489. — Les milieux des arêtes d'un tétraèdre régulier sont les sommets d'un octaèdre régulier.

490. — Les volumes de deux tétraèdres qui ont un angle trièdre égal sont entre eux comme les produits des arêtes issues des sommets de ces trièdres. — Cas de deux tétraèdres semblables.

491. — On donne trois droites parallèles XX', YY', ZZ', non dans un même plan. Sur l'une d'elles XX' on prend un segment AB de longueur constante; sur YY' on prend un point C et sur ZZ' un point D: démontrer que le volume du tétraèdre ABCD reste constant lorsqu'on déplace d'une manière quelconque le segment AB et les points C et D sur les trois parallèles données.

492. — On donne deux droites quelconques XX' et YY' dans l'espace. Sur XX' on prend un segment AB de longueur constante et sur YY' un segment CD de longueur constante également : démontrer que le volume du tétraèdre ABCD reste constant quand on déplace d'une manière quelconque AB sur XX' et CD sur YY'.

252   LES POLYÈDRES.

493. — Trouver la surface totale et le volume d'une pyramide hexagonale régulière dont la base a pour côté a et dont l'arête latérale est égale à $2a$.

494. — Trouver l'expression du volume d'un tronc de pyramide à bases parallèles en le décomposant en troncs de pyramides triangulaires.

495. — Etant donné un tronc de pyramide de volume V et de hauteur h, calculer le rapport de similitude des deux bases, l'aire de l'une des bases étant B.

496. — Un solide a la forme du toit d'une maison, c'est-à-dire qu'il est compris entre une face ABB'A' rectangulaire et quatre autres faces ABC, A'B'C', ACC'A', BCC'B' dont les plans passent respectivement par les côtés de la première. Trouver la formule qui exprime le volume dont il s'agit en fonction des longueurs m et n des côtés AA' et AB du rectangle, de la longueur l de l'arête CC' commune aux faces latérales passant par AA' et BB' et de la hauteur h du point C au-dessus du plan de la base ABB'A'.

497. — Le volume d'un tétraèdre est égal au tiers d'une arête quelconque a multipliée par l'aire S de la projection du solide sur un plan perpendiculaire à cette arête.

498. — Trouver le volume d'un tronc de parallélépipède droit limité par un quadrilatère gauche, connaissant l'aire S du parallélogramme de base ABCD et les longueurs a, b, c, d des arêtes latérales.

Représentation des polyèdres en géométrie descriptive. — Sections planes.

681. — On représente en projection horizontale et en projection verticale les différentes faces qui limitent le polyèdre ; on obtient ainsi les projections du polyèdre.

La construction des deux projections d'un polyèdre avec des éléments donnés nécessite en général l'emploi des méthodes graphiques de changements de plans, de rotations et de rabattements.

682. — **Problème.** — *Un prisme quadrangulaire droit a sa base* ABCD *située sur un plan* PαQ' (*fig.* 706). *On donne le rabattement* $A_1 B_1 C_1 D_1$ *de cette base sur le plan horizontal de projection, autour de* αP *et la hauteur* h *du prisme : 1° Construire les projections du prisme ; 2° construire la section du prisme par un plan* PαS'.

REPRÉSENTATION DES POLYÈDRES.

1° On rabat sur le plan horizontal la trace verticale $\alpha Q'$ du plan de base du prisme. Pour cela, on remarque qu'un segment de droite $\alpha v'$ pris sur la trace verticale $\alpha Q'$ ne change

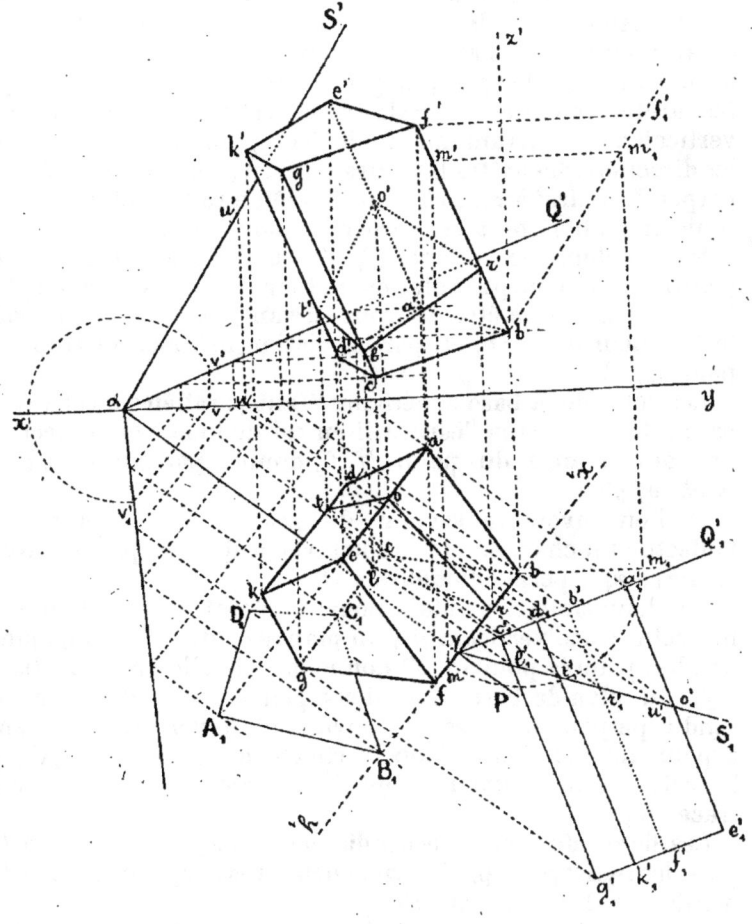

Fig. 706.

pas de longueur sur le rabattement; donc on obtiendra le rabattement d'un point (v, v') de la trace verticale par la rencontre v'_1 de la perpendiculaire abaissée de v sur αP avec l'arc de cercle décrit de α comme centre avec $\alpha v'$ comme rayon, comme l'indique l'épure.

Ensuite, on mène par les sommets A_1, B_1, C_1, D_1, les horizontales rabattues du plan $P\alpha Q'$; elles sont parallèles à αP. En relevant ces horizontales, on obtient les projections ($abcd$, $a'b'c'd'$) de la base.

Le prisme étant droit, les arêtes latérales sont perpendiculaires au plan de base $P\alpha Q'$; elles font donc un angle droit avec les traces du plan, et par suite l'angle droit formé par les arêtes latérales avec la trace verticale $\alpha Q'$ est projeté verticalement suivant un angle droit; en d'autres termes, les directions des arêtes latérales sont, en projections verticales, perpendiculaires à $\alpha Q'$, et, pour la même raison, elles sont, en projections horizontales, perpendiculaires à αP.

Pour obtenir le sommet (f, f') de la base supérieure du prisme, on amène par rotation, autour de l'axe vertical (b, $b'z'$) l'arête (bm, $b'm'$) à être de front suivant (bm_1, $b'm'_1$); on porte la longueur $b'f'_1 = h$, et, par la rotation inverse, on trouve le point (f, f').

Les côtés de la base supérieure étant parallèles à ceux de la base inférieure dans l'espace, il en est de même en projection. La connaissance du point (f, f') donne, par suite, la base, ($efgk$, $e'f'g'k'$).

2° Pour avoir la section du prisme par le plan $P\alpha S'$ j'effectue un changement de plan vertical défini par une ligne de terre $x_1 y_1$ perpendiculaire à αP.

Le changement de plan pour le point (u, u') donne la nouvelle trace verticale $\gamma u'_1$ du plan sécant. Le changement de plan pour le point (b, b') donne la nouvelle trace verticale $\gamma Q'_1$ du plan de base. Les deux plans étant, dans ce cas, rendus perpendiculaires au nouveau plan vertical, le prisme a pour nouvelle projection verticale $a'_1 b'_1 c'_1 d'_1 e'_1 f'_1 g'_1 k'_1$, et la section pour nouvelle projection verticale $o'_1 r'_1 l'_1 t'_1$ sur la trace $\gamma S'_1$.

Les lignes de rappel perpendiculaires à $x_1 y_1$ donnent $orlt$; puis, les lignes de rappel perpendiculaires à xy menées par les points o, r, l, t donnent $o'r'l't'$.

REMARQUE I. — Si on considère en projection horizontale les arêtes formant une ligne polygonale telle que tout point du solide se projette à l'intérieur de cette ligne, le contour polygonal ainsi formé est appelé **contour apparent horizontal en projection**. Les arêtes projetées suivant les côtés de ce contour forment dans l'espace une ligne polygonale gauche qui constitue, par définition, le **contour apparent horizontal dans l'espace**. L'observateur placé à une distance infiniment grande au-dessus du plan horizontal, et dans la direction d'une verticale, verrait le prisme suivant le contour précédent ; en d'autres termes, les rayons visuels correspondant aux points de ce contour forment une surface prismatique qui renferme le solide.

Cette remarque s'applique au **contour apparent vertical en projection** et au **contour apparent vertical dans l'espace**, pour un observateur placé à une distance infiniment grande en avant du plan vertical et regardant dans la direction d'une droite de bout.

Dans l'épure précédente, le contour apparent horizontal en projection est $abfgkda$; le contour apparent vertical en projection est $b'c'd'k'e'f'b'$.

REMARQUE II. — **Ponctuation**. — Ponctuer l'épure d'un polyèdre, c'est marquer, sur cette épure, les lignes vues et les lignes cachées.

Le polyèdre est supposé plein et opaque.

1° *Projection horizontale*. — Il est évident que les arêtes formant le contour apparent sont vues.

Le polyèdre étant convexe, une arête est toute entière vue ou toute entière cachée, car le plan vertical qui la projette horizontalement coupe le solide suivant un polygone *convexe* dont chaque côté *par suite* est tout entier vu ou tout entier caché. En conséquence, toutes les arêtes partant d'un sommet caché sont cachées.

Enfin, si deux points pris sur deux arêtes différentes ont même projection horizontale, l'un de ces points est caché par l'autre, et c'est celui de cote moindre qui est caché (588).

De même, si deux portions de face ont même projection horizontale, l'une de ces portions est cachée par l'autre. La face cachée est celle qui est rencontrée d'abord par une verticale *ascendante* perçant les deux faces.

2° *Projection verticale*. — Il suffit de répéter tout ce qui vient d'être dit en supposant les rayons visuels perpendiculaires au plan vertical, et les éloignements remplaçant les cotes dans le raisonnement.

— En appliquant cette remarque à l'épure précédente, on obtient sans difficulté les arêtes vues et cachées sur chaque projection. En outre, pour obtenir les côtés vus et cachés du polygone de section, il suffit de remarquer qu'un côté situé dans une face vue du polyèdre est vu, et qu'un côté situé dans une face cachée du polyèdre est caché.

OMBRES DANS LES POLYÈDRES.

683. — Si des rayons lumineux arrivent sur un corps opaque, une partie seulement de la surface de ce corps est *éclairée*, et la partie restante de cette surface qui ne reçoit pas de lumière est dans l'*ombre* : c'est ce qu'on appelle l'*ombre propre du corps*.

On donne le nom de *séparatrice* à la ligne tracée sur la surface du corps et qui sépare la partie éclairée de celle qui est dans l'ombre.

Dans le cas d'un polyèdre *convexe*, on observera que chaque face est tout entière dans l'ombre, ou tout entière éclairée, suivant qu'un rayon lumineux, pour parvenir en un point P à l'intérieur de cette face, traverse ou ne traverse pas le polyèdre. Il en résulte que la *séparatrice* est une ligne polygonale dont les côtés sont les arêtes du polyèdre communes à des faces éclairées et à des faces dans l'ombre.

Tout rayon qui tombe en un point de la séparatrice n'a pas d'autre point commun avec le polyèdre et ne fait qu'effleurer sa surface. Tous les rayons qui tombent à l'intérieur de la séparatrice sont interceptés. En conséquence, si la source lumineuse est un point S (*fig.* 707), les rayons lumineux divergents issus de S et qui passent par les sommets de la séparatrice ABCDE donnent une pyramide, et la

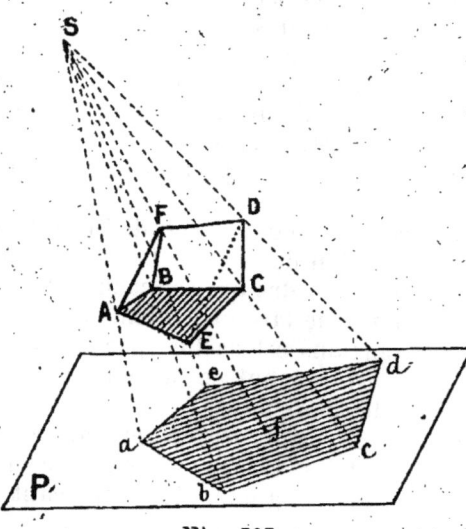

Fig. 707.

région de l'espace comprise dans l'intérieur de cette pyramide, au delà du polyèdre, est le lieu des points privés de lumière. Si un plan P rencontre cette pyramide, la partie du plan comprise dans la région précédente se trouve dans l'ombre; c'est la section (abcde) de la pyramide par le plan : on l'appelle l'*ombre portée* du polyèdre sur le plan P. La source lumineuse étant un point lumineux S, on a ce qu'on appelle l'*ombre au flambeau*.

Au cas où les rayons lumineux sont parallèles, c'est le cas de la lumière solaire, la pyramide d'ombre devient un prisme d'ombre, et la section de ce prisme par le plan est l'*ombre portée* sur ce plan; c'est ce qu'on appelle l'*ombre au soleil*.

684. — **Remarques utiles pour la recherche de l'ombre portée sur les plans de projection.** — 1° L'ombre portée par un point P sur un plan est évidemment la trace sur ce plan du rayon lumineux passant par le point P.

Dans une épure, si le rayon lumineux rencontre le plan vertical *avant* le plan horizontal, l'ombre est portée sur le plan vertical et inversement.

2° L'ombre portée par une droite sur un plan est une droite; c'est en effet l'intersection de ce plan avec le plan mené par la droite et le point lumineux, ou mené parallèlement à la direction des rayons lumineux.

Dans une épure, il peut se faire que certains rayons lumineux s'appuyant sur la droite donnée, rencontrent le plan vertical avant le plan horizontal; dans ce cas, l'ombre portée est en partie sur le plan horizontal et en partie sur le plan vertical. On dit qu'elle est en *ressaut*. Tel est le cas de l'épure (*fig.* 708) dans laquelle on cherche l'ombre portée du segment de droite (ab, $a'b'$), la direction des rayons lumineux étant (d, d'). Il suffit de chercher les traces des rayons lumineux menés par les points (a, a') et (b, b').

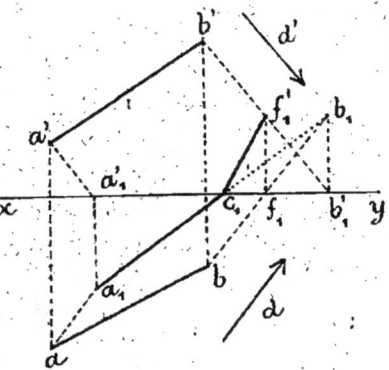

Fig. 708.

258 LES POLYÈDRES.

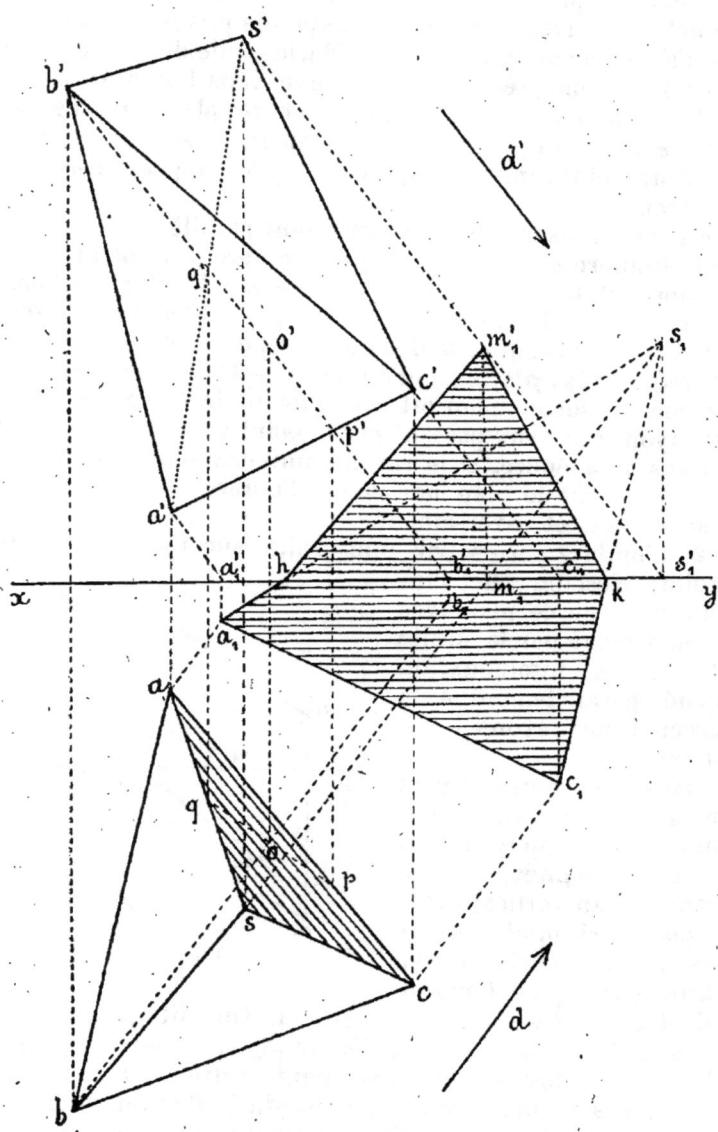

Fig. 709.

OMBRE DES POLYÈDRES. 259

L'ombre sur le plan horizontal est a_1c_1, et sur le plan vertical $c_1f'_1$. On voit que l'ombre *ressaute* sur le plan vertical au point c_1.

685. — **Épure.** — *Etant donnés un tétraèdre* $(sabc, s'a'b'c')$ *et une direction* (d, d') *de rayon lumineux* (*fig.* 709), *trouver l'ombre propre du tétraèdre et l'ombre portée sur les plans de projection supposés opaques.*

On cherche les traces horizontales des rayons lumineux passant par les quatre sommets ; on obtient les points a_1, b_1, c_1, s_1. Le point b_1 étant contenu dans l'intérieur du triangle $a_1s_1c_1$, on en conclut que ce triangle est l'ombre portée sur le plan horizontal, et de là résulte que, dans l'espace, la séparatrice est formée des arêtes AS, SC, CA.

En outre, le rayon lumineux passant par le point (s, s') rencontre le plan vertical en (m_1, m'_1) avant de rencontrer le plan horizontal ; donc il y a un ressaut d'ombre sur le plan vertical, comme l'indique l'épure.

Enfin, le rayon lumineux passant par le sommet (b, b') rencontre le plan de la face $(asc, a's'c')$ en un point (o, o') situé à l'intérieur de cette face, donc ce rayon traverse le polyèdre, et, par suite, la face $(asc, a's'c')$ est dans l'ombre : c'est l'*ombre propre* du tétraèdre.

La face ASC étant *vue* en projection horizontale, on met des hachures sur *asc* pour indiquer l'ombre. Cette face étant cachée en projection verticale, on ne met pas de hachures sur

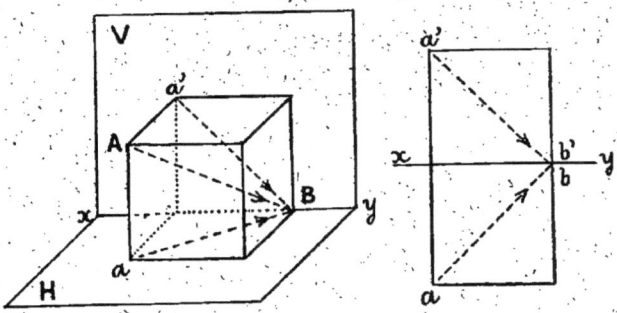

Fig. 709 *bis*.

la projection verticale $a's'c'$. De même, l'ombre portée est indiquée par des hachures.

REMARQUE. — Généralement, par convention, on prend pour

direction des rayons lumineux parallèles une direction fixe obtenue comme il suit : on imagine un cube dont une face repose sur le plan horizontal, une arête étant placée sur la ligne de terre (*fig.* 709 *bis*). La diagonale AB du cube partant du sommet supérieur A, en avant et à gauche, donne la direction des rayons lumineux. En projection verticale, les rayons lumineux viennent donc de gauche à droite en *descendant*, en faisant un angle de 45° avec la ligne de terre, et, en projection horizontale, les rayons lumineux viennent de gauche à droite en *montant*, en faisant un angle de 45° avec la ligne de terre.

EXERCICES PROPOSÉS.

499. — Trouver les points de rencontre d'une pyramide SABCD dont la base est dans le plan horizontal de projection, avec une droite (l, l').

500. — Trouver la section d'une surface prismatique indéfinie dont la base ABCD est dans le plan horizontal de projection et dont la direction des arêtes latérales est donnée, avec le plan bissecteur du premier dièdre.

501. — Trouver : 1° l'ombre propre d'un prisme triangulaire ABCDEF dont la base ABC est dans le plan horizontal de projection, le point lumineux étant donné par ses projections ; 2° l'ombre portée par le même prisme sur les plans de projection.

LIVRE VII

LES CORPS RONDS

NOTIONS SUR LES SURFACES DE RÉVOLUTION.

686. — *Définitions*. — On appelle **surface de révolution** la surface engendrée par une ligne quelconque AMB (*fig.* 710) tournant autour d'une droite fixe XY appelée *axe* de la surface, et à laquelle elle est invariablement liée.

On observera qu'il n'est pas nécessaire que la ligne AMB soit *plane*.

On appelle *plan méridien* d'une surface de révolution tout plan passant par l'axe XY de la surface.

On appelle *méridienne* de la surface la section déterminée dans la surface par un plan méridien.

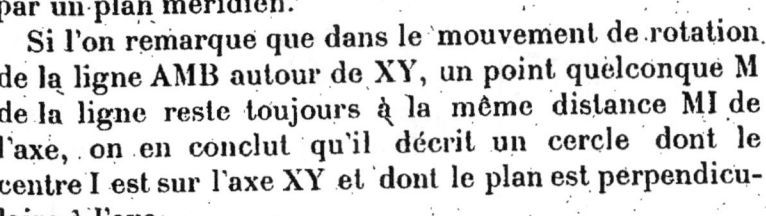

Fig. 710.

Si l'on remarque que dans le mouvement de rotation de la ligne AMB autour de XY, un point quelconque M de la ligne reste toujours à la même distance MI de l'axe, on en conclut qu'il décrit un cercle dont le centre I est sur l'axe XY et dont le plan est perpendiculaire à l'axe.

Il résulte de là que tous les points de la ligne AMB décrivent des cercles dont les plans, perpendiculaires à XY, sont parallèles entre eux ; les centres de tous ces cercles sont situés sur l'axe. Ces cercles sont appelés des *parallèles* de la surface.

— Une circonférence qui tourne autour d'un axe situé dans son plan et qui ne la traverse pas engendre une surface de révolution appelée **tore**. *Exemple :* les anneaux en bois ou en métal.

Les surfaces de révolution sont fréquemment employées dans les arts. On peut les construire à l'aide d'une machine-outil appelée *tour*. C'est un instrument qui présente deux points fixes auxquels on assujettit le corps que l'on veut tourner. Si, pendant la rotation autour de la droite qui joint les deux points fixes, on approche du corps un outil tranchant que l'on tient immobile, cet outil enlève du corps les parties saillantes et trace sur lui un cercle dont le plan est perpendiculaire à la droite des deux points fixes, et dont le centre est sur cette droite.

C'est par cette méthode qu'en faisant tourner une masse d'argile autour d'un axe fixe, un ouvrier potier fabrique un vase.

CHAPITRE I

LE CYLINDRE DROIT A BASE CIRCULAIRE.

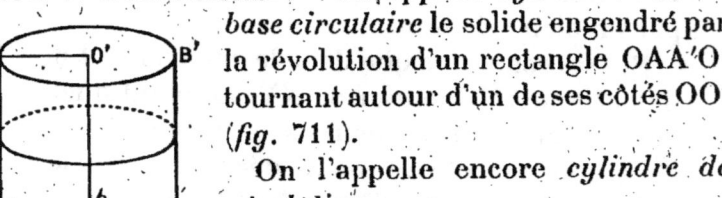

687. — **Définitions**. — On appelle *cylindre droit à base circulaire* le solide engendré par la révolution d'un rectangle OAA'O' tournant autour d'un de ses côtés OO' (*fig.* 711).

On l'appelle encore *cylindre de révolution*.

La droite AA' s'appelle la *génératrice* ou *côté* du cylindre ; elle engendre en tournant autour de OO'

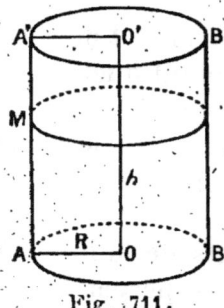

Fig. 711.

une surface que l'on appelle la *surface latérale* ou surface *convexe* du cylindre.

La droite OO' est l'*axe* du cylindre.

Les deux droites OA et O'A' engendrent deux cercles égaux dont les plans sont parallèles et qui sont appelés les *bases* du cylindre.

On appelle *hauteur* du cylindre la distance entre les deux bases : elle est égale à OO'.

— On remarquera que tous les points de la droite AA' sont à égale distance de OO' ; donc tous les points de la génératrice décrivent des cercles égaux aux cercles de bases, et les plans de ces cercles sont parallèles.

Les tuyaux en fonte employés pour la conduite des eaux ou du gaz, de même les rouleaux en bois ou en métal employés dans l'industrie offrent des exemples de cylindres.

— Deux cylindres de révolution sont semblables lorsqu'ils sont engendrés par deux rectangles semblables.

688. — **Surface cylindrique.** — D'une manière générale, on appelle *surface cylindrique* la surface engendrée par une droite AA' (*fig.* 712) qui se déplace parallèlement à une direction fixe G en s'appuyant constamment sur une courbe MCN.

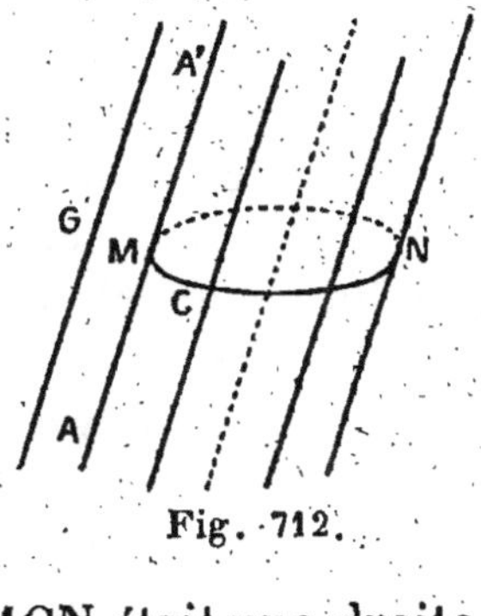

La droite mobile AA' s'appelle la *génératrice* de la surface, et la courbe MCN est appelée la *directrice*.

Fig. 712.

On remarquera que si la ligne MCN était une droite, la droite AA' engendrerait un plan.

— Il est évident que toutes les parallèles à AA' et rencontrant la directrice MCN sont des génératrices de la surface.

Théorème.

689. — *Si l'on coupe une surface cylindrique par des plans parallèles entre eux et non parallèles aux génératrices, les sections obtenues sont égales.*

En effet, soient les sections déterminées par les plans parallèles P et P' (*fig.* 713). On sait que les segments de droites parallèles compris entre deux plans parallèles sont égaux (464). Si donc on déplace le plan P parallèlement à lui-même de manière que le point A vienne en A', les différents points B, C,... décriront des segments égaux, parallèles et de même sens ; donc, quand A viendra en A', B viendra en B', C en C', etc., c'est-à-dire que les deux sections coïncideront. Donc elles sont égales.

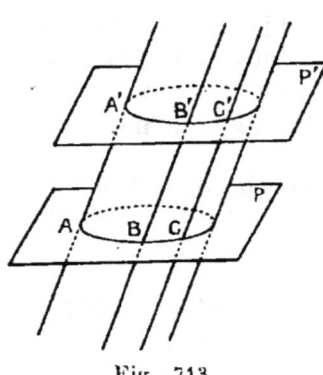

Fig. 713.

690. — En partant de la surface cylindrique, on peut définir, en général, le cylindre comme il suit :

Un cylindre est le solide compris entre une surface cylindrique et les deux sections obtenues en coupant la surface par deux plans parallèles entre eux et non parallèles aux génératrices.

Si la directrice est un cercle et la génératrice perpendiculaire au plan de ce cercle, on obtient le cylindre droit à base circulaire.

691. — **Définitions.** — Un prisme est dit *inscrit* dans un cylindre, quand ses bases sont des polygones inscrits dans les bases du cylindre. Ses arêtes sont alors des génératrices du cylindre.

Un prisme est dit *circonscrit* à un cylindre, quand ses bases sont des polygones circonscrits aux bases du cylindre. Ses arêtes sont alors parallèles aux génératrices du cylindre.

AIRE LATÉRALE D'UN CYLINDRE DROIT A BASE CIRCULAIRE.

692. — La surface latérale d'un cylindre étant une surface *courbe*, on ne peut pas la définir en la comparant à l'unité d'aire qui est une surface *plane*, cette unité étant le carré construit sur l'unité de longueur.

Il importe donc de définir ce qu'on entend par l'aire de la surface latérale d'un cylindre, que nous appellerons plus simplement l'aire latérale. C'est d'ailleurs ainsi que nous procéderons pour tous les corps ronds.

Définition. — *On appelle aire latérale d'un cylindre la limite vers laquelle tend l'aire latérale d'un prisme régulier convexe inscrit dans le cylindre, lorsqu'on double indéfiniment le nombre des côtés du polygone de base.*

Le théorème suivant montre que cette limite existe et en donne l'expression.

Théorème.

693. — *L'aire latérale d'un cylindre droit à base circulaire a pour mesure le produit des nombres qui mesurent la longueur de la circonférence de sa base et sa hauteur.*

En effet, dans la base du cylindre j'inscris un polygone régulier convexe ABCDEF et je construis le prisme inscrit ayant pour base ce polygone (*fig.* 714). L'aire latérale de ce prisme a pour mesure

$$\text{périm. ABCDEF} \times AA'.$$

Si l'on double indéfiniment le nombre des côtés du polygone ABCDEF, le périmètre de ce polygone a pour limite la longueur de la circonférence de base du cylindre ; d'autre part, la hauteur AA' est toujours égale à la hauteur du cylindre, donc l'aire latérale du prisme a pour limite

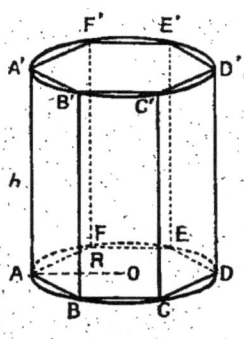

Fig. 714.

Circ. O $\times$ AA'.

C'est cette limite qu'on appelle l'aire latérale du cylindre.

Remarque. — On serait parvenu au même résultat en considérant un prisme droit régulier convexe *circonscrit* au cylindre, et en doublant indéfiniment le nombre des côtés du polygone de base.

694. — *Formule.* — Si l'on désigne par R le rayon de base, par h la hauteur et par S l'aire latérale du cylindre, on a :

$$S = 2\pi R h.$$

— En ajoutant à l'aire latérale la somme $2\pi R^2$ des aires des deux bases, on obtient l'aire totale du cylindre.

695. — *Développement de la surface latérale*

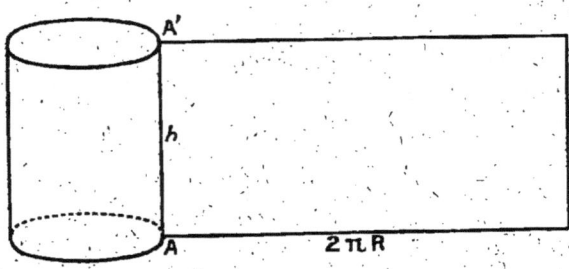

Fig. 715.

d'un cylindre droit à base circulaire. — Supposons

LE CYLINDRE DROIT A BASE CIRCULAIRE.

une feuille de papier enroulée sur la surface latérale d'un cylindre droit à base circulaire. Si l'on développe sur un plan cette feuille de papier en l'ouvrant suivant une génératrice AA', on obtient un rectangle dont les dimensions sont, d'une part, la longueur $2\pi R$ de la circonférence de base du cylindre, et, d'autre part, la hauteur h du cylindre.

VOLUME DU CYLINDRE DROIT A BASE CIRCULAIRE.

696. — Le cylindre n'étant pas limité de toutes parts par des polygones plans, n'est pas un polyèdre ; on ne peut donc pas définir son volume en le comparant à l'unité de volume qui est polyédrique, et il importe de définir ce qu'on entend par le volume d'un cylindre.

Définition. — *On appelle volume d'un cylindre droit à base circulaire la limite vers laquelle tend le volume d'un prisme régulier convexe inscrit dans le cylindre lorsqu'on double indéfiniment le nombre des côtés du polygone de base.*

Le théorème suivant montre que cette limite existe et en donne l'expression.

Théorème.

697. — *Le volume d'un cylindre droit à base circulaire a pour mesure le produit des nombres qui mesurent l'aire de sa base et sa hauteur.*

En effet, dans la base du cylindre j'inscris un polygone régulier convexe ABCDEF et je construis le prisme inscrit ayant pour base ce polygone (*fig.* 716).

Le volume de ce prisme a pour mesure

$$\text{aire ABCDEF} \times \text{AA}'.$$

Si l'on double indéfiniment le nombre des côtés du polygone de base, l'aire de ce polygone a pour limite l'aire du cercle de base du cylindre; d'autre part, la hauteur AA' est toujours égale à la hauteur du cylindre; donc le volume du prisme a pour limite

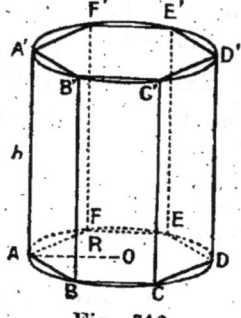
Fig. 716.

aire cercle O × AA'.

C'est cette limite qu'on appelle le volume du cylindre.

REMARQUE. — On serait parvenu au même résultat en considérant un prisme droit régulier convexe *circonscrit* au cylindre, et en doublant indéfiniment le nombre des côtés du polygone de base.

698. — Formule. — Si l'on désigne par R le rayon de base, par h la hauteur et par V le volume, on a :

$$V = \pi R^2 h.$$

699. — Conséquences. — De cette formule, on déduit immédiatement les conséquences suivantes :

1° *Les volumes de deux cylindres de même base sont entre eux comme leurs hauteurs.*

En effet, soient R le rayon de base du premier cylindre, h sa hauteur et V son volume ; soient, de même, R le rayon de base du second cylindre, h' sa hauteur et V' son volume. On a :

$$\frac{V}{V'} = \frac{\pi R^2 h}{\pi R^2 h'} = \frac{h}{h'}.$$

2° *Les volumes de deux cylindres de même hauteur sont entre eux comme les carrés des rayons de bases.*

$$\frac{V}{V'} = \frac{\pi R^2 h}{\pi R'^2 h} = \frac{R^2}{R'^2}.$$

LE CYLINDRE DROIT A BASE CIRCULAIRE.

3° *Les volumes de deux cylindres semblables sont entre eux comme les cubes des rayons, ou comme les cubes des hauteurs.*

En effet, on a :
$$\frac{V}{V'} = \frac{\pi R^2 h}{\pi R'^2 h'} = \frac{R^2}{R'^2} \times \frac{h}{h'}; \qquad (1)$$

mais, par hypothèse, puisque les cylindres sont semblables, on a :
$$\frac{R}{R'} = \frac{h}{h'};$$

donc l'égalité (1) peut s'écrire ainsi :
$$\frac{V}{V'} = \frac{R^2}{R'^2} \times \frac{R}{R'} = \frac{R^3}{R'^3} = \frac{h^3}{h'^3}.$$

Application numérique. — *Trouver les dimensions du litre employé pour la mesure des liquides, sachant que ce litre a la forme d'un cylindre dont la hauteur est le double du diamètre.*

Soit R le rayon de base ; la hauteur est alors 4 R, et l'on a :
$$V = \pi R^2 h = \pi R^2 \times 4R = 4\pi R^3.$$

En égalant ce volume à 1 décimètre cube, on a :
$$4\pi R^3 = 1,$$

égalité qui donne R en décimètres. On tire de là :
$$R^3 = \frac{1}{4\pi},$$

d'où
$$R = \frac{1}{\sqrt[3]{4\pi}} = 0^{dm},430 \text{ à 1 millim. près.}$$

La hauteur 4R est donc $1^{dm},72$.

EXERCICES PROPOSÉS.

502. — Un cylindre de révolution a pour rayon 2 décimètres et pour hauteur 75 centimètres. Calculer son volume et sa surface totale.

503. — Trouver les dimensions du décalitre employé pour les graines, cette mesure étant un cylindre dont le diamètre est égal à la profondeur.

504. — La surface totale d'un cylindre est équivalente à l'aire d'un cercle de $0^m,90$ de rayon. Calculer le rayon du cylindre, sachant que sa hauteur est le double du diamètre.

505. — Trouver les dimensions d'un cylindre, sachant que sa surface latérale est égale à $87^{dm^2},92$, et que la somme de la hauteur et du rayon est égale à 9 décimètres. On prendra $\pi = 3,14$.

506. — Avec une feuille de tôle pesant 44 grammes le décimètre carré, on a fait un tuyau cylindrique de $2^m,75$ de long et qui pèse $7^{kgr},0594$. Quel est le diamètre de ce tuyau? Quelle est la surface de la feuille de tôle ?

(B. S.)

507. — Une pièce cylindrique en chêne sec pèse $1205^{kgr},76$. Sa longueur est de 5 mètres. Sa densité par rapport à l'eau est 0,75. On demande son diamètre. On prendra 3,14 pour le nombre π.

Si l'on équarrit cette pièce pour en faire une poutre à base carrée, quel sera son poids après l'opération ?

(B. S.)

508. — Une boîte cylindrique en fer-blanc pèse 80 grammes, et le fer-blanc dont elle est formée pèse 21 grammes par décimètre carré. Le diamètre de cette boîte étant de 5 centimètres, on demande sa profondeur et sa capacité.

(B. S.)

509. — Calculer le rayon de la base du cylindre circulaire droit qui a pour hauteur H et dont le volume est équivalent à celui d'un cube qui a une diagonale de longueur l.

Applications : $l = 2,74$ et $H = 4,38$.

(B. S.)

510. — Dans un cylindre plein d'eau dont la hauteur et le diamètre de base sont égaux, on immerge un tétraèdre régulier. Ce volume d'une substance plus dense que l'eau a pour base le triangle équilatéral inscrit dans le cercle de base du cylindre. On demande le poids de l'eau qui sort du cylindre et la hauteur à laquelle s'élèvera le liquide dans ce vase, lorsqu'on aura retiré le tétraèdre. Le diamètre du cylindre est de 20 centimètres.

(B. S.)

511. — On donne à un ouvrier mécanicien une barre de fer

triangulaire ayant pour section droite un triangle équilatéral et dont le poids est égal à 9 kilogrammes, et on lui commande de la transformer en un cylindre, en abattant, avec le burin et la lime, chacun des angles et en enlevant le moins de fer possible. — Pour s'assurer que le travail a été fait convenablement, dans ces conditions, on pèse le cylindre :

Quel poids doit-on trouver ?

(Cert. E. P. S. Paris.)

CHAPITRE II

CONE ET TRONC DE CONE.

§ I. — Cône droit a base circulaire.

700. — *Définitions*. — On appelle *cône droit à base circulaire* le solide engendré par la révolution d'un triangle rectangle OAS tournant autour d'un des côtés SO de l'angle droit (*fig.* 717). On l'appelle encore *cône de révolution*.

La droite SA s'appelle la *génératrice*, *côté* ou *arête* du cône ; le point S est le *sommet* ; la droite SO est l'*axe* du cône.

La droite OA engendre un cercle de rayon OA qui est la *base* du cône.

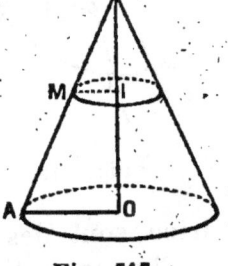

Fig. 717.

La *hauteur* du cône est la distance du sommet S au plan de base ; elle est mesurée par la droite SO.

La droite SA en tournant autour de SO engendre une surface que l'on appelle la *surface latérale* ou surface *convexe* du cône.

Un point M quelconque de la droite SA restant toujours à la même distance IM de l'axe SO, il en résulte que, lorsque la droite SA tourne autour de SO, le point M décrit un cercle de rayon IM et dont le plan, perpendiculaire à la droite SO, est parallèle au plan de base du cône. Cela démontre que, si l'on coupe un cône droit à base circulaire par un plan parallèle à la base, la section obtenue est un cercle.

— Deux cônes de révolution sont semblables lorsqu'ils sont engendrés par deux triangles rectangles semblables.

701. — **Surface conique**. — D'une manière générale, on appelle *surface conique* la surface engendrée par une droite SG (*fig.* 718) qui pivote autour d'un point fixe S en s'appuyant constamment sur une courbe MCN.

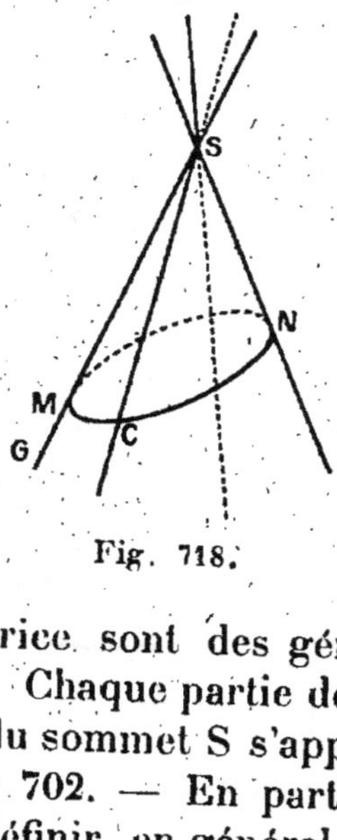

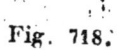

Fig. 718.

La droite mobile SG s'appelle la *génératrice* de la surface et la courbe MCN est appelée la *directrice*. Le point S est le *sommet*.

On remarquera que si la ligne MCN était une droite, la droite SG engendrerait un plan.

Il est évident que toutes les droites telles que SG rencontrant la directrice sont des génératrices de la surface.

Chaque partie de la surface située de part et d'autre du sommet S s'appelle une *nappe* de la surface.

702. — En partant de la surface conique, on peut définir, en général, le cône comme il suit :

Un cône est le solide compris entre une surface conique et la section obtenue en coupant la surface par un plan qui rencontre toutes les génératrices d'un même côté du sommet.

Si la directrice est un cercle et si le point S est situé

LE CÔNE DROIT A BASE CIRCULAIRE. 273

sur la perpendiculaire au plan du cercle menée par le centre, on obtient un cône droit à base circulaire.

703. — Une pyramide est dite inscrite dans un cône quand, ayant même sommet que le cône, elle a pour base un polygone inscrit dans la base du cône.

Une pyramide est dite circonscrite à un cône quand, ayant même sommet que le cône, elle a pour base un polygone circonscrit à la base du cône.

Aire latérale d'un cône droit a base circulaire.

704. — La surface latérale d'un cône étant une surface *courbe*, il importe, comme pour le cylindre, de définir ce qu'on entend par l'aire latérale d'un cône.

Définition. — *On appelle aire latérale d'un cône, la limite vers laquelle tend l'aire latérale d'une pyramide régulière convexe inscrite dans le cône, lorsqu'on double indéfiniment le nombre des côtés du polygone de base.*

Le théorème suivant montre que cette limite existe et en donne l'expression.

Théorème.

705. — *L'aire latérale d'un cône droit à base circulaire a pour mesure le demi-produit des nombres qui mesurent la circonférence de base et le côté du cône.*

En effet, soit le cône SAD. Dans la base du cône j'inscris un polygone régulier ABCDEF, et je construis la pyramide inscrite SABCDEF ayant pour base ce polygone. Soit SM l'apothème de cette pyramide.

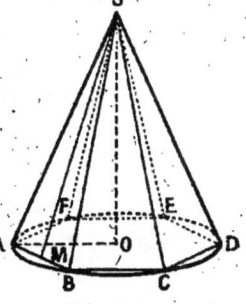

Fig. 719.

274   LES CORPS RONDS.

L'aire latérale de la pyramide SABCDEF a pour mesure.

$$\frac{1}{2} périm.\ ABCDEF \times SM.$$

Si l'on double indéfiniment le nombre des côtés du polygone ABCDEF, le périmètre de ce polygone a pour limite la longueur de la circonférence de base du cône; l'apothème SM a pour limite le côté SA du cône. Il en résulte que l'aire latérale de la pyramide a une limite qui a pour expression :

$$\frac{1}{2} circonf.\ O \times SA.$$

C'est cette limite qu'on appelle l'aire latérale du cône.

REMARQUE. — On serait parvenu au même résultat en considérant une pyramide régulière convexe *circonscrite* au cône, et en doublant indéfiniment le nombre des côtés du polygone de base.

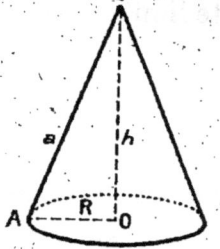

Fig. 720.

706. — ***Formule***. — Si l'on désigne par R le rayon de base, par a le côté du cône et par S l'aire latérale, on a :

$$S = \frac{1}{2} \times 2\pi R \times a = \pi R a.$$

— En ajoutant à l'aire latérale l'aire πR^2 de la base, on obtient l'aire totale du cône, soit :

$$\pi R a + \pi R^2 = \pi R(a + R).$$

707. — ***Développement de la surface latérale ou surface convexe d'un cône droit à base circulaire.*** — Supposons une feuille de papier enroulée sur la surface latérale d'un cône droit à base circulaire, et

développons sur un plan cette feuille de papier, en l'ouvrant suivant une génératrice SA.

Comme tous les points de la circonférence de base sont à une distance du sommet S égale au côté du cône, tous les points de la circonférence de base sont, dans le développement, sur une circonférence de rayon SA (*fig.* 721); de plus, l'arc de cercle AB aura pour longueur la longueur $2\pi R$ de la circonférence de base du cône.

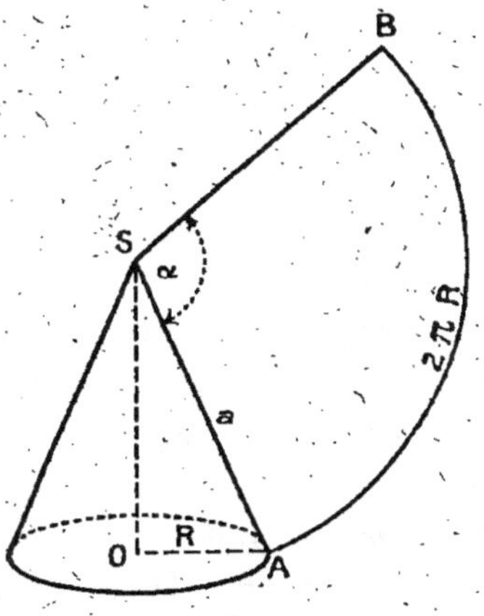

Donc, le développement de la surface latérale du cône droit à base circulaire est un secteur de cercle dont le rayon est égal au côté du cône, et dont l'arc a pour longueur la longueur de la circonférence de base du cône.

Fig. 721

708. — Calcul de l'angle α du secteur. — Soit a le côté du cône. Dans la circonférence de rayon a, l'arc AB correspondant à un angle au centre α évalué en degrés a pour longueur $\dfrac{\pi a \alpha}{180}$; d'autre part, cet arc a pour longueur la longueur $2\pi R$ de la circonférence de base du cône; on a donc l'égalité :

$$\frac{\pi a \alpha}{180} = 2\pi R,$$

d'où l'on tire :

$$\alpha = \frac{360 \times R}{a}.$$

276 LES CORPS RONDS.

Si α était évalué en grades, on aurait :

$$\alpha = \frac{400 \times R}{a}.$$

Volume du cône droit a base circulaire.

709. — Le cône n'étant pas un polyèdre, il importe donc, comme pour le cylindre, de définir ce qu'on entend par son volume.

Définition. — *On appelle volume d'un cône droit à base circulaire la limite vers laquelle tend le volume d'une pyramide régulière convexe inscrite dans le cône, lorsqu'on double indéfiniment le nombre des côtés du polygone de base.*

Le théorème suivant montre que cette limite existe et en donne l'expression.

Théorème.

710. — *Le volume d'un cône droit à base circulaire a pour mesure le tiers du produit des nombres qui mesurent l'aire de sa base et sa hauteur.*

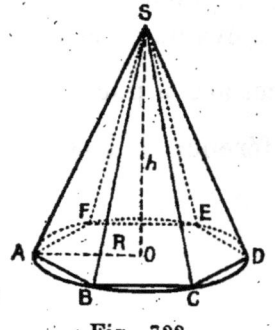

Fig. 722.

En effet, j'inscris dans le cône la pyramide régulière convexe SABCDEF ; soit SO la hauteur commune du cône et de la pyramide. Le volume de la pyramide a pour mesure

$$\frac{1}{3} \text{ aire ABCDEF} \times \text{SO}.$$

Si l'on double indéfiniment le nombre des côtés du polygone ABCDEF, l'aire de ce polygone a pour limite l'aire du cercle de base du cône ; d'autre part, la hauteur SO est toujours égale à la hauteur du cône, donc le volume de la pyramide a pour limite

$$\frac{1}{3} \text{ aire cercle } O \times SO.$$

C'est cette limite qu'on appelle le volume du cône.

Remarque. — On serait parvenu au même résultat en considérant une pyramide régulière convexe *circonscrite* au cône, et en doublant indéfiniment le nombre des côtés du polygone de base.

711. — Formule. — Si l'on désigne par R le rayon de base, par h la hauteur et par V le volume du cône, on a la formule

$$V = \frac{1}{3}\pi R^2 h.$$

712. — Conséquences. — De cette formule, on déduit immédiatement les conséquences suivantes :

1° *Les volumes de deux cônes de même base sont entre eux comme leurs hauteurs.*

2° *Les volumes de deux cônes de même hauteur sont entre eux comme les carrés des rayons de bases.*

3° *Les volumes de deux cônes semblables sont entre eux comme les cubes des rayons, ou comme les cubes des hauteurs.*

Ces propriétés s'établissent comme pour le cylindre (699).

§ II. — Tronc de cône a bases parallèles.

713. — Définition. — On appelle **tronc de cône à bases parallèles** le solide compris entre la base d'un cône et la section obtenue en coupant le cône par un plan parallèle à la base.

278   LES CORPS RONDS.

La section déterminée par le plan sécant et la base du cône sont les *bases* du tronc de cône.

La hauteur du tronc de cône est la distance des plans des deux bases.

La portion d'arête du cône comprise entre les deux plans de bases du tronc de cône est le *côté* du tronc de cône.

AIRE LATÉRALE D'UN TRONC DE CÔNE DROIT A BASE CIRCULAIRE.

Théorème.

714. — *L'aire latérale d'un tronc de cône droit à base circulaire a pour mesure le demi-produit des nombres qui mesurent la somme des circonférences des bases et le côté du tronc de cône.*

En effet, soit le tronc de cône obtenu en coupant le cône droit SAD à base circulaire par un plan parallèle à la base.

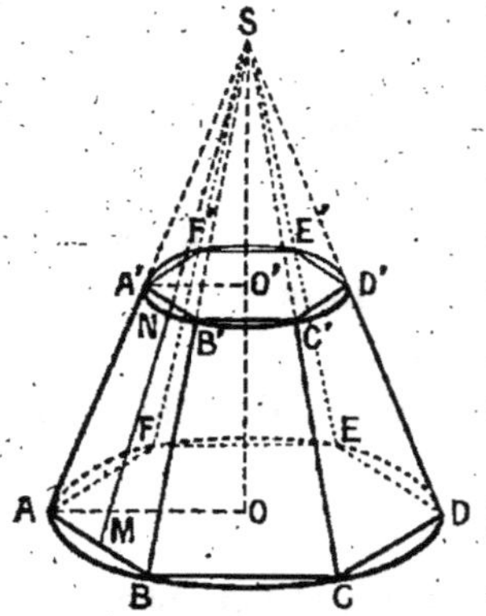

Dans le cône SAD, j'inscris la pyramide régulière convexe SABCDEF et je considère le tronc de pyramide régulier ABCDEFA'B'C'D'E'F' inscrit de cette façon dans le tronc de cône.

Lorsqu'on double indéfiniment le nombre des côtés du polygone ABCDEF, l'aire latérale de la pyramide inscrite SABCDEF a pour limite l'aire latérale du cône SAD; mais en même temps, l'aire latérale de la pyramide inscrite SA'B'C'D'E'F' a pour limite l'aire latérale du cône SA'D'. Il résulte de là que l'aire laté-

Fig. 723.

rale du tronc de cône, qui est la différence entre les aires latérales des deux cônes, sera la limite vers laquelle tend la différence des aires latérales des deux pyramides, c'est-à-dire la limite vers laquelle tend l'aire latérale du tronc de pyramide régulier ABCDEFA'B'C'D'E'F'.

Soit MN l'apothème du tronc de pyramide. L'aire latérale du tronc de pyramide a pour expression :

$$\frac{1}{2}(\text{périm. ABCDEF} + \text{périm. A'B'C'D'E'F'}) \times \text{MN}.$$

Si l'on double indéfiniment le nombre des côtés du polygone ABCDEF, le périmètre de ce polygone a pour limite la longueur de la circonférence O ; de même, le périmètre du polygone A'B'C'D'E'F' a pour limite la longueur de la circonférence O', et l'apothème MN a pour limite la longueur du côté du tronc de cône. On a donc :

$$\text{Aire lat. tronc de cône} = \frac{1}{2}(\text{circ. O} + \text{circ. O'}) \times \text{AA'}.$$

715. — **Formule.** — Si l'on désigne par R et r les rayons des deux bases, par a le côté du tronc de cône et par S l'aire latérale, on a :

$$S = \frac{1}{2}(2\pi R + 2\pi r)a,$$

ou encore :
$$S = \pi(R + r)a.$$

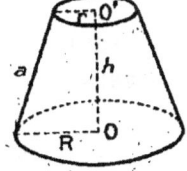

Fig. 724.

— En ajoutant à l'aire latérale la somme $\pi R^2 + \pi r^2$ des aires des deux bases, on obtient l'aire totale du tronc de cône.

Volume du tronc de cône droit a base circulaire.

Théorème.

716. — *Le volume d'un tronc de cône droit à base circulaire est équivalent à la somme des volumes de trois cônes ayant pour hauteur commune la hauteur du tronc et pour bases respectives les deux bases du tronc et la moyenne proportionnelle entre ces deux bases.*

En effet, soit le tronc de cône obtenu en coupant le cône droit SAD à base circulaire par un plan parallèle à la base.

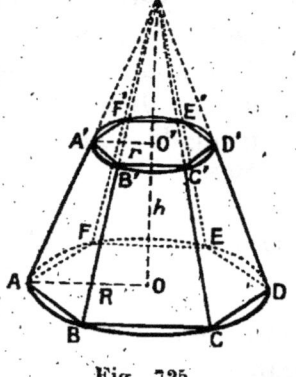

Fig. 725.

Dans le cône SAD, j'inscris la pyramide régulière convexe SABCDEF et je considère le tronc de pyramide ABCDEFA'B'C'D'E'F'.

Lorsqu'on double indéfiniment le nombre des côtés du polygone ABCDEF, le volume de la pyramide inscrite SABCDEF a pour limite le volume du cône SAD; mais en même temps, le volume de la pyramide inscrite SA'B'C'D'E'F' a pour limite le volume du cône SA'D'. Il résulte de là que le volume du tronc de cône, qui est la différence entre les volumes des deux cônes, est la limite vers laquelle tend la différence des volumes des deux pyramides, c'est-à-dire la limite vers laquelle tend le volume du tronc de pyramide ABCDEFA'B'C'D'E'F'.

Or, le volume de ce tronc de pyramide est équivalent à la somme des volumes de trois pyramides qui ont pour hauteur commune la hauteur du tronc et pour bases respectives les deux bases du tronc et la moyenne proportionnelle entre les deux bases. Lorsqu'on double indéfiniment le nombre des côtés du polygone ABCDEF, l'aire de ce polygone a pour limite l'aire du cercle O, et, de même, l'aire du polygone A'B'C'D'E'F' a pour limite l'aire du cercle O'; de sorte que les volumes des trois pyramides ont pour limites les volumes de trois cônes qui ont pour hauteur commune la hauteur du tronc de cône, et pour bases respectives les deux bases du tronc et la moyenne proportionnelle entre les deux bases. On a ainsi le volume du tronc de cône.

717. — **Formule**. — Si l'on désigne par R et r les rayons des bases et par h la hauteur du tronc, les aires des bases des trois cônes sont

πR^2, πr^2 et $\sqrt{\pi^2 R^2 r^2}$ ou πRr,

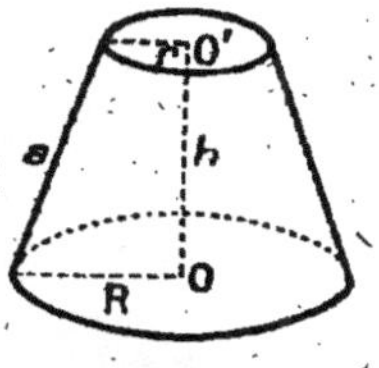

Si V est le volume du tronc de cône, on a la formule

Fig. 726.

$$V = \frac{1}{3}\pi R^2 h + \frac{1}{3}\pi r^2 h + \frac{1}{3}\pi Rrh,$$

ou encore :

$$V = \frac{\pi h}{3}(R^2 + r^2 + Rr).$$

REMARQUE. — En raisonnant comme pour le tronc de pyramide de seconde espèce (637), on calculera le volume du tronc de cône de seconde espèce qui sera la somme de deux cônes. On trouvera :

$$V = \frac{\pi h}{3}(R^2 + r^2 - Rr).$$

Application numérique. — *Une cuve dont la forme est celle d'un tronc de cône a été remplie à l'aide d'un seau cylindrique de*

24 centimètres de diamètre et de 30 centimètres de hauteur. Sachant qu'elle contient 118 seaux $\frac{3}{4}$, 1° calculer son volume en litres; 2° trouver le diamètre d'ouverture de la cuve, sachant qu'elle a 90 centimètres de profondeur, et que le rayon du fond est égal à 60 centimètres.

1° Le volume du seau évalué en décimètres cubes, et, par suite, en litres, est donné par la formule

$$V = \pi R^2 h,$$

dans laquelle on fait

$$R = 1{,}2 \quad \text{et} \quad h = 3;$$

on trouve ainsi

$$\pi \times 1{,}2^2 \times 3.$$

En multipliant ce volume par 118,75, on obtient le volume de la cuve en litres. On a ainsi :

$$Vol.\text{ de la cuve} = \pi \times 1{,}2^2 \times 3 \times 118{,}75 = 1611 \text{ lit. } 64.$$

2° Soit x le rayon d'ouverture de la cuve, évalué en décimètres. D'après l'énoncé, la profondeur de la cuve est 9 décimètres et le rayon du fond vaut 6 décimètres. Le volume d'un tronc de cône a pour expression :

$$\frac{\pi h}{3}(R^2 + r^2 + Rr);$$

en faisant

$$h = 9, \quad r = 6 \quad \text{et} \quad R = x,$$

on a une deuxième expression du volume de la cuve en litres :

$$\frac{\pi \times 9}{3}(x^2 + 36 + 6x) \quad \text{ou} \quad 3\pi(x^2 + 6x + 36).$$

En égalant cette expression au volume trouvé précédemment, on a l'équation :

$$3\pi(x^2 + 6x + 36) = \pi \times 1{,}2^2 \times 3 \times 118{,}75,$$

ou, en simplifiant :
$$x^2 + 6x + 36 = 171,$$
ou encore :
$$x^2 + 6x - 135 = 0.$$

Les coefficients extrêmes étant de signes contraires, cette équation a deux racines dont l'une est positive et l'autre négative. Comme le rayon de la cuve ne peut être que positif, on a, en prenant la racine positive :
$$x = -3 + \sqrt{9 + 135},$$
ou :
$$x = -3 + 12 = 9 \text{ décimètres.}$$

Le diamètre d'ouverture de la cuve est donc 18 décimètres, ou $1^m,80$.

718. — **Cubage des bois.** — **Bois en grume et bois équarris.** — On appelle *bois en grume* les bois tels qu'ils sont abattus, recouverts encore de l'écorce, mais débarrassés des branches.

La forme d'un arbre en grume n'étant pas régulière, on ne peut obtenir son volume qu'approximativement. On peut le considérer comme un cylindre ou un tronc de cône. On peut encore, en mesurant la longueur de sa circonférence en plusieurs endroits, le considérer comme un cylindre dont la circonférence de base serait égale à la moyenne arithmétique entre les différentes circonférences mesurées. Le calcul ne présente donc aucune difficulté.

Soit C la longueur de la circonférence égale à la moyenne arithmétique des différentes circonférences mesurées ; son rayon est $\dfrac{C}{2\pi}$. En désignant par l la longueur de l'arbre, son volume sera donné par la formule
$$V = \pi R^2 l,$$

dans laquelle on fera $R = \dfrac{C}{2\pi}$. On aura ainsi :

$$V = \dfrac{C\pi^2 l}{4\pi^2} = \dfrac{C^2 l}{4\pi}.$$

Si les deux bases sont peu différentes, on peut considérer l'arbre comme un cylindre dont la circonférence de base serait la moyenne arithmétique entre les circonférences des deux bases.

— Pour *équarrir* un arbre, on inscrit un carré dans l'une des bases de l'arbre, puis on scie l'arbre dans le sens de sa longueur suivant les côtés du carré. On obtient alors un parallélépipède rectangle dont le volume s'obtient un multipliant l'aire du carré par la longueur de l'arbre.

Si l'arbre en grume avait la forme d'un tronc de cône, on obtiendrait après l'équarrissage un tronc de pyramide.

719. — ***Jaugeage des tonneaux.*** — La capacité intérieure d'un tonneau (*fig.* 727) est le volume limité par une surface de révolution dont la méridienne est la *douve* CAC'; les bases sont les deux cercles de rayons égaux OC et O'C'; ce sont les deux *fonds* du tonneau.

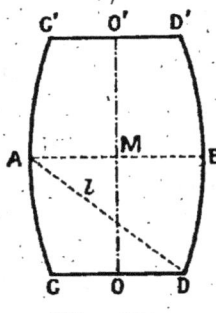

Fig. 727.

On appelle *diamètre du bouge* le diamètre AB du tonneau mesuré au centre de la *bonde* A; on appelle diamètre du *jable* le diamètre CD des fonds.

En négligeant la courbure de la douve, on peut, dans une première approximation, considérer le volume du tonneau comme égal à la somme des volumes de deux troncs de cône.

JAUGEAGE DES TONNEAUX.

Soit R le rayon MA du bouge, r le rayon OC du fond et h la hauteur MO; on aurait pour le volume d'un des deux troncs de cône :

$$\frac{\pi h}{3}(R^2 + r^2 + Rr);$$

mais ce volume étant plus petit que la moitié du volume du tonneau, on l'augmente en remplaçant le produit Rr par le carré R^2; de sorte que l'on prend pour la moitié de la capacité du tonneau l'expression

$$\frac{\pi h}{3}(R^2 + r^2 + R^2) \quad \text{ou} \quad \frac{\pi h}{3}(2R^2 + r^2),$$

et le volume V complet du tonneau est alors

$$V = \frac{2\pi h}{3}(2R^2 + r^2). \tag{1}$$

Si l'on désigne par H la longueur totale du tonneau, par D le diamètre du bouge, par d le diamètre du fond, on a :

$$h = \frac{H}{2}, \quad R = \frac{D}{2} \quad \text{et} \quad r = \frac{d}{2};$$

en substituant dans l'expression (1), on obtient :

$$V = \frac{2\pi H}{3 \times 2}\left(\frac{D^2}{2} + \frac{d^2}{4}\right)$$

ou encore

$$V = \frac{1}{12}\pi H(2D^2 + d^2),$$

c'est la *formule d'Oughtred* ([1]).

([1]) Oughtred, mathématicien anglais (1574-1660).

— On emploie encore la formule suivante, dite *formule de Dez* :

$$V = \pi H \left[R - \frac{3}{8}(R - r) \right]^2$$

ou encore

$$V = \frac{\pi H}{4} \left[D - \frac{3}{8}(D - d) \right]^2.$$

Exemple. — *Trouver le volume d'un tonneau dont la longueur est* $0^m,90$, *le diamètre du bouge étant égal à* $0^m,60$ *et celui du fond* $0^m,50$.

En évaluant les dimensions en décimètres, le volume sera évalué en décimètres cubes, et, par suite, en litres. On fera donc :

$$H = 9, \quad D = 6 \quad \text{et} \quad d = 5.$$

Par la formule d'Oughtred on obtient :

$$V = \frac{3,1416 \times 9(72 + 25)}{12} = 228^{lit},55.$$

A l'aide de la formule de Dez, on trouve :

$$V = \frac{3,1416 \times 9(6 - 0,375)^2}{4} = 223^{lit},65.$$

— On peut encore noter les formules suivantes :

$$V = \frac{\pi H}{12} \left[2D^2 + d^2 - \frac{1}{3}(D^2 - d^2) \right]$$

et

$$V = 0,605\, l^3.$$

Dans cette dernière formule, l représente la distance AD du trou de bonde (*fig.* 727) au point le plus bas de l'un des fonds. On prend la moyenne arithmétique des volumes obtenus en opérant avec les deux fonds successivement.

En partant de cette dernière formule, on peut construire des tiges graduées appelées *jauges* qui donnent immédiatement, suivant les valeurs de l, le volume correspondant.

EXERCICES PROPOSÉS.

512. — La surface totale d'un cône est de $0^m{}_2,753984$. Son arête a $0^m,5$ de longueur : calculer le volume de ce cône. On prendra : $\pi = 3,1416$.

(B. S.)

513. — Un cône droit a pour rayon de sa base 12 centimètres et pour hauteur 42 centimètres. On développe sa surface latérale. Quel est en degrés, minutes, secondes, l'angle des deux rayons qui limitent le secteur ? Prendre $\pi = 3,14$.

(B. S.)

514. — Un vase de forme conique a été construit avec un secteur circulaire de fer-blanc ayant 80° et 30 centimètres de rayon. Quelle est la capacité du vase ?

515. — Le rayon de base d'un cône est $2^m,50$ et son volume vaut 30 mètres cubes. Calculer : 1° sa surface latérale ; 2° l'angle au centre du secteur obtenu en développant la surface latérale de ce cône sur un plan.

(B. S.)

516. — Dans un cône, la hauteur est 24 mètres ; la somme de l'arête et du rayon est 36 mètres. Trouver le volume.

(B. S.)

517. — Le côté SA d'un cône circulaire droit SAMBC est égal à 3 mètres et la surface de sa base est de 9 mètres carrés. On demande de calculer à 1 décimètre carré près la surface du cercle *ambc* déterminé par la rencontre du cône et d'un plan parallèle à la base, et situé à une distance $Sh = 1$ mètre du sommet.

(*Arts et Métiers.*)

518. — Calculer la surface convexe et le volume d'un cône circulaire droit SACB dont le côté SA est connu et égal au diamètre AB de la base.

Applications numériques. — Quelles doivent être à 1 centimètre près les valeurs du côté d'un cône de ce genre :
1° Pour que sa surface convexe soit d'un mètre carré ;
2° pour que son volume soit d'un mètre cube.

(*Arts et Métiers.*)

519. — Un cône droit à base circulaire a une hauteur de $3^m,45$ et le rayon de sa base égale $0^m,90$.

Calculer à un centième près le volume du tronc de cône que l'on obtient en coupant le cône donné par un plan parallèle à la base à une distance de $0^m,50$ de cette base.

(Arts et Métiers.)

520. — Un bidon d'huile à brûler a la forme d'un cylindre surmonté d'un tronc de cône. Le diamètre du cylindre est de $0^m,19$ et sa hauteur de $0^m,22$; le diamètre de la base supérieure du tronc de cône est de $0^m,05$ et sa hauteur de $0^m,12$. On demande : 1° quelle est la surface du bidon; 2° quelle est sa contenance; 3° quel poids d'huile il doit renfermer quand il est plein, la densité de l'huile étant de 0,920.

(B. S.)

521. — Les volumes d'un tronc de cône et d'un cylindre qui ont pour base commune un cercle de $1^m,12$ de rayon et une hauteur de $2^m,40$ sont entre eux comme les fractions $\frac{4}{9}$ et $\frac{3}{7}$. Quel sera le rayon de la deuxième base du tronc de cône?

(B. S.)

522. — La hauteur d'un cône est 10 mètres, le rayon de sa base 5 mètres. On demande à quelle distance de la base il faut mener un plan parallèle pour que le volume du tronc soit de 20 mètres cubes.

(B. S.)

523. — Une portion de cheminée d'usine a la forme d'un tronc de cône dont la hauteur est h, et dont les bases ont pour rayons respectifs :

1° Grande base : rayon intérieur R ; rayon extérieur $R+A$.
2° Petite base : rayon intérieur r ; rayon extérieur $r+b$.

On demande d'évaluer le volume de la maçonnerie, en appliquant au cas où :

$h = 28$ mètres, $R = 1^m,80$, $r = 0^m,95$, $A = b = 0^m,64$.

(B. S.).

CHAPITRE III

LA SPHÈRE.

720. — Définitions. — On appelle **sphère** un solide limité par une surface dont tous les points sont à égale distance d'un point O intérieur appelé *centre*.

La surface qui limite la sphère est appelée **surface sphérique**.

On appelle **rayon** toute droite allant du centre O à un point de la surface sphérique.

De la définition précédente, il résulte que tous les rayons sont égaux.

On appelle **diamètre** toute droite passant par le centre et limitée aux points où elle rencontre la surface sphérique.

Un diamètre vaut deux rayons.

Un point est dit *intérieur* à la surface sphérique si sa distance au centre est plus petite que le rayon ; un point est dit *extérieur* à la surface sphérique si sa distance au centre est plus grande que le rayon.

Théorème.

721. — La surface d'une sphère peut être engendrée par la rotation d'une demi-circonférence autour de son diamètre.

En effet, soit AMB une demi-circonférence tournant autour du diamètre AB. Dans ce déplacement, un point M *quelconque* de la demi-circonférence reste à une distance *invariable* MO du point O milieu de AB. Donc la demi-circon-

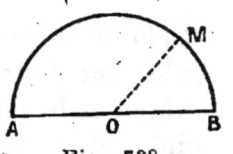

Fig. 728.

férence AMB engendre la surface d'une sphère de centre O et de rayon OM.

Remarque. — Le demi-cercle engendre le volume de la sphère de centre O et de rayon OM.

§ I. — Intersection d'une sphère avec un plan. — Intersection d'une sphère avec une droite. — Pôles d'un cercle tracé sur la sphère.

Théorème.

722. — *Tout plan qui coupe une sphère détermine comme intersection un cercle.*

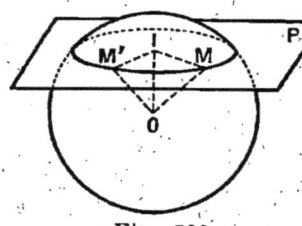

Fig. 729.

Soit, en effet, la sphère O et un plan P dont la distance OI au centre est *inférieure* au rayon de la sphère; le point I est alors à l'intérieur de la sphère. En conséquence, toute demi-droite telle que IM menée par le point I, dans le plan P, rencontre la surface de la sphère en un point M; autrement dit, le plan P coupe la sphère.

Si l'on mène ainsi deux demi-droites quelconques IM et IM' dans le plan, et que l'on imagine tracés les deux rayons OM et OM', on forme deux triangles rectangles égaux OIM et OIM', puisqu'ils ont le côté OI commun et les hypoténuses égales, OM = OM' comme rayons de la sphère. On en conclut que

$$IM = IM'.$$

Cela démontre que tous les points de la section sont également distants du point I; donc la section de la sphère par le plan P est un cercle ayant pour centre le point I et pour rayon IM.

LA SPHÈRE.

723. — REMARQUE. — Soient R le rayon de la sphère, d la distance OI du centre au plan sécant, r le rayon IM de la section. Le triangle rectangle OIM donne :

$$\overline{IM}^2 = \overline{OM}^2 - \overline{OI}^2,$$

ou

$$r^2 = R^2 - d^2;$$

de là, on tire :

$$r = \sqrt{R^2 - d^2}.$$

Si $d = 0$, le plan sécant passe par le centre de la sphère, alors $r = R$; le rayon de la section est le plus grand possible. On dit que la section est un *grand cercle*.

Si d n'est pas nul, alors r est inférieur à R, et l'on dit que la section est un *petit cercle*.

On remarquera que le rayon de ce cercle diminue à mesure que le plan sécant s'éloigne du centre.

Théorème.

724. — *Une droite rencontre une sphère en deux points au plus.*

En effet, soit D une droite quelconque. Par la droite D et le centre O de la sphère je fais passer un plan P. Ce plan coupe la sphère suivant un grand cercle C, de sorte que les points communs à la droite D et à la sphère sont les mêmes que les points communs à la droite D et au grand cercle C.

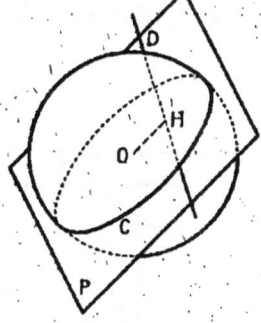

Fig. 730.

Si donc (142) la distance OH du centre à la droite D est plus petite que le rayon R du cercle C, c'est-à-dire le rayon de la sphère, la droite D coupe la sphère en deux points et deux seulement.

725. — Conséquences. — 1° *Par trois points* A, B, C *pris sur la surface d'une sphère, on peut faire passer un cercle et un seul.*

En effet, d'après le théorème précédent, ces trois points ne sont pas en ligne droite; par suite, ils déterminent un plan, et ce plan (722) coupe la sphère suivant un cercle qui passe par les trois points A, B, C. Il est d'ailleurs évident que ce cercle est unique, puisque le plan déterminé par les trois points A, B, C est unique.

2° *Par deux points* A *et* B *pris sur la surface d'une sphère on peut faire passer un grand cercle, et, en général, on n'en peut faire passer qu'un seul.*

En effet, les points A et B et le centre O de la sphère déterminent, en général, un plan, et ce plan passant par le centre de la sphère la coupe suivant un grand cercle passant par les points A et B.

Si les points A et B sont situés aux extrémités d'un même diamètre, alors les points A et B et le centre de la sphère sont en ligne droite, et tout plan mené par la droite AB passe par le centre O de la sphère, et, par suite, coupe la sphère suivant un grand cercle.

Théorème.

726. — *Deux grands cercles tracés sur une même sphère se coupent en deux points diamétralement opposés.*

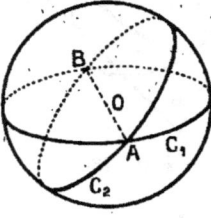

Fig. 731.

En effet, soient les deux grands cercles C_1 et C_2 tracés sur la sphère O. Les plans de ces deux grands cercles passant par le centre O ont en commun une droite passant par O,

LA SPHÈRE.

c'est-à-dire un diamètre, et ce diamètre rencontre la surface de la sphère en deux points A et B communs aux deux cercles.

727. — REMARQUE. — On observera que le plan d'un grand cercle partage une sphère en deux parties égales, car une rotation de 180° autour d'un diamètre du grand cercle fait coïncider une des deux parties de la sphère avec l'autre. Chaque demi-sphère s'appelle un *hémisphère*.

728. — **Définition.** — On appelle **pôles** d'un cercle tracé sur une sphère les extrémités du diamètre de la sphère perpendiculaire au plan du cercle.

Il résulte de là que tous les cercles de la sphère qui ont mêmes pôles sont situés dans des plans parallèles, et réciproquement.

EXEMPLE. — Le cercle I (*fig.* 732) a pour pôles les points P et P'.

Théorème.

729. — *Chaque pôle d'un cercle est équidistant de tous les points du cercle.*

Soit, en effet, un cercle I de la sphère O. D'après un théorème précédent (722), le centre I de ce cercle est sur le diamètre POP' de la sphère perpendiculaire au plan du cercle. Soient M et N deux points quelconques du cercle. Puisque IM = IN, il en résulte que les obliques PM et PN s'écartent également du pied I de la perpendiculaire PI; donc elles sont égales, et l'on a :

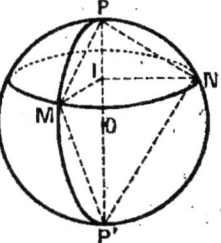

Fig. 732.

$$PM = PN.$$

On a de même

$$P'M = P'N.$$

730. — Conséquences. — 1° Les arcs de grand cercle PM et PN sont égaux, car ils sont sous-tendus par des cordes égales dans des cercles de même rayon. Donc les arcs de grand cercle qui joignent chaque pôle aux divers points du cercle sont égaux.

2° Le théorème précédent permet de tracer des circonférences sur une sphère, comme on les trace sur un plan. On emploie, à cet effet, un compas spécial dit *compas sphérique* ou *compas d'épaisseur* (*fig.* 733). C'est un compas dont les branches sont recourbées, afin de ne pas être gêné par la courbure de la sphère.

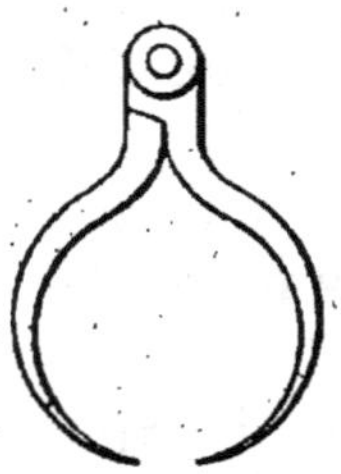

Fig. 733.

Pour décrire un cercle sur une sphère, on place l'une des pointes du compas au point choisi comme pôle (*fig.* 734), et l'autre pointe trace alors le cercle.

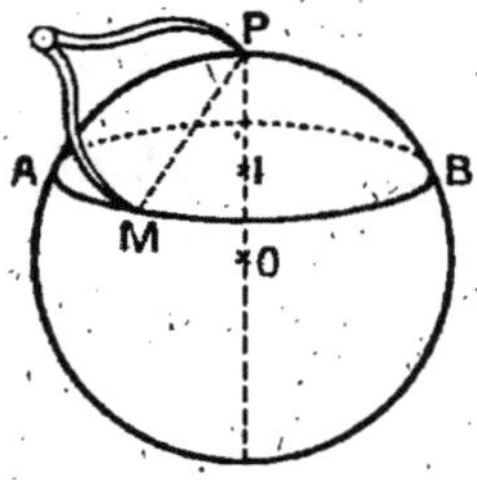

Si la distance rectiligne PM des deux pointes du compas est égale à $R\sqrt{2}$, R désignant le rayon de la sphère, le cercle décrit est un grand cercle de la sphère.

Si, au contraire, on a $PM \gtrless R\sqrt{2}$, le cercle décrit est un petit cercle.

Fig. 734.

731. — Application. — *Trouver le rayon d'une sphère solide à l'aide d'une construction plane.*

1° *Procédé du petit cercle.* — Soit la sphère O dont il s'agit de trouver le rayon (*fig.* 735).

D'un point quelconque P de la sphère pris pour pôle, avec une ouverture arbitraire de compas, je trace un cercle I sur la sphère. Sur ce cercle, je marque trois points A, B, C, et j'*imagine* tracé à l'intérieur de la sphère le diamètre POP′ et le triangle PAP′ rectangle au sommet A, puisqu'il est inscrit dans le demi-grand cercle déterminé par le plan PAP'. Il est évident que si l'on peut construire un triangle égal au triangle PAP', on aura, par cela même, le diamètre PP' de la sphère.

Ceci posé, je mesure, avec le compas sphérique, les distances *rectilignes* AB, BC, CA,

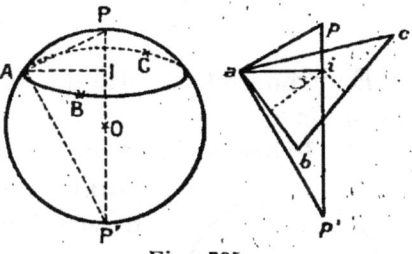

Fig. 735.

et je construis, sur une feuille de papier, un triangle *abc* (*fig.* 735) ayant pour côtés les trois longueurs mesurées. Ce triangle *abc* est égal au triangle ABC qui serait tracé dans la sphère. Je détermine le centre *i* du cercle circonscrit au triangle *abc*, en élevant des perpendiculaires au milieu de deux côtés; la droite *ia* est le rayon de ce cercle. Il est évident que l'on a :

$$ia = \mathrm{IA},$$

car les cercles *i* et I circonscrits à des triangles égaux sont égaux.

Sur la feuille de papier, j'élève en *i* la perpendiculaire à *ai*, et de *a* comme centre, avec une ouverture de compas égale à AP, je décris un arc de cercle qui rencontre cette perpendiculaire en *p*; le triangle rectangle *aip* ainsi construit est égal au triangle AIP, car $ai = \mathrm{AI}$ et $ap = \mathrm{AP}$; donc $\widehat{p} = \widehat{\mathrm{P}}$.

Je trace enfin la perpendiculaire ap' à ap et j'obtiens un triangle rectangle pap' égal au triangle PAP'. En effet, on a :

$$ap = \mathrm{AP}, \qquad \widehat{a} = \widehat{\mathrm{A}} = 1^{\mathrm{dr}} \quad \text{et} \quad \widehat{p} = \widehat{\mathrm{P}};$$

les deux triangles PAP' et pap' ont donc un côté égal

296   LES CORPS RONDS.

adjacent à deux angles égaux chacun à chacun, par suite ils sont égaux et l'on en conclut

$$pp' = PP'.$$

En prenant la moitié de pp', on obtient le rayon R de la sphère.

2° *Procédé du grand cercle.* — Je marque deux points A et B sur la sphère, puis, des points A et B comme pôles, avec une même ouverture de compas, je décris deux arcs de cercle qui se coupent en C sur la sphère. Je dis que le point C appartient à un grand cercle de la sphère.

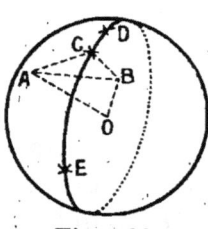

Fig. 736.

En effet, par construction, le point C est également distant des points A et B, et il en est de même du centre O, puisque OA et OB sont deux rayons. Donc les deux points C et O appartiennent au plan perpendiculaire à la droite AB en son milieu. Ce plan, passant par le centre O, coupe la sphère suivant un grand cercle, et le point C est sur ce grand cercle.

Je construis de même sur la sphère deux autres points D et E qui, d'après le raisonnement précédent, seront sur le même grand cercle avec le point C. Or, il est facile d'obtenir le rayon de ce grand cercle : je mesure les distances rectilignes CE, ED et DC, puis, sur une feuille de papier, je construis, avec ces trois longueurs, un triangle *cde* égal au triangle CDE.

Le cercle circonscrit au triangle *cde* sera égal à un grand cercle de la sphère, et son rayon sera le rayon même de la sphère.

REMARQUE. — Dans les laboratoires on utilise un instrument appelé *sphéromètre*, qui donne le rayon d'une

LA SPHÈRE.   297

sphère solide par la mesure de la distance PI du pôle P au plan d'un petit cercle (*fig.* 735).

§ II. — Plan tangent a la sphère. — Tangente a la sphère.

732. — ***Définition***. — Un plan tangent à une sphère est un plan qui n'a qu'un seul point commun avec cette sphère.

Ce point commun est le point de *contact* du plan tangent et de la sphère.

Le théorème suivant démontre l'existence du plan tangent en un point d'une sphère.

Théorème.

733. — *Tout plan mené par l'extrémité d'un rayon et perpendiculaire à ce rayon est tangent à la sphère.*

Soit le plan M perpendiculaire à l'extrémité du rayon OA. Je vais démontrer que ce plan n'a que le point A commun avec la sphère.

En effet, soit B un autre point *quelconque* du plan M; je mène la droite OB. Puisque OA est perpendiculaire au plan M, la droite OB est oblique à ce plan, et, par suite, on a :

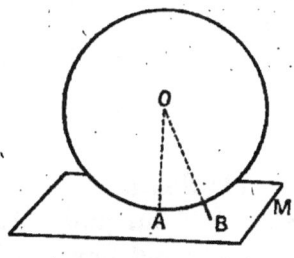

Fig. 737.

$$OB > OA.$$

La droite OB étant plus longue qu'un rayon, cela démontre que le point B est extérieur à la sphère.

Ainsi, tout point du plan M autre que le point A est extérieur à la sphère; il en résulte que le plan M n'a que le point A commun avec la sphère, donc il est tangent.

Théorème réciproque.

734. — *Tout plan tangent à la sphère est perpendiculaire à l'extrémité du rayon qui passe par le point de contact.*

Soit le plan M qui, par hypothèse, est tangent à la sphère au point A. Je vais démontrer qu'il est perpendiculaire au rayon OA.

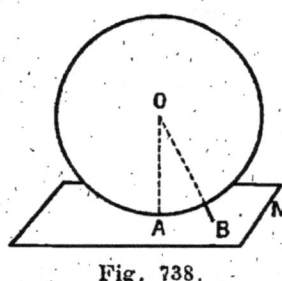

Fig. 738.

En effet, soit B un autre point quelconque du plan M; on peut remarquer que ce point est extérieur à la sphère, car, s'il était intérieur, le plan M couperait la sphère et il aurait avec elle plus d'un point commun A; de même, le point B ne peut être sur la sphère d'après l'hypothèse même. Le point B étant à l'extérieur de la sphère, la droite OB est plus longue qu'un rayon, et l'on a :

$$OB > OA.$$

Cela démontre que, de toutes les droites menées du centre O au plan M, la plus courte est la droite OA ; donc OA est perpendiculaire au plan M, et réciproquement le plan M est perpendiculaire au rayon OA.

735. — **Définition.** — Une droite est tangente à une sphère lorsqu'elle n'a qu'un seul point commun avec cette sphère.

Ce point commun est le point de *contact* de la tangente avec la sphère.

Théorème.

736. — *Toute droite menée par l'extrémité d'un rayon et perpendiculaire à ce rayon est tangente à la sphère.*

Soit la droite AT perpendiculaire à l'extrémité du rayon OA. Cette droite AT et le rayon OA déterminent un plan qui coupe la sphère suivant un grand cercle C.

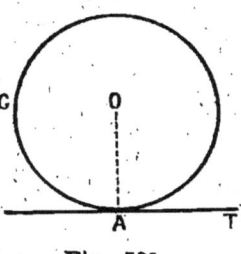

Fig. 739.

On sait que la droite AT est tangente à ce cercle au point A; donc elle n'a que ce point commun avec le cercle et, par suite, avec la sphère, et la droite AT est bien tangente à la sphère.

Théorème réciproque.

737. — *Toute tangente à la sphère est perpendiculaire à l'extrémité du rayon qui passe par son point de contact.*

En effet, soit la droite AT tangente à la sphère (*fig.* 739); alors elle n'a qu'un point A commun avec la sphère. Le plan déterminé par AT et AO coupe la sphère suivant le grand cercle C, et la droite AT n'ayant qu'un seul point A commun avec ce cercle C est tangente à ce cercle au point A; par cela même, elle est perpendiculaire au rayon OA au point A.

Théorème.

738. — *Toute tangente à une courbe tracée sur une sphère est tangente à cette sphère.*

En effet, soit AT une tangente au point A à une courbe C tracée sur la sphère O.

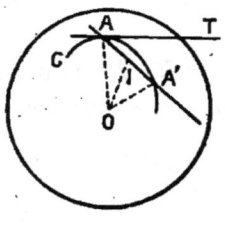

Fig. 740.

La droite AT est, par définition, la position limite d'une sécante AA' à la courbe C, lorsque le point A' se rapproche indéfiniment du point A. Le triangle OAA' étant isocèle, si l'on trace la médiane OI, elle est perpendiculaire à AA', et l'on a :

$$\widehat{OAA'} = 1^{dr} - \widehat{AOI},$$

ou

$$\widehat{OAA'} = 1^{dr} - \frac{\widehat{AOA'}}{2}.$$

Or, lorsque le point A' se rapproche indéfiniment du point A, l'angle $\widehat{AOA'}$ tend vers zéro et l'angle $\widehat{OAA'}$ qui tend vers $\widehat{OAT}$ a pour limite 1^{dr}; on en conclut que la la droite AT, perpendiculaire au rayon OA, est tangente à la sphère.

739. — REMARQUE. — Le plan tangent à une sphère en un point A de cette sphère étant perpendiculaire au rayon OA contient, par suite, toutes les tangentes à la sphère au point A, puisque ces tangentes sont perpendiculaires au rayon OA.

D'après le théorème précédent, il contient aussi toutes les tangentes en A à toutes les courbes de la sphère qui passent par ce point A.

Théorème.

740. — *Le lieu géométrique des tangentes à une sphère par un point extérieur est un cône de révolution.*

Soit S un point extérieur à la sphère. Par ce point et le centre O je fais passer un plan P; il coupe la sphère

LA SPHÈRE.

suivant un grand cercle BACA'. Les tangentes menées par S à la sphère, dans le plan P, sont évidemment les tangentes SA et SA' au cercle BACA'.

Cela étant, si l'on fait tourner la figure plane SACA' autour de SO, le cercle BACA' engendre la sphère, et la droite SA engendre un cône qui est le lieu des tangentes à la sphère issues de S.

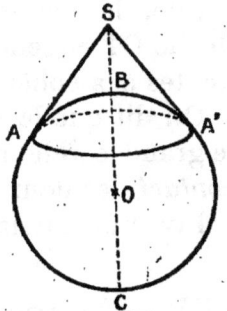

Fig. 741.

La base du cône est le cercle engendré par le point A.

On dit que le cône SAA' est *circonscrit* à la sphère, et le cercle décrit par le point A est appelé le *cercle de contact* des deux surfaces.

Inversement, la sphère est dite *inscrite* dans le cône.

Théorème.

741. — *Le lieu géométrique des tangentes menées à une sphère parallèlement à une direction donnée est un cylindre de révolution.*

En effet, soit AOB le diamètre de la sphère parallèle à la direction donnée. Par ce diamètre, je fais passer un plan quelconque P; il coupe la sphère suivant un grand cercle CAC'B.

Les tangentes à la sphère, dans le plan P, menées parallèlement à la direction donnée sont évidemment les tangentes CT et C'T' au cercle CAC'B parallèles à cette direction.

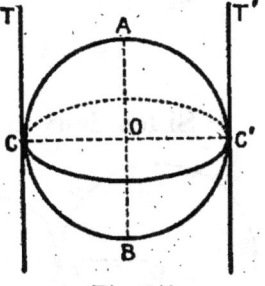

Fig. 742.

Cela étant, si l'on fait tourner autour de AOB

la figure plane formée par les deux tangentes et le grand cercle, le cercle CAC'B engendre la sphère, et la droite CT engendre un cylindre qui est le lieu des tangentes à la sphère parallèles à AOB.

On dit que le cylindre est circonscrit à la sphère, et le grand cercle décrit par le point C est le *cercle de contact* des deux surfaces.

Inversement, la sphère est dite *inscrite* dans le cylindre.

§ III. — Positions relatives de deux sphères. — Relations entre les rayons et la distance des centres.

742. — Soient deux sphères de centres O et O'. Si, par la droite OO', on fait passer un plan quelconque, ce plan coupe chaque sphère suivant un grand cercle, et ces deux cercles C et C' peuvent occuper l'un par rapport à l'autre cinq positions distinctes. D'où il résulte que :

1° Si les deux cercles C et C' sont extérieurs (*fig.* 743), tous les points de l'une des sphères sont *extérieurs* à l'autre, et les deux sphères O et O' engendrées par la rotation des cercles C et C' autour de OO' sont dites *extérieures*.

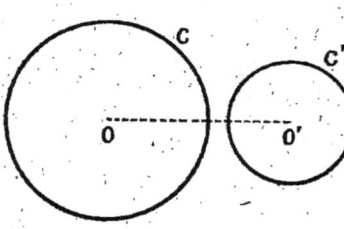

Fig. 743.

2° Si les deux cercles C et C' sont tangents extérieurement (*fig.* 744), soit A le point de contact des deux cercles. Le point A est le seul point commun aux deux sphères ; de plus, au point A, le plan perpendiculaire à OA est aussi perpendiculaire à

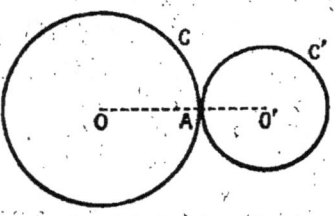

Fig. 744.

O'A, donc les deux sphères O et O' ont même plan tangent en A ; on dit alors qu'elles sont *tangentes extérieurement*.

3° Si les deux cercles C et C' se coupent (*fig*. 745,) soient A et A' leurs points d'intersection. Dans la rotation de ces cercles autour de OO', les points A et A' engendrent une même circonférence dont le plan est perpendiculaire à OO', et dont le centre est au milieu I de AA'. Cette circonférence

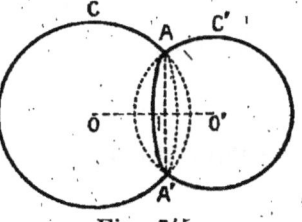

Fig. 745.

est la ligne commune aux deux sphères O et O', et on dit que les deux sphères sont *sécantes*.

4° Si les cercles C et C' sont tangents intérieurement (*fig*. 746), soit A le point de contact. Tous les points de la sphère O', sauf le point A, sont intérieurs à la sphère O ; en outre, au point A, les deux sphères ont même plan tangent. On dit qu'elles sont *tangentes intérieurement*.

5° Si le cercle C' est intérieur au cercle C (*fig*. 747), tous les points de la sphère O' sont, par suite, à l'intérieur de la sphère O, et l'une des sphères est *intérieure* à l'autre.

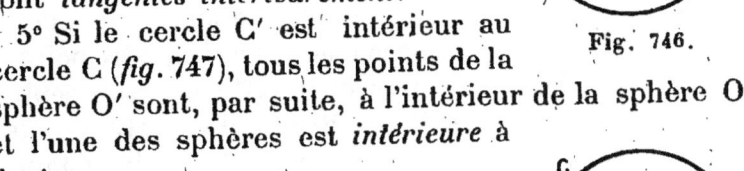

Fig. 746.

743. — REMARQUE. — D'après tous ces raisonnements, il résulte que si l'on désigne OO' par D, et les rayons des sphères par R et R', en supposant R > R', on a les résultats suivants :

Si les sphères sont extérieures, on a :

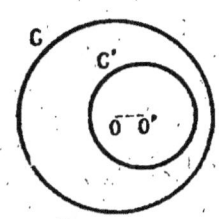

Fig. 747.

$$D > R + R'.$$

304   LES CORPS RONDS.

Si les sphères sont tangentes extérieurement, on a :
$$D = R + R'.$$

Si les sphères sont sécantes, on a :
$$R - R' < D < R + R'.$$

Si les sphères sont tangentes intérieurement, on a :
$$D = R - R'.$$

Si l'une des sphères est intérieure à l'autre, on a :
$$D < R - R'.$$

— On verrait, comme en géométrie plane (174), que les réciproques sont vraies.

§ IV. — Sphère circonscrite et sphère inscrite a un tétraèdre.

744. — **Problème.** — *Faire passer une sphère par quatre points donnés non situés dans un même plan, ou encore, construire la sphère circonscrite à un tétraèdre.*

Soient A, B, C, D les quatre points donnés non situés dans un même plan. Pour qu'une sphère passe par ces quatre points, il faut et il suffit que son centre soit équidistant des quatre points, son rayon étant égal à la distance de son centre à l'un des points.

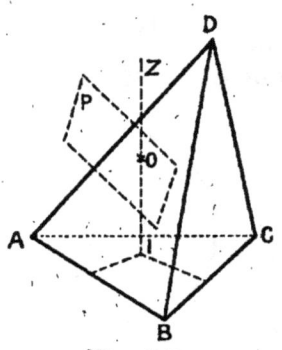

Fig. 748.

Le problème revient donc à trouver un point équidistant des quatre points A, B, C, D.

On peut remarquer que trois quelconques des points tels que A, B, C, ne peuvent pas être en ligne droite, car cette droite et le point D détermineraient un plan dans lequel seraient situés les quatre points donnés, ce qui est contraire à l'hypothèse. Il en résulte que les trois points A, B, C forment un triangle.

Ceci posé, soit I le centre du cercle circonscrit au triangle ABC. Par le point I, je mène IZ perpendiculaire au plan ABC; cette droite IZ est le lieu des points équidistants des trois points A, B, C; d'autre part, le lieu des points équidistants des deux points A et D est le plan P perpendiculaire à la droite AD en son milieu : je dis que le plan P coupe la droite IZ. En effet, si le plan P ne coupait pas IZ, alors il serait parallèle à cette droite, et par suite, la droite AD, perpendiculaire au plan P, serait perpendiculaire à IZ; elle serait donc dans le plan ABC, et les quatre points A, B, C, D seraient dans un même plan, ce qui est contraire à l'hypothèse.

Le plan P coupe donc IZ en un point O. Or, ce point appartenant à la droite IZ est également distant des trois points A, B, C; d'autre part, appartenant au plan P, il est également distant des deux points A et D, donc le point O est également distant des quatre points A, B, C, D, et, par suite, la sphère ayant pour centre le point O et pour rayon OA passe par les quatre points A, B, C, D.

Je dis maintenant que cette sphère est unique. En effet, le centre d'une sphère passant par les points A, B, C, doit être sur la droite IZ qui est le lieu des points également distants des trois points A, B, C; de même, le centre d'une sphère passant par les points A et D doit être sur le plan P qui est le lieu des points également distants des points A et D ; donc le centre d'une sphère passant par les quatre points A, B, C, D doit être à l'intersection de la droite IZ et du plan P. Or, la droite IZ et le plan P n'ont qu'un seul point O commun, donc s'il existe plusieurs sphères passant par les quatre points, elles ont toutes le même centre. De plus, passant par le point A, elles ont le même rayon OA, donc il n'en existe qu'une seule.

Remarque. — Si les quatre points étaient dans un même plan, une sphère qui passerait par les quatre points donnés couperait le plan de ces points suivant un cercle sur lequel devraient se trouver les quatre points.

Donc, en général, quand A, B, C, D sont dans un même plan, le problème est impossible.

Si les quatre points donnés sont sur un même cercle, il y a une infinité de sphères passant par ces quatre points, et le lieu des centres de ces sphères est la perpendiculaire au plan ABCD menée par le centre du cercle sur lequel sont ces points A, B, C, D.

745. — **Problème.** — *Construire la sphère inscrite dans un tétraèdre.*

Pour qu'une sphère soit tangente aux faces d'un tétraèdre, il faut et il suffit que son centre soit équidistant des quatre faces, et son rayon est alors égal à la distance de son centre à l'une quelconque des faces.

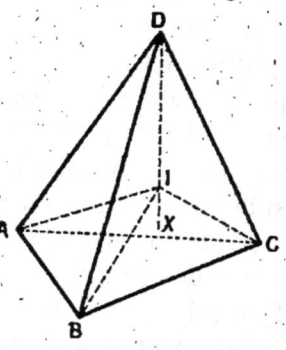

Fig. 749.

Le problème revient donc à trouver un point équidistant des quatre faces du tétraèdre.

Or, le lieu des points de l'espace équidistants des deux faces d'un dièdre est le plan bissecteur de ce dièdre; donc le point cherché I est d'abord dans le plan bissecteur d'un dièdre tel que le dièdre AB. D'autre part, les trois plans bissecteurs des dièdres DA, DB, DC se coupent suivant une droite DX intérieure au trièdre D, c'est-à-dire intérieure au tétraèdre, et cette droite est le lieu des points équidistants des trois faces ADB, BDC,

CDA; donc le point I cherché est à la rencontre de DX avec le plan bissecteur du dièdre AB, car le point I ainsi déterminé est équidistant à la fois des quatre faces du tétraèdre. Donc le point I sera le centre d'une sphère inscrite dans le tétraèdre.

En raisonnant comme on l'a fait pour la sphère circonscrite, on voit que cette sphère inscrite est unique, car la droite DX et le bissecteur du dièdre AB n'ont qu'un seul point commun I.

REMARQUE. — Le point I étant équidistant des quatre faces est, en particulier, dans les bissecteurs des dièdres AB, BC et CA ; il est donc le point de rencontre de ces trois plans bissecteurs.

Cette remarque établit que ces trois plans bissecteurs forment un trièdre de sommet I.

§ V. — AIRE DE LA SPHÈRE.

La surface d'une sphère, comme les surfaces latérales d'un cylindre et d'un cône, ne peut être comparée directement à l'unité d'aire qui est une surface plane.

Les théorèmes suivants permettent de définir l'aire de la sphère et conduisent à sa mesure.

Théorème.

746. — *L'aire de la surface engendrée par la rotation d'un segment de droite tournant autour d'un axe qui ne le traverse pas et situé dans le même plan, est égale à la longueur de la circonférence ayant pour rayon la perpendiculaire élevée au milieu du segment jusqu'à sa rencontre avec l'axe, multipliée par la projection orthogonale du segment sur l'axe.*

Le segment de droite AB peut occuper trois positions par rapport à l'axe XY.

1° *Le segment AB est parallèle à l'axe (fig. 750).* —

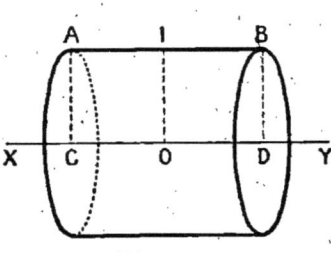

Fig. 750.

Dans ce cas, la surface engendrée par AB est la surface latérale d'un cylindre de rayon de base AC et de hauteur CD, CD étant la projection orthogonale de AB sur l'axe.

Si, pour abréger, on désigne par *Surf.* (AB) la surface engendrée par AB, on a donc

$$\text{Surf.}(AB) = 2\pi AC \times CD. \qquad (1)$$

Du point I, milieu de AB, j'élève IO perpendiculaire à AB, on a : IO = AC, et, en remplaçant AC par IO dans l'expression (1), on obtient :

$$\text{Surf.}(AB) = 2\pi IO \times CD.$$

2° *Le segment AB est oblique à l'axe et le point A est situé sur l'axe (fig. 751).*

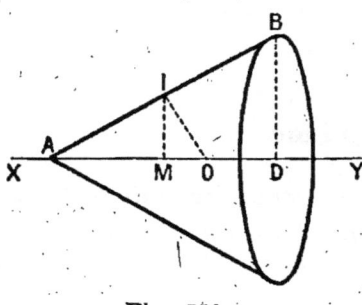

Fig. 751.

— La surface décrite par AB est la surface latérale d'un cône dont le rayon de base est la perpendiculaire BD abaissée du point B sur l'axe et dont l'arête latérale est AB. On a donc :

$$\text{Surf.}(AB) = \pi BD \times AB$$

ou encore,

$$\text{Surf.}(AB) = 2\pi IM \times AB, \qquad (1)$$

IM étant la parallèle à BD menée par le milieu I de AB.

Du milieu I de AB, je mène IO perpendiculaire à AB. Les deux triangles rectangles ABD et IMO sont semblables comme ayant leurs côtés respectivement perpendiculaires ; la proportionnalité des côtés homologues donne :

$$\frac{IM}{AD} = \frac{IO}{AB},$$

d'où
$$IM \times AB = IO \times AD.$$

En remplaçant dans l'égalité (1) le produit IM × AB par le produit égal IO × AD, on obtient :

$$\text{Surf. (AB)} = 2\pi IO \times AD.$$

3° *Le segment* AB *est oblique à l'axe et le point* A *est en dehors de l'axe* (fig. 752).

— La surface décrite par AB est la surface latérale d'un tronc de cône dont les rayons de bases sont les perpendiculaires AC et BD abaissées des points A et B sur l'axe XY. On a donc :

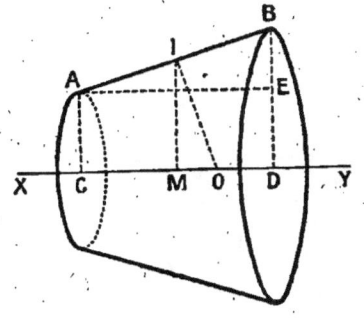

Fig. 752.

Surf.(AB) = π(BD + AC)AB ;

or, si, par le point I milieu de AB, on mène IM parallèle à BD, on a dans le trapèze ABDC :

$$BD + AC = 2IM,$$

donc on peut écrire :

$$\text{Surf. (AB)} = 2\pi IM \times AB. \qquad (1)$$

Par le point I j'élève IO perpendiculaire à AB, et je mène AE parallèle à CD. Les deux triangles rectangles IMO et ABE sont semblables comme ayant leurs côtés respectivement perpendiculaires; la proportionnalité des côtés homologues donne :

$$\frac{IM}{AE} = \frac{IO}{AB}$$

d'où :

$$IM \times AB = IO \times AE,$$

ou encore, en remarquant que $AE = CD$:

$$IM \times AB = IO \times CD.$$

En remplaçant dans l'égalité (1) le produit $IM \times AB$ par le produit égal $IO \times CD$, on obtient :

$$\text{Surf.}(AB) = 2\pi IO \times CD.$$

REMARQUE. — On observera que si AB est perpendiculaire à l'axe, l'énoncé précédent est en défaut. Le segment AB engendre alors une couronne circulaire qui est la différence des deux cercles de rayons OB et OA. On a donc :

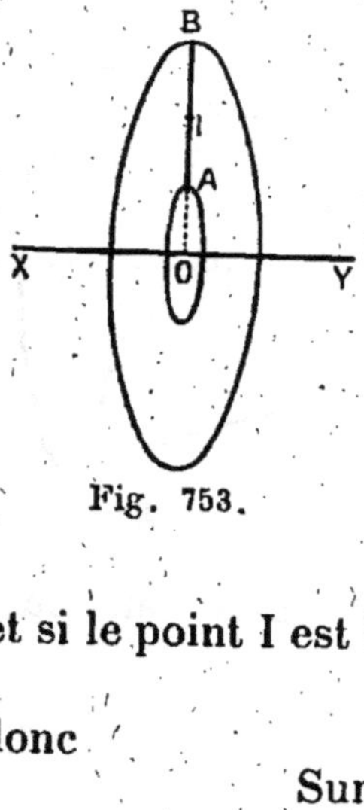

$$\text{Surf.}(AB) = \pi(\overline{OB}^2 - \overline{OA}^2),$$

ou

$$\text{Surf.}(AB) = \pi(OB + OA)(OB - OA).$$

Fig. 753.

Or, la figure donne :

$$OB - OA = AB,$$

et si le point I est le milieu de AB, on a :

$$OB + OA = 2OI,$$

donc

$$\text{Surf.}(AB) = 2\pi OI \times AB.$$

Théorème.

747. — *L'aire de la surface engendrée par une ligne brisée régulière convexe, tournant autour d'un diamètre* qui ne la traverse pas, est égale au produit de la longueur de la circonférence inscrite dans la ligne brisée par la projection orthogonale de cette ligne sur l'axe.

Soit la ligne brisée régulière convexe ABCDE qui tourne autour de son diamètre XOY.

J'élève les perpendiculaires au milieu des côtés ; comme la ligne brisée est régulière, ces perpendiculaires passent par le centre O situé sur XY, et, de plus,

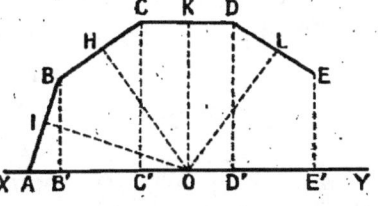

Fig. 754.

elles sont égales. Soient A, B', C', D', E' les projections orthogonales des sommets sur l'axe. D'après le théorème précédent, on a :

$$\text{Surf. (AB)} = 2\pi OI \times AB',$$
$$\text{Surf. (BC)} = 2\pi OH \times B'C',$$
$$\text{Surf. (CD)} = 2\pi OK \times C'D',$$
$$\text{Surf. (DE)} = 2\pi OL \times D'E',$$

Ajoutant membre à membre, en remarquant que $OI = OH = OK = OL$, on a :

$$\text{Surf. (ABCDE)} = 2\pi OI(AB' + B'C' + C'D' + D'E'),$$

ou
$$\text{Surf. (ABCDE)} = 2\pi OI \times AE'.$$

Or $2\pi OI$ est la longueur de la circonférence inscrite dans la ligne brisée, et AE' est la projection orthogonale de la ligne brisée sur l'axe, donc le théorème est démontré.

REMARQUE. — On observera que la ligne brisée ne peut pas avoir un côté perpendiculaire à l'axe, car, dans ce cas, l'axe passant par le centre serait perpendiculaire au milieu du côté, et l'axe *traverserait* la ligne brisée.

748. — Définitions. — 1° On appelle **zone** la *partie de la surface d'une sphère comprise entre deux plans parallèles qui coupent la sphère* (fig. 755).

Les deux cercles déterminés par les plans sécants sont les *bases* de la zone.

On appelle *hauteur* de la zone la distance entre les deux bases.

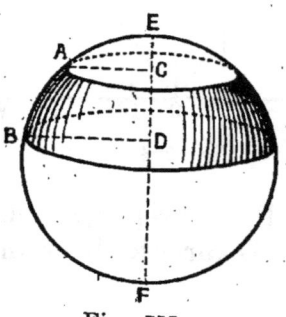

Fig. 755.

Si l'un des plans sécants devient tangent, la zone n'a plus qu'une seule base; on l'appelle alors *calotte sphérique*.

— Si l'on fait tourner une demi-circonférence EABF (*fig.* 755) autour d'un diamètre EF, elle engendre la surface d'une sphère. Or, une partie AB de cette demi-circonférence engendre une zone, dont les bases sont les circonférences ayant pour rayons les perpendiculaires AC et BD abaissées des points A et B sur le diamètre EF. La hauteur de la zone est la projection CD de la corde AB sur le diamètre EF.

Un arc tel que AE engendre une calotte sphérique.

2° *On appelle aire de la zone engendrée par un arc AB tournant autour d'un diamètre EF, la limite vers laquelle tend l'aire de la surface engendrée par une ligne brisée régulière convexe inscrite dans l'arc AB en tournant autour de EF, lorsqu'on double indéfiniment le nombre des côtés de cette ligne brisée régulière.*

Le théorème suivant montre que cette limite existe et en donne l'expression.

Théorème.

749. — *L'aire d'une zone a pour mesure le produit des nombres qui mesurent la longueur de la circonférence*

d'un grand cercle de la sphère dont elle fait partie et la hauteur de la zone.

Soit la zone engendrée par l'arc AB tournant autour du diamètre EF.

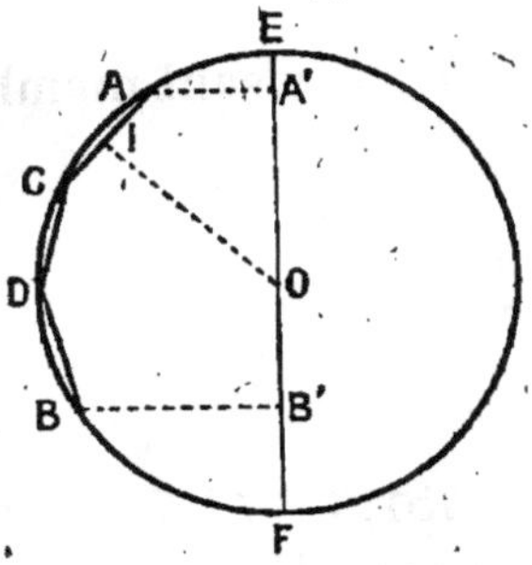

J'inscris dans l'arc AB une ligne brisée régulière convexe ACDB. La surface engendrée par cette ligne brisée a pour mesure (747) :

Surf. $(ACDB) = 2\pi OI \times A'B'$,

OI étant l'apothème de la ligne brisée et A'B' la projection de la ligne brisée sur l'axe.

Fig. 756.

Or, si l'on double indéfiniment le nombre des côtés de la ligne brisée, l'apothème OI a pour limite le rayon R de la circonférence O ; et, comme A'B' reste fixe, l'expression de la surface engendrée par la ligne brisée a pour valeur limite,

$$2\pi R \times A'B'.$$

C'est cette limite qu'on appelle l'aire de la zone. On a donc :

$$aire \, \text{zone} \, (AB) = 2\pi R \times A'B'.$$

Or, A'B' est la hauteur de la zone, et $2\pi R$ est la longueur de la circonférence d'un grand cercle ; si l'on pose $A'B' = h$, on a la formule :

$$aire \, \textbf{zone} \, (AB) = 2\pi R h.$$

750. — *Corollaire*. — *Les aires de deux zones appartenant à une même sphère sont entre elles comme leurs hauteurs.*

En effet, soit R le rayon de la sphère, S et S' les aires

de deux zones dont les hauteurs respectives sont h et h'; on a :
$$S = 2\pi R h,$$
$$S' = 2\pi R h'.$$

En divisant membre à membre, on obtient :
$$\frac{S}{S'} = \frac{h}{h'}.$$

Théorème.

751. — *L'aire d'une sphère a pour mesure le produit des nombres qui mesurent la longueur de la circonférence d'un grand cercle et son diamètre.*

En effet, la surface d'une sphère est la surface d'une zone dont la hauteur est égale au diamètre. On a donc :
$$\text{aire sphère} = 2\pi R \times 2R.$$

REMARQUE. — L'égalité précédente donne :
$$\text{aire sphère} = 4\pi R^2.$$

Donc : *L'aire d'une sphère est égale à quatre fois celle d'un grand cercle.*

— Si l'on désigne le diamètre par D, on a :
$$D = 2R, \quad \text{d'où} \quad D^2 = 4R^2.$$

On a donc encore :
$$\text{aire sphère} = \pi D^2.$$

752. — **Corollaire.** — *Les aires de deux sphères sont entre elles comme les carrés de leurs rayons.*

En effet, soient S et S' les aires de deux sphères dont les rayons respectifs sont R et R'. On a :
$$S = 4\pi R^2,$$
$$S' = 4\pi R'^2.$$

LA SPHÈRE.   315

En divisant membre à membre, on obtient :

$$\frac{S}{S'} = \frac{R^2}{R'^2}$$

§ VI. — VOLUME DE LA SPHÈRE.

Le volume de la sphère, comme les volumes du cylindre et du cône, ne peut être comparé directement à l'unité de volume.

Les théorèmes suivants permettent de définir le volume de la sphère et conduisent à sa mesure.

Théorème.

753. — *Le volume engendré par un triangle tournant autour d'un axe situé dans son plan, passant par un sommet au moins, et ne le traversant pas, a pour mesure le produit des deux nombres qui mesurent la surface engendrée par le côté opposé au sommet fixe situé sur l'axe et le tiers de la hauteur correspondant à ce côté.*

Ainsi, soit un triangle ABC (*fig.* 757) tournant autour d'un axe XY situé dans le plan du triangle, passant par le sommet A et ne traversant pas le triangle, je vais démontrer que l'on a :

$$\text{Vol. (ABC)} = \text{Surf. (BC)} \times \frac{AD}{3}.$$

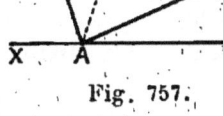

Fig. 757.

Pour établir ce théorème, il y a trois cas à considérer.

1° *Un côté* AB *du triangle est situé sur l'axe* (*fig.* 758).

Soit le triangle ABC dont les angles $\widehat{A}$ et $\widehat{B}$ sont aigus. Je mène la hauteur CE ; l'aire du triangle ABC est alors la *somme* des aires des triangles rectangles AEC et BEC. Donc le volume engendré par le triangle ABC est la *somme* des volumes des deux cônes engendrés par les triangles AEC et BEC, et l'on a :

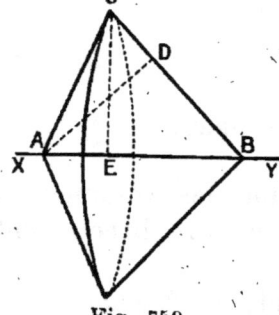

Fig. 758.

$$\text{Vol.(ABC)} = \text{Vol.(AEC)} + \text{Vol.(BEC)}.$$

Or,
$$\text{Vol.(AEC)} = \frac{1}{3}\pi \overline{EC}^2 \times AE,$$

$$\text{Vol.(BEC)} = \frac{1}{3}\pi \overline{EC}^2 \times BE;$$

donc, en additionnant, on obtient :

$$\text{Vol.(ABC)} = \frac{1}{3}\pi \overline{EC}^2 (AE + BE) = \frac{1}{3}\pi \overline{EC}^2 \times AB,$$

expression que l'on peut écrire ainsi :

$$\text{Vol.(ABC)} = \frac{1}{3}\pi EC \times EC \times AB. \qquad (1)$$

Or, le produit $EC \times AB$ représente le double de l'aire du triangle ABC ; si donc on mène la hauteur AD, le produit $BC \times AD$ qui représente aussi le double de l'aire du triangle est égal au produit $EC \times AB$. En remplaçant dans l'égalité (1) le produit $EC \times AB$ par $BC \times AD$, on obtient :

$$\text{Vol.(ABC)} = \frac{1}{3}\pi EC \times BC \times AD. \qquad (2)$$

Mais la droite BC engendre en tournant la surface latérale d'un cône de rayon EC ; on a donc :

$$\text{Surf.(BC)} = \pi EC \times BC.$$

En substituant dans l'égalité (2), on a finalement :

$$\text{Vol. (ABC)} = \text{Surf. (BC)} \times \frac{AD}{3}.$$

— Si maintenant le triangle ABC a l'angle $\widehat{B}$ obtus (*fig.* 759), l'aire du triangle ABC est la *différence* entre les aires des triangles rectangles AEC et BEC ; donc le volume engendré par le triangle ABC est la *différence* des volumes des deux cônes engendrés par les triangles AEC et BEC. En recommençant le même calcul, on a :

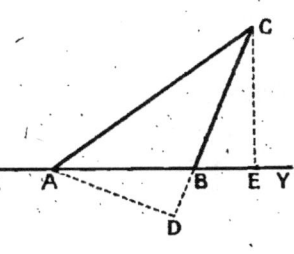

Fig. 759.

$$\text{Vol. (ABC)} = \text{Vol. (AEC)} - \text{Vol. (BEC)}.$$

Or,

$$\text{Vol. (AEC)} = \frac{1}{3}\pi \overline{EC}^2 \times AE,$$

$$\text{Vol. (BEC)} = \frac{1}{3}\pi \overline{EC}^2 \times BE;$$

donc, en retranchant, on obtient :

$$\text{Vol. (ABC)} = \frac{1}{3}\pi \overline{EC}^2 (AE - BE) = \frac{1}{3}\pi \overline{EC}^2 \times AB,$$

expression que l'on peut écrire ainsi :

$$\text{Vol. (ABC)} = \frac{1}{3}\pi EC \times EC \times AB. \quad (1)$$

Or, les produits $EC \times AB$ et $BC \times AD$ sont égaux, comme représentant tous deux le double de l'aire du triangle ABC ; en remplaçant le produit $EC \times AB$ par le produit égal $BC \times AD$ dans l'égalité (1), on obtient :

$$\text{Vol. (ABC)} = \frac{1}{3}\pi EC \times BC \times AD,$$

et l'on voit, comme dans le cas précédent, que l'on a encore :

$$\text{Vol. (ABC)} = \text{Surf. (BC)} \times \frac{AD}{3}.$$

2° *Le triangle n'a qu'un sommet A sur l'axe, et le côté BC opposé au sommet fixe n'est pas parallèle à l'axe (fig. 760).*

Je prolonge le côté CB jusqu'à sa rencontre E avec l'axe XY. L'aire du triangle ABC est alors égale à la différence des aires des triangles ACE et ABE, et le volume engendré par le triangle ABC est la différence des volumes engendrés par les triangles ACE et ABE qui ont un côté AE sur l'axe de rotation. On a donc :

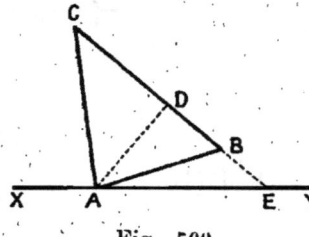

Fig. 760.

$$\text{Vol. (ABC)} = \text{Vol. (ACE)} - \text{Vol. (ABE)}.$$

Soit AD la hauteur issue du sommet A. D'après ce qui précède, on peut écrire :

$$\text{Vol. (ACE)} = \text{Surf. (EC)} \times \frac{AD}{3},$$

$$\text{Vol. (ABE)} = \text{Surf. (EB)} \times \frac{AD}{3}.$$

En retranchant, on obtient :

$$\text{Vol. (ABC)} = [\text{Surf. (EC)} - \text{Surf. (EB)}] \times \frac{AD}{3}.$$

Or, la différence des surfaces engendrées par EC et EB est égale à la surface latérale du tronc de cône engendrée par BC ; on a donc encore :

$$\text{Vol. (ABC)} = \text{Surf. (BC)} \times \frac{AD}{3}.$$

LA SPHÈRE.

3° *Le côté* BC *opposé au sommet fixe* A *est parallèle à l'axe* (*fig.* 761).

Je mène la hauteur AD et le perpendiculaires CE et BF à l'axe ; on remarque alors que l'aire du triangle ABC est la différence entre l'aire du rectangle BCEF et la somme des aires des triangles ABF et ACE ; il en résulte l'égalité suivante :

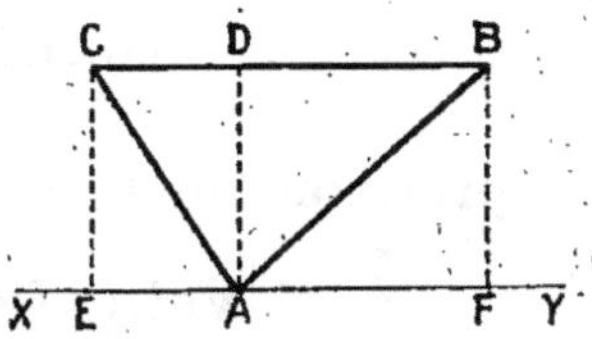

Fig. 761.

$$\text{Vol. (ABC)} = \text{Vol. (BCEF)} - [\text{Vol. (ABF)} + \text{Vol. (ACE)}]. \quad (1)$$

Le volume engendré par le rectangle BCEF est le volume d'un cylindre de hauteur EF et de rayon de base AD ; de même le volume engendré par le triangle rectangle ABF est le volume d'un cône de hauteur AF et de rayon de base FB, et le volume engendré par le triangle rectangle ACE est le volume d'un cône de hauteur AE et de rayon de base EC. Si l'on remarque que

$$EC = AD = FB,$$

on peut écrire :

$$\text{Vol. (BCEF)} = \pi \overline{AD}^2 \times EF,$$
$$\text{Vol. (ABF)} = \frac{1}{3} \pi \overline{AD}^2 \times AF,$$
$$\text{Vol. (ACE)} = \frac{1}{3} \pi \overline{AD}^2 \times AE.$$

En substituant dans l'égalité (1), on obtient :

$$\text{Vol. (ABC)} = \pi \overline{AD}^2 \times EF - \frac{1}{3} \pi \overline{AD}^2 (AF + AE),$$

ou

$$\text{Vol. (ABC)} = \pi \overline{AD}^2 \times EF - \frac{1}{3} \pi \overline{AD}^2 \times EF,$$

320   LES CORPS RONDS.

ou encore
$$\text{Vol. (ABC)} = \frac{2}{3}\pi\overline{AD}^2 \times EF,$$

expression que l'on peut écrire ainsi :
$$\text{Vol. (ABC)} = 2\pi AD \times EF \times \frac{AD}{3}.$$

Or, l'expression $2\pi AD \times EF$ représente la surface latérale du cylindre engendré par la rotation du côté BC autour de l'axe XY ; on a donc enfin :
$$\text{Vol. (ABC)} = \text{Surf. (BC)} \times \frac{AD}{3}.$$

— Si l'un des angles $\widehat{C}$ ou $\widehat{B}$ est obtus, on a la figure 762 qui donne l'égalité suivante :

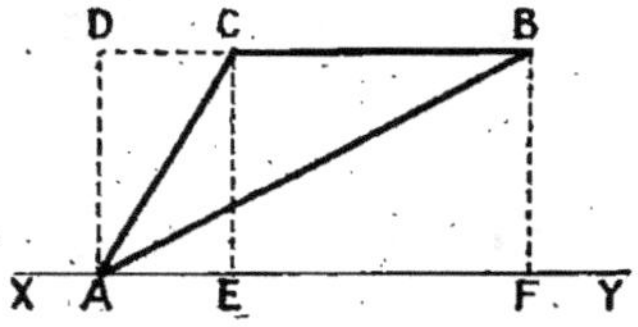

$$\text{aire ABC} = \text{aire BCEF} + \text{aire ACE} - \text{aire ABF},$$

Fig. 762.

et si l'on fait tourner la figure autour de XY, on a :

$$\text{Vol. (ABC)} = \text{Vol. (BCEF)} + \text{Vol. (ACE)} - \text{Vol. (ABF)}.$$

En raisonnant comme dans le cas précédent, on a successivement :

$$\text{Vol. (ABC)} = \pi\overline{AD}^2 \times EF + \frac{1}{3}\pi\overline{AD}^2 \times AE - \frac{1}{3}\pi\overline{AD}^2 \times AF,$$

$$\text{Vol. (ABC)} = \pi\overline{AD}^2 \times EF - \frac{1}{3}\pi\overline{AD}^2(AF - AE),$$

$$\text{Vol. (ABC)} = \pi\overline{AD}^2 \times EF - \frac{1}{3}\pi\overline{AD}^2 \times EF,$$

$$\text{Vol. (ABC)} = \frac{2}{3}\pi\overline{AD}^2 \times EF = 2\pi AD \times EF \times \frac{AD}{3},$$

LA SPHÈRE.

ou enfin
$$\text{Vol.}(ABC) = \text{Surf.}(BC) \times \frac{AD}{3}.$$

Le théorème est donc démontré dans tous les cas.

REMARQUE. — Il faut avoir bien soin de ne pas appliquer ce théorème au cas où l'axe traverse le triangle, et au cas où le triangle n'a plus de sommet sur l'axe.

Théorème.

754. — *Le volume engendré par un secteur polygonal régulier tournant autour d'un diamètre qui ne le traverse pas, a pour mesure le produit des deux nombres qui mesurent la surface engendrée par la ligne polygonale régulière limitant le secteur et le tiers de l'apothème.*

Soit le secteur polygonal régulier OABCDE tournant autour d'un diamètre XOY. Le volume engendré par le secteur est la somme des volumes engendrés par les triangles obtenus en menant les rayons OB, OC, OD. En menant les hauteurs OH, OI, OK, OM, et en appliquant le théorème précédent, on a :

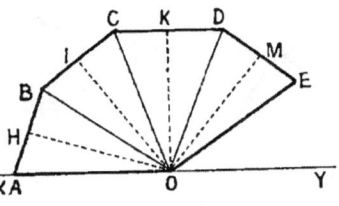

Fig. 763.

$$\text{Vol.}(OAB) = \text{Surf.}(AB) \times \frac{OH}{3},$$

$$\text{Vol.}(OBC) = \text{Surf.}(BC) \times \frac{OI}{3},$$

$$\text{Vol.}(OCD) = \text{Surf.}(CD) \times \frac{OK}{3},$$

$$\text{Vol.}(ODE) = \text{Surf.}(DE) \times \frac{OM}{3}$$

NEVEU et BELLENGER. — Géométrie.

Additionnant membre à membre, en remarquant que
$$OH = OI = OK = OM,$$
puisque le secteur polygonal est régulier, on obtient pour le volume total :

$$\left[\text{Surf.}(AB) + \text{Surf.}(BC) + \text{Surf.}(CD) + \text{Surf.}(DE)\right] \times \frac{OH}{3},$$

ou encore

$$\text{Vol.}(OABCDE) = \text{Surf.}(ABCDE) \times \frac{OH}{3}.$$

755. — Définitions. — 1° *On appelle* **secteur sphérique** *le volume engendré par un secteur circulaire tournant autour d'un diamètre qui ne le traverse pas.*

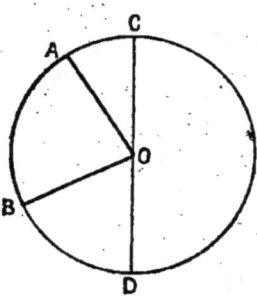

Fig. 764.

Ainsi, le secteur circulaire AOB (*fig.* 764) en tournant autour du diamètre CD engendre un secteur sphérique.

Ce solide est limité, d'une part, par les surfaces latérales des cônes engendrés par les rayons AO, OB et, d'autre part, par la surface de la zone engendrée par l'arc AB. Cette zone s'appelle la *base* du secteur sphérique.

2° Par définition, *le volume d'un secteur sphérique est la limite vers laquelle tend le volume engendré par un secteur polygonal régulier inscrit dans le secteur circulaire qui engendre le secteur sphérique, quand on double indéfiniment le nombre des côtés de la ligne polygonale qui limite le secteur polygonal.*

Le théorème suivant démontre que cette limite existe et en donne l'expression.

Théorème.

756. — *Le volume d'un secteur sphérique a pour mesure le produit des deux nombres qui mesurent l'aire de la zone qui lui sert de base et le tiers du rayon.*

Soit, en effet, le secteur sphérique engendré par le secteur circulaire AOB tournant autour du diamètre CD.

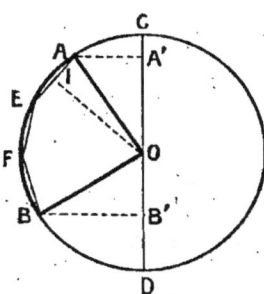

Fig. 765.

Dans l'arc AB j'inscris une ligne polygonale régulière convexe AEFB et je considère le volume engendré par le secteur polygonal régulier OAEFB en tournant autour du diamètre CD. Soit OI l'apothème ; on a :

$$\text{Vol.}(\text{OAEFB}) = \text{Surf.}(\text{AEFB}) \times \frac{\text{OI}}{3}.$$

Lorsqu'on double indéfiniment le nombre des côtés de la ligne polygonale AEFB, la surface engendrée par cette ligne a pour limite l'aire de la zone engendrée par l'arc AB; l'apothème OI a pour valeur limite le rayon OA de la sphère. Donc, le volume engendré par le secteur polygonal OAEFB a pour valeur limite

$$aire \, \text{zone}\,(\text{AB}) \times \frac{\text{OA}}{3}.$$

C'est cette limite qu'on appelle le volume du secteur sphérique.

757. — ***Formule.*** — La hauteur de la zone engendrée par l'arc AB est la projection A'B' de la corde AB sur le diamètre CD ; si l'on pose :

$$\text{A'B'} = h \quad \text{et} \quad \text{OA} = R,$$

on a :
$$\text{aire zone (AB)} = 2\pi R h;$$
d'où la formule :
$$Vol.\ \text{sect. sphérique} = 2\pi R h \times \frac{R}{3},$$
ou
$$Vol.\ \textbf{sect. sphérique} = \frac{2}{3}\pi R^2 h.$$

Théorème.

758. — *Le volume d'une sphère a pour mesure le produit des deux nombres qui mesurent l'aire de la sphère et le tiers du rayon.*

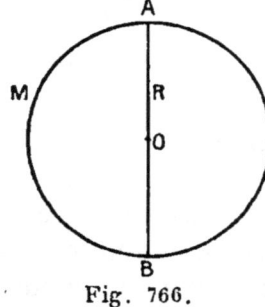

Fig. 766.

En effet, la sphère peut être considérée comme un secteur sphérique engendré par un demi-cercle AMB tournant autour du diamètre AB. On a donc :
$$Vol.\ \text{sphère} = \text{aire zone (AMB)} \times \frac{R}{3}.$$

Or, l'aire de la zone engendrée par la demi-circonférence AMB tournant autour du diamètre AB est égale à l'aire de la sphère ; on a donc :
$$Vol.\ \textbf{sphère} = \textit{aire}\ \textbf{sphère} \times \frac{R}{3}.$$

759. — ***Formule.*** — Si l'on désigne par R le rayon de la sphère, on a :
$$\textit{aire}\ \text{sphère} = 4\pi R^2,$$
donc
$$Vol.\ \textbf{sphère} = 4\pi R^2 \times \frac{R}{3} = \frac{4}{3}\pi R^3.$$

— Si l'on désigne le diamètre par D, on a

$$D = 2R \quad \text{ou} \quad R = \frac{D}{2},$$

et le volume de la sphère en fonction du diamètre est :

$$Vol.\ \textbf{sphère} = \frac{4}{3}\pi \times \frac{D^3}{8} = \frac{1}{6}\pi D^3.$$

Corollaire. — *Les volumes de deux sphères sont entre eux comme les cubes de leurs rayons.*

En effet, soient V et V' les volumes de deux sphères dont les rayons respectifs sont R et R'. On a :

$$V = \frac{4}{3}\pi R^3,$$

$$V' = \frac{4}{3}\pi R'^3.$$

En divisant membre à membre, on tire :

$$\frac{V}{V'} = \frac{R^3}{R'^3}.$$

760. — **Définition.** — *On appelle* **anneau sphérique** *le volume engendré par un segment de cercle tournant autour d'un diamètre qui ne le traverse pas.*

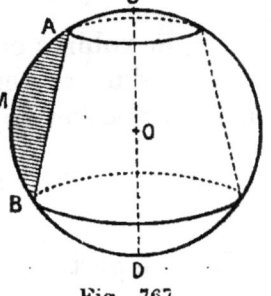

Fig. 767.

Ainsi, le segment de cercle AMB tournant autour du diamètre CD (*fig.* 767) engendre un anneau sphérique. Ce volume est limité, d'une part, par la surface latérale du tronc de cône qu'engendre la corde AB et, d'autre part, par la zone qu'engendre l'arc AMB.

Théorème.

761. — *Le volume d'un anneau sphérique est équivalent au sixième du volume d'un cylindre qui aurait pour rayon de base la corde du segment qui engendre l'anneau et pour hauteur la projection orthogonale de cette corde sur l'axe de rotation.*

En effet, soit à calculer le volume de l'anneau sphérique engendré par le segment AMB tournant autour du diamètre CD.

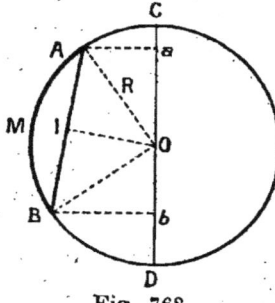

Fig. 768.

En menant les rayons OA et OB, on voit que l'aire du segment AMB est la différence entre l'aire du secteur OAMB et l'aire du triangle OAB. Il en résulte que le volume engendré par le segment AMB sera la différence entre les volumes engendrés par le secteur OAMB et le triangle OAB.

On a donc :

$$\text{Vol.(AMB)} = \text{Vol.(OAMB)} - \text{Vol.(OAB)}. \quad (1)$$

Or, le volume engendré par le secteur OAMB est le volume d'un secteur sphérique, et, si l'on désigne par ab la projection de AB sur le diamètre CD, on a :

$$\text{Vol.(OAMB)} = \frac{2}{3}\pi R^2 \times ab.$$

D'autre part, si OI est la perpendiculaire abaissée du centre O sur la corde AB, on a :

$$\text{Vol.(OAB)} = \text{Surf.(AB)} \times \frac{OI}{3};$$

or

$$\text{Surf. (AB)} = 2\pi \text{OI} \times ab,$$

donc

$$\text{Vol. (OAB)} = \frac{2}{3} \pi \overline{\text{OI}}^2 \times ab.$$

En remplaçant dans l'égalité (1), on obtient :

$$\text{Vol. (AMB)} = \frac{2}{3} \pi \text{R}^2 \times ab - \frac{2}{3} \pi \overline{\text{OI}}^2 \times ab,$$

ou

$$\text{Vol. (AMB)} = \frac{2}{3} \pi ab (\text{R}^2 - \overline{\text{OI}}^2). \qquad (2)$$

Or, dans le triangle rectangle OIA, on a :

$$\text{R}^2 - \overline{\text{OI}}^2 = \overline{\text{AI}}^2 = \left(\frac{\text{AB}}{2}\right)^2 = \frac{\overline{\text{AB}}^2}{4};$$

donc l'expression (2) devient :

$$\text{Vol. (AMB)} = \frac{2}{3} \pi ab \times \frac{\overline{\text{AB}}^2}{4},$$

ou

$$\text{Vol. (AMB)} = \frac{1}{6} \pi \overline{\text{AB}}^2 \times ab. \qquad (3)$$

Si l'on remarque que le volume d'un cylindre de rayon de base AB et de hauteur ab a pour expression $\pi \overline{\text{AB}}^2 \times ab$, l'*interprétation géométrique* de la formule (3) conduit à l'énoncé donné pour le volume d'un anneau sphérique.

762. — **Définition.** — *On appelle* **segment sphérique**, *ou* tranche sphérique, *la partie du volume d'une sphère comprise entre deux plans parallèles qui coupent la sphère.*

Les cercles d'intersection de la sphère avec les deux plans sécants sont les *bases* du segment sphérique. La distance h de ces deux bases (*fig.* 769) est la *hauteur* du segment.

Un segment sphérique à deux bases est donc limité,

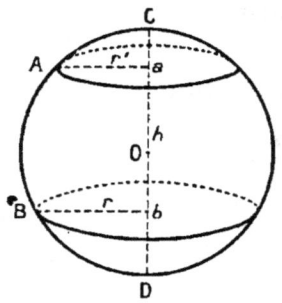

Fig. 769.

d'une part, par les deux cercles de bases, et, d'autre part, par la zone comprise entre les deux plans de bases.

— Si l'un des plans sécants devient tangent à la sphère, la base correspondante se réduit au point de contact, et l'on a un segment sphérique à une base.

Un segment sphérique à une base est limité, d'une part, par le cercle de base, et, d'autre part, par la calotte sphérique de même base.

Théorème.

763. — *Le volume d'un segment sphérique à deux bases est équivalent au volume d'une sphère qui aurait pour diamètre la hauteur du segment, augmenté de la demi-somme des volumes de deux cylindres qui auraient pour hauteur commune la hauteur du segment et pour bases respectives les deux bases du segment.*

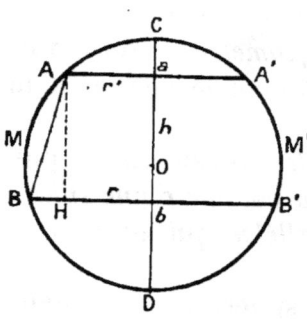

Fig. 770.

Soit, en effet, le diamètre CD perpendiculaire aux plans de bases du segment sphérique AMBB'M'A'. Si, par le diamètre CD, on fait passer un plan pris pour plan de la figure, ce plan coupe le segment sphérique suivant la figure plane AMBB'M'A', et le segment sphérique peut être considéré comme engendré par la rotation du trapèze mixtiligne AMBba tournant autour du diamètre CD.

Si l'on mène la corde AB, on voit alors que le volume du segment sphérique est égal au volume de l'anneau sphérique engendré par le segment AMB, augmenté du volume du tronc de cône engendré par le trapèze rectiligne ABba. On a donc :

$$\text{Vol. segm. sph.} = \text{Vol. (AMB)} + \text{Vol. (AB}ba). \quad (1)$$

Si l'on pose, pour abréger,

$$B b = r, \qquad A a = r', \qquad a b = h,$$

on a :

$$\text{Vol. (AMB)} = \frac{1}{6} \pi \overline{AB}^2 \times ab = \frac{1}{6} \pi \overline{AB}^2 \times h,$$

$$\text{Vol. (AB}ba) = \frac{\pi ab}{3} (\overline{Bb}^2 + \overline{Aa}^2 + Bb \times Aa),$$

ou

$$\text{Vol. (AB}ba) = \frac{1}{3} \pi h (r^2 + r'^2 + rr').$$

En substituant dans l'expression (1), on obtient :

$$\text{Vol. segm. sph.} = \frac{1}{6} \pi \overline{AB}^2 \times h + \frac{1}{3} \pi h (r^2 + r'^2 + rr'),$$

ou encore :

$$\text{Vol. segm. sph.} = \frac{1}{6} \pi h (\overline{AB}^2 + 2r^2 + 2r'^2 + 2rr'). \quad (2)$$

Je vais maintenant calculer $\overline{AB}^2$. Pour cela, je mène AH perpendiculaire à BB'; le triangle rectangle AHB donne alors :

$$\overline{AB}^2 = \overline{AH}^2 + \overline{BH}^2 = h^2 + (Bb - Aa)^2 = h^2 + (r - r')^2,$$

ou

$$\overline{AB}^2 = h^2 + r^2 + r'^2 - 2rr'.$$

En substituant cette valeur de $\overline{AB}^2$ dans l'expression (2), on obtient, après réductions :

$$\text{V}ol.\text{ segm. sph.} = \frac{1}{6}\pi h(h^2 + 3r^2 + 3r'^2),$$

expression que l'on peut écrire ainsi :

$$\text{V}ol.\textbf{ segm. sph.} = \frac{1}{6}\pi h^3 + \frac{1}{2}\pi h(r^2 + r'^2). \qquad (3)$$

Si l'on remarque que $\frac{1}{6}\pi h^3$ est le volume d'une sphère de diamètre h; et que $\pi r^2 h$ et $\pi r'^2 h$ sont les volumes de deux cylindres de même hauteur h que le segment sphérique et dont les bases respectives sont les bases du segment, on voit que l'*interprétation géométrique* de la formule (3) conduit à l'énoncé donné pour le volume d'un segment sphérique.

764. — REMARQUE. — Dans le cas du *segment sphérique à une base*, il suffit de faire $r' = 0$ dans la formule précédente, et l'on obtient en désignant le volume par V :

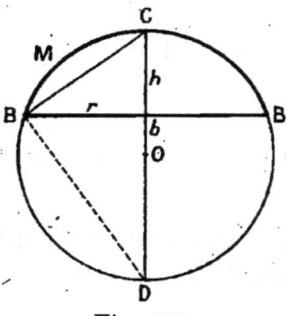

Fig 771.

$$V = \frac{1}{6}\pi h^3 + \frac{1}{2}\pi r^2 h,$$

ou

$$V = \frac{1}{6}\pi h(h^2 + 3r^2). \qquad (1)$$

Or, on peut évaluer r en fonction du rayon R de la sphère. En effet, dans le triangle rectangle BCD on a :

$$\overline{Bb}^2 = Cb \times bD,$$

ou

$$r^2 = h(2R - h).$$

En remplaçant r^2 par cette valeur dans l'expression (1), on obtient :

$$V = \frac{1}{6}\pi h(h^2 + 6Rh - 3h^2),$$

ou, en réduisant :

$$V = \frac{1}{3}\pi h^2(3R - h).$$

— On pourrait d'ailleurs obtenir cette formule directement, en considérant le segment sphérique à une base (*fig.* 771) comme la somme du volume de l'anneau sphérique engendré par le segment BMC et du volume du cône engendré par le triangle rectangle B*b*C.

§ VII. — Fuseau sphérique et onglet sphérique.

765. — *On appelle* **fuseau sphérique** *la partie de la surface d'une sphère comprise entre deux demi-grands cercles limités à leur diamètre commun.*

Ainsi, PAP' et PBP' étant deux demi-grands cercles de la sphère O (*fig.* 772), la surface PAP'BP est un fuseau sphérique.

L'angle du fuseau est l'angle plan du dièdre formé par les plans des deux demi-grands cercles. Si, par le centre O, on mène le plan perpendiculaire au diamètre PP', l'angle du fuseau est l'angle $\widehat{AOB}$. On remarquera que cet angle est l'angle des demi-grands cercles.

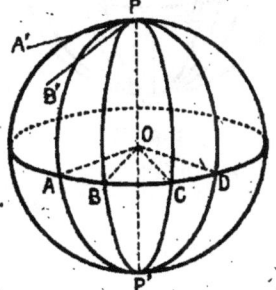

Fig. 772.

En effet, si, au point P, on mène les tangentes aux deux demi-grands cercles, on obtient l'angle $\widehat{A'PB'}$

dont les côtés sont respectivement parallèles aux côtés de l'angle $\widehat{AOB}$, et de même sens. On a donc :

$$\widehat{AOB} = \widehat{A'PB'}.$$

— Il est évident que si l'on suppose deux fuseaux égaux PAP'BP et PCP'DP (*fig.* 772), les angles $\widehat{AOB}$ et $\widehat{COD}$ de ces deux fuseaux sont égaux, car, en faisant tourner l'un des fuseaux autour de PP' comme charnière, on peut faire coïncider les deux fuseaux.

Réciproquement, si deux fuseaux ont des angles égaux, ils sont égaux.

Théorème.

766. — *Le rapport des aires de deux fuseaux sphériques est égal au rapport des angles des deux fuseaux.*

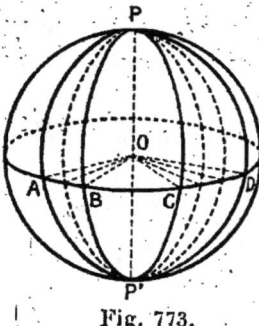

Fig. 773.

Soient, en effet, deux fuseaux PAP'BP et PCP'DP qui ont respectivement pour angles $\widehat{AOB}$ et $\widehat{COD}$.

Je suppose que les deux angles $\widehat{AOB}$ et $\widehat{COD}$ aient une commune mesure contenue par exemple 2 fois dans l'angle $\widehat{AOB}$ et 3 fois dans l'angle $\widehat{COD}$; on peut alors écrire :

$$\frac{\widehat{AOB}}{\widehat{COD}} = \frac{2}{3}. \qquad (1)$$

Par les droites de division des angles et le diamètre PP' je fais passer des plans ; ces plans déterminent sur la sphère des fuseaux égaux (765). Le fuseau PAP'BP en contient 2, et le fuseau PCP'DP en contient 3; il en résulte que l'on peut aussi écrire :

$$\frac{\text{aire fuseau PAP'BP}}{\text{aire fuseau PCP'DP}} = \frac{2}{3}. \qquad (2)$$

Des égalités (1) et (2) on déduit immédiatement :

$$\frac{\text{aire fuseau PAP'BP}}{\text{aire fuseau PCP'DP}} = \frac{\widehat{AOB}}{\widehat{COD}}.$$

REMARQUE. — Le théorème étant vrai si petite que soit la commune mesure entre les deux angles $\widehat{AOB}$ et $\widehat{COD}$, nous admettrons qu'il est encore vrai lors même que ces angles n'auraient pas de commune mesure.

767. — Aire d'un fuseau sphérique. — Le théorème précédent permet de trouver l'aire d'un fuseau sphérique en le comparant à la sphère. On peut, en effet, considérer la surface d'une sphère comme un fuseau dont l'angle serait égal à 4^{dr} ou 360°. Cela étant, si l'on désigne par n le nombre de degrés de l'angle du fuseau, on a :

$$\frac{\text{aire fuseau}}{\text{aire sphère}} = \frac{n}{360},$$

d'où l'on tire :

$$\text{aire fuseau} = \text{aire sphère} \times \frac{n}{360}.$$

Or, si R est le rayon de la sphère, on a :

$$\text{aire sphère} = 4\pi R^2;$$

donc

$$\text{aire fuseau} = 4\pi R^2 \times \frac{n}{360} = \frac{\pi R^2 n}{90}.$$

768. — Onglet sphérique. — On appelle onglet sphérique la partie du volume d'une sphère comprise entre deux demi-grands cercles limités à leur diamètre commun.

Un onglet sphérique est donc limité par les deux demi-grands cercles et le fuseau compris entre ces deux demi-grands cercles.

L'angle de l'onglet sphérique est l'angle du fuseau qui le limite.

— Il est évident que des onglets égaux ont des angles égaux, et réciproquement.

On démontrerait, comme pour le fuseau sphérique (766), que : *le rapport des volumes de deux onglets sphériques est égal au rapport de leurs angles.*

769. — Volume de l'onglet sphérique. — Pour trouver le volume d'un onglet sphérique, il suffit de le comparer au volume de la sphère, en considérant la sphère comme un onglet dont l'angle serait égal à 4^{dr} ou $360°$.

Cela étant, si l'on désigne par n le nombre de degrés de l'angle de l'onglet, on a :

$$\frac{Vol.\ \text{onglet}}{Vol.\ \text{sphère}} = \frac{n}{360},$$

d'où l'on tire :

$$Vol.\ \text{onglet} = Vol.\ \text{sphère} \times \frac{n}{360}.$$

Or, si R est le rayon de la sphère, on a :

$$Vol.\ \text{sphère} = \frac{4}{3}\pi R^3,$$

donc

$$Vol.\ \text{onglet} = \frac{4}{3}\pi R^3 \times \frac{n}{360} = \frac{\pi R^3 n}{270}.$$

LA SPHÈRE. 335

Remarque. — Cette expression peut encore s'écrire ainsi :

$$Vol.\ \text{onglet} = \frac{\pi R^2 n}{90} \times \frac{R}{3};$$

or $\frac{\pi R^2 n}{90}$ est l'aire du fuseau qui limite l'onglet. Donc :

Le volume d'un onglet sphérique a pour mesure le produit des deux nombres qui mesurent l'aire du fuseau qui limite l'onglet et le tiers du rayon.

APPLICATIONS.

Problème I. — *On donne un demi-cercle de diamètre* $AB = 2R$. *On mène la corde* AC *égale au côté du triangle équilatéral inscrit. Calculer l'aire totale* S *et le volume* V *du solide engendré par la rotation du segment* AMC *autour du diamètre* AB.

1° L'aire totale S se compose de l'aire de la zone engendrée par l'arc AMC augmentée de l'aire latérale du cône engendré par la corde AC.

Si l'on mène CD perpendiculaire sur AB, comme AC est le côté du triangle équilatéral inscrit, on a $OD = \frac{R}{2}$. Ceci posé, on a :

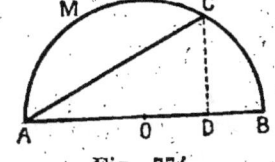

Fig. 774.

$$\text{zone}(AC) = 2\pi R \times AD;$$

or,
$$AD = AO + OD = \frac{3R}{2},$$

donc
$$\text{zone}(AC) = 2\pi R \times \frac{3R}{2} = 3\pi R^2.$$

On a de même :
$$\text{Surf.}(AC) = \pi CD \times AC.$$

Or
$$AC = R\sqrt{3}$$

et
$$CD = \frac{AC}{2} = \frac{R\sqrt{3}}{2};$$
donc
$$\text{Surf. (AC)} = \frac{\pi R\sqrt{3}}{2} \times R\sqrt{3} = \frac{3\pi R^2}{2}.$$

En additionnant les deux surfaces, on obtient :
$$S = 3\pi R^2 + \frac{3\pi R^2}{2} = \frac{9\pi R^2}{2}.$$

2° Le volume V demandé est le volume de l'anneau sphérique engendré par le segment de cercle AMC.
On a donc :
$$V = \frac{1}{6}\pi \overline{AC}^2 \times AD = \frac{1}{6}\pi \times 3R^2 \times \frac{3R}{2},$$

ou, en simplifiant :
$$V = \frac{3\pi R^3}{4}.$$

Problème II. — *Trouver, en litres, la capacité d'une chaudière composée d'un cylindre de 2 mètres de longueur et de 0 m, 50 de rayon, et terminée à ses deux extrémités par deux demi-sphères de même diamètre que le cylindre.*

Le volume de la chaudière est égal au volume du cylindre augmenté du volume d'une sphère de même rayon. En désignant par V le volume de la chaudière, par R le rayon, h la hauteur du cylindre, on a :
$$V = \pi R^2 h + \frac{4}{3}\pi R^3 = \frac{\pi R^2}{3}(3h + 4R). \qquad (1)$$

En évaluant les dimensions en décimètres, on a :
$$R = 5, \qquad h = 20;$$

en substituant dans l'expression (1), on obtient le volume en décimètres cubes, c'est-à-dire en litres. On a ainsi :
$$V = \frac{\pi \times 25 \times 80}{3} = \frac{2000\pi}{3} = 2094^l,4.$$

LA SPHÈRE.

Problème III. — *Une chaudière a la forme d'un segment sphérique à une base. Sa profondeur est égale à 0 m. 60. Calculer son rayon, sachant que son volume est égal à* 226 lit. 1952.

En désignant par R le rayon de la sphère, c'est-à-dire le rayon de la chaudière et par h sa profondeur, le volume V est donné par la formule.

$$V = \frac{\pi h^2}{3}(3R - h). \qquad (1)$$

Le volume étant donné en litres, évaluons les dimensions en décimètres. En faisant $h = 6$ dans la formule (1), on obtient :

$$\frac{36\pi}{3}(3R - 6) = 226,1952$$

d'où l'on tire :

$$36\pi R = 452,3904$$

d'où

$$R = \frac{452,3904}{36\pi} = 4 \text{ décimètres.}$$

EXERCICES PROPOSÉS.

524. — Calculer l'aire et le volume d'une sphère, sachant que la circonférence d'un grand cercle est égale à $1^m,5708$. Prendre $\pi = 3,1416$.

525. — A quelle distance du centre doit-on mener un plan coupant une sphère, pour que l'aire de la section obtenue soit le tiers d'un grand cercle ?

526. — Un aéronaute est à 8 kilomètres de la terre : quelle surface peut-il apercevoir, le rayon de la terre étant égal à 6,366 kilomètres ?
(B. S.)

527. — Trouver le volume de la sphère circonscrite à un cube dont le volume est un mètre cube.

528. — Trouver le volume de la sphère circonscrite à un tétraèdre régulier dont le volume est un mètre cube.

529. — On donne un triangle équilatéral ABC de côté a. Par le sommet A et dans le plan du triangle, on mène un axe XY perpendiculaire au côté AB : calculer la surface totale et le volume du solide engendré par la rotation du triangle ABC autour de XY, après une révolution complète.

530. — On donne un rectangle ABCD dont les côtés AB et AD ont respectivement pour longueurs $3a$ et $4a$. Par le sommet A, dans le plan du rectangle, on mène un axe XY perpendiculaire à la diagonale AC et l'on fait tourner le rectangle autour de XY. Calculer 1° l'aire totale du solide ainsi engendré ; 2° le rayon d'une sphère dont le volume serait équivalent au volume du solide engendré par la rotation du rectangle.

531. — On donne un demi-cercle de diamètre $AB = 2R$. On mène la corde AC égale au côté du triangle équilatéral inscrit et la corde AD égale au côté du carré inscrit, puis on fait tourner la figure autour de AB. Calculer l'aire S et le volume V du solide engendré par le triangle mixtiligne ADC.

532. — On donne une sphère de rayon R. A quelle distance du centre doit-on mener un plan sécant pour que la surface latérale du cône qui a pour sommet le centre de la sphère et pour base la section soit équivalente à la surface de la plus petite des deux zones déterminées par le plan sécant ?

533. — On donne une demi-circonférence de diamètre $AB = 2R$. Sur le diamètre AB prolongé on prend un point S tel que sa distance OS au centre O soit égale à 2R, et du point S on mène la tangente SM à la demi-circonférence. Calculer l'aire et le volume du solide engendré par la figure tournant autour de la droite ABS.

534. — Deux sphères ont pour rayons 4 centimètres et 3 centimètres ; la distance des centres est égale à 3 centimètres. Calculer le volume du solide commun aux deux sphères.

535. — Le rayon de base d'un cône de révolution est a ; sa génératrice a pour longueur b. Calculer le rayon et l'aire de la sphère inscrite.

536. — On considère le cylindre circonscrit à une sphère de rayon R. Trouver : 1° le rapport entre l'aire totale du cylindre et l'aire de la sphère ; 2° le rapport entre le volume du cylindre et le volume de la sphère.

537. — Trouver le volume d'une lentille dont les surfaces sont sphériques et ont même rayon, connaissant le diamètre $2a$ de la lentille et son épaisseur $2b$.

538. — Deux sphères égales de rayon R passent par le centre l'une de l'autre. Trouver le volume de la lentille formée par le solide commun aux deux sphères.

539. — Quelle portion de la surface de la terre pourrait-on apercevoir d'un point situé à une hauteur égale à un rayon terrestre ? — Donner aussi le rapport du volume du segment limité par la zone visible au volume de la terre.

540. — Calculer la surface totale et le volume du solide obtenu en enlevant d'une sphère de rayon R le volume compris dans un cylindre de rayon $\frac{R}{2}$ et dont l'axe passe par le centre de la sphère.

541. — Deux circonférences de rayons R et r sont tangentes extérieurement en C. On mène la tangente commune extérieure AB et l'on fait tourner la figure autour de la ligne des centres : trouver le volume engendré par le triangle mixtiligne ABC.

542. — On donne un carré ABCD de côté a. Du point A comme centre, avec AB pour rayon, on décrit l'arc de cercle BD ; par le point A, dans le plan du carré on mène un axe XY perpendiculaire à la diagonale AC et l'on fait tourner la figure autour de XY. Calculer l'aire S et le volume V du solide engendré par le triangle mixtiligne ABC.

Exercices de récapitulation.

543. — Le volume d'un cylindre circulaire droit est égal au produit de sa surface latérale par la moitié du rayon.

544. — Le volume d'un cylindre circulaire droit est égal à la surface du rectangle qui l'engendre multipliée par la circonférence que décrit le point de concours des diagonales de ce rectangle.

545. — Si la hauteur d'un cylindre est égale au diamètre de base, le volume est égal à la surface totale multipliée par le tiers du rayon.

546. — Les volumes engendrés par un rectangle qui tourne successivement autour des deux côtés adjacents sont inversement proportionnels à ces côtés.

547. — Si l'on représente par V le volume d'un cylindre de révolution, par S la surface totale et par s la surface latérale, on a la relation :
$$8\pi V^2 = s^2(S - s).$$

548. — La surface du cylindre circonscrit à une sphère est moyenne arithmétique entre la surface de la sphère

inscrite et la surface de la sphère circonscrite à ce même cylindre.

549. — Lieu géométrique des axes des cylindres de révolution qui ont une génératrice donnée et qui passent par un point donné.

550. — Le volume d'un cône circulaire droit est égal à la surface latérale multipliée par le tiers de la distance du centre de la base à l'arête du cône.

551. — Le volume d'un cône circulaire droit est égal au tiers de la surface du triangle rectangle qui l'engendre, multipliée par la circonférence de base.

552. — Dans un triangle rectangle ABC, l'hypoténuse BC est égale à a ; l'angle B est de 36°. Calculer l'aire totale et le volume du cône engendré par le triangle ABC en tournant autour du côté AB.

553. — Si V, V', V" désignent les volumes engendrés par un triangle rectangle en tournant successivement autour de l'hypoténuse et des côtés de l'angle droit, démontrer la relation :

$$\frac{1}{V^2} = \frac{1}{V'^2} + \frac{1}{V''^2}.$$

554. — Si l'on représente par V le volume d'un cône circulaire droit, par S la surface totale et par s la surface latérale, on a la relation

$$9\pi V^2 = S(S-s)(2s-S).$$

555. — Étant donnés une sphère et un cône équilatéral circonscrit ([1]), établir : 1° que le rapport de la surface de la sphère à la surface totale du cône est égal à $\frac{4}{9}$; 2° que le rapport des volumes de la sphère et du cône est aussi égal à $\frac{4}{9}$.

556. — La surface totale du cylindre dont le diamètre de base est égal à la hauteur est moyenne proportionnelle entre la surface de la sphère circonscrite et la surface totale du cône équilatéral inscrit dans cette sphère.

([1]) On appelle *cône équilatéral* un cône de révolution dont la section faite par un plan passant par l'axe est un triangle équilatéral.

557. — Déterminer l'axe d'un cône de révolution, connaissant trois des génératrices.

558. — On connaît l'hypoténuse a d'un triangle rectangle, et l'on sait, en outre, que la bissectrice de l'angle droit divise l'hypoténuse en deux segments qui sont entre eux dans le rapport de 3 à 4 : 1° calculer les deux côtés de l'angle droit ; 2° calculer le volume engendré par le triangle en tournant autour de l'hypoténuse.

559. — On donne les rayons R et r et la hauteur h d'un tronc de cône de révolution. Calculer la différence entre le volume du tronc de cône et celui d'un cylindre qui a pour hauteur la hauteur du tronc, et pour base la section déterminée dans le tronc par un plan équidistant des deux bases.

560. — Partager la surface latérale d'un tronc de cône en deux parties équivalentes par un plan parallèle aux bases.

561. — Le volume d'un tronc de cône circonscrit à une sphère est égal au produit de sa surface totale par le tiers du rayon de la sphère.

562. — Si l'arête latérale d'un tronc de cône est égale à la somme des rayons des bases, démontrer : 1° que la hauteur du tronc est égale au double de la moyenne géométrique des rayons ; 2° que le volume du tronc de cône est égal à la surface totale multipliée par le sixième de la hauteur.

563. — Si la hauteur d'un tronc de cône est égale à 4 fois la différence des rayons des bases, le volume de ce tronc est égal à la différence des volumes des deux sphères qui auraient ces mêmes rayons.

564. — Trouver l'aire et le volume du solide engendré par un hexagone régulier ABCDEF de côté a, en tournant autour d'un axe situé dans son plan, passant par le sommet A et perpendiculaire à la diagonale AD.

565. — Tracer sur une sphère un arc de grand cercle passant par deux points donnés A et B.

566. — Par un point donné A sur une sphère, mener un arc de grand cercle perpendiculaire à un autre arc de grand cercle BC tracé sur cette sphère.

567. — Tracer sur une sphère un grand cercle équidistant de deux points A et B pris sur la sphère.

568. — Tracer sur une sphère un petit cercle passant par trois points A, B, C pris sur la sphère.

569. — Par une droite donnée AB, mener un plan tangent à une sphère.

570. — Lieu des centres des sections faites dans une sphère par un plan passant par une droite fixe ou par un point fixe.

571. — Lieu des points de l'espace dont le rapport des distances à deux points fixes est constant.

572. — Lieu des points de l'espace dont la somme des carrés des distances à deux points fixes est constante.

573. — Lieu des centres des sphères qui coupent deux sphères données suivant des grands cercles.

574. — Si, par un point P de l'espace, on mène toutes les sécantes possibles à une sphère, le produit des distances du point P aux deux points où chaque sécante coupe la sphère est constant. — Examiner le cas où une sécante menée par P devient tangente.

575. — On considère toutes les sphères qui passent par deux points donnés et qui sont tangentes à un plan donné. Trouver le lieu des points de contact de ces sphères avec le plan.

576. — Mener par trois points A, B, C une sphère tangente à un plan donné.

577. — Etant donné un tétraèdre régulier d'arête a :
1° Calculer le rayon de la sphère inscrite ; de la sphère circonscrite ; de la sphère tangente aux 6 arêtes.
2° La surface de la sphère tangente aux 6 arêtes est moyenne proportionnelle entre les surfaces des sphères inscrite et circonscrite. Il existe la même relation entre les volumes de ces sphères.

578. — Le rapport du volume d'un cône circonscrit à une sphère au volume de cette sphère est égal au rapport de la surface totale du cône à la surface de la sphère.

579. — L'aire d'une calotte sphérique est équivalente à l'aire d'un cercle de rayon égal à la corde de l'arc qui engendre la calotte sphérique.

580. — Lorsqu'un triangle rectangle isocèle tourne autour d'une droite menée par le sommet de l'angle droit parallèlement à l'hypoténuse, il engendre un volume équivalent à la sphère qui aurait cette hypoténuse pour diamètre.

581. — Exprimer en fonction du côté a l'aire et le volume du solide engendré par un hexagone régulier tournant autour de l'un de ses côtés.

582. — Un triangle ABC tourne autour de la droite joignant les milieux de deux de ses côtés : trouver le rapport des volumes engendrés par chaque partie du triangle.

583. — Un rectangle ABCD tourne autour d'un axe de son plan passant par le sommet A et faisant un angle de 30° avec le côté AB. Calculer le volume du solide engendré par ce rectangle, connaissant les côtés $AB = 2a$, $AD = 2b$.

584. — Le volume engendré par un triangle tournant autour d'une droite de son plan qui lui est extérieure, a pour mesure le produit de l'aire du triangle par la circonférence décrite par le point de concours des médianes.

585. — On fait tourner un triangle quelconque ABC autour de la tangente au cercle circonscrit menée par A. Exprimer en fonction des côtés a, b, c du triangle : 1° l'aire de la surface engendrée par le côté a ; 2° le volume du solide engendré par le triangle. Cas particulier où $\widehat{A} = 90°$.

586. — On donne dans un même plan deux cercles O et O′ tangents extérieurement en C. Soient A et A′ les points de contact de ces cercles et d'une tangente commune extérieure. On fait tourner la figure autour de OO′ : évaluer, en fonction des rayons R et r des cercles, la surface latérale du tronc de cône engendré par AA′. Montrer que cette surface est moyenne proportionnelle entre les aires des sphères engendrées par les cercles O et O′, et qu'elle est équivalente à la somme des zones engendrées par les arcs CA et CA′.

587. — Soient SA et SB deux tangentes menées d'un point S à un cercle O, BC la perpendiculaire abaissée du point de contact B sur le diamètre OA. On fait tourner la figure autour du diamètre OA : montrer que le volume engendré par le triangle mixtiligne SAB est équivalent au volume engendré par le triangle SAC.

588. — Le volume d'un segment sphérique est équivalent au cylindre de même hauteur qui aurait pour base la section équidistante des deux bases du segment, moins la moitié de la sphère qui aurait la hauteur pour diamètre.

589. — Étant donné un carré ABCD de côté a, du sommet A comme centre, avec AD et AC pour rayons, on décrit l'arc de cercle DB et l'arc CE qui rencontre AB prolongé en E. On fait tourner la figure autour d'un axe XY situé dans le plan du carré, passant par le sommet A et perpendiculaire à la diagonale AC. Trouver les expressions de l'aire S et du volume V du solide engendré par le quadrilatère mixtiligne DBEC.

590. — On donne un triangle ABC rectangle en A ; BC$=a$ et $\widehat{C}=30°$. Du sommet C comme centre, avec CA pour rayon, on décrit l'arc AM qui rencontre l'hypoténuse BC en M, et de B comme centre, avec BA pour rayon, on décrit l'arc AN qui rencontre BC en N. On fait tourner la figure autour de BC : trouver les expressions de l'aire S et du volume V du solide engendré par le triangle mixtiligne AMN.

Notions de nivellement.

770. — *But du nivellement*. — On a vu comment, par les procédés employés en arpentage, on peut obtenir une figure semblable à la projection d'un terrain sur un plan horizontal.

Les figures ainsi obtenues sont suffisantes pour déterminer l'étendue du terrain utilisable pour les constructions ou les plantations ; mais elles ne donnent pas la forme du terrain lui-même, c'est-à-dire les diverses ondulations qui constituent les *mouvements* du sol. On obtient ce résultat par le *nivellement*.

A cet effet, on choisit un plan horizontal appelé *plan de comparaison* et l'on cherche les distances des points principaux du terrain à ce plan horizontal : ces distances sont les **cotes** des points.

Si le plan de comparaison est le niveau de la mer, les cotes prennent le nom d'**altitudes**.

Ainsi, *le nivellement a pour but de trouver les* **cotes** *des principaux points d'un terrain par rapport à un plan horizontal choisi comme plan de comparaison.*

— Si l'on connaît la cote d'un point A, il est évident que, pour en déduire la cote d'un point B, il suffit de connaître la différence des cotes ou *différence de niveau* des deux points A et B ; cette différence s'appelle encore la *dénivellation*. On obtiendra la cote du point B en *ajoutant* ou en *retranchant* à la cote du point A la différence des cotes des deux points, suivant que le point B est *plus haut* ou *plus bas* que le point A.

Si le point A est au niveau de la mer, on a alors l'*altitude* du point B.

771. — Principe du nivellement. — Soient deux points A et B dont on veut trouver la différence des cotes par rapport au plan horizontal HH'. Imaginons un plan horizontal NN' passant *au-dessus* des deux points A et B et soient a et b les cotes respectives des points A et B par rapport au plan HH'. Désignons

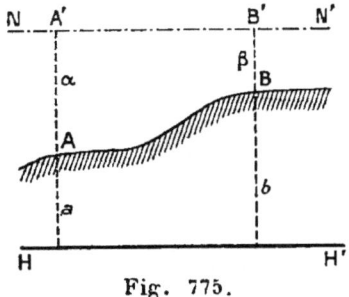

Fig. 775.

par α et β les distances AA' et BB' des points A et B au plan horizontal NN' ; comme les deux plans horizontaux HH' et NN' sont parallèles, on a :

$$b + \beta = a + \alpha,$$

égalité d'où l'on tire :

$$b - a = \alpha - \beta.$$

Donc : *la différence entre la cote du point B et celle du point A est égale à la différence entre la distance du point A au plan NN' et celle du point B au même plan.*

Il résulte de là, qu'au lieu de mesurer les cotes des points A et B par rapport au plan horizontal HH', il suffit de mesurer les distances de ces points à un plan horizontal NN' passant *au-dessus* de ces points.

NOTIONS DE NIVELLEMENT.

772. — *Niveau d'eau et mire à voyant*. — Pour réaliser le plan horizontal NN', on se sert d'un instrument appelé **niveau**, et les différences de niveau s'obtiennent à l'aide d'un autre instrument appelé **mire**.

Le niveau le plus simple est le *niveau d'eau* (*fig*. 776). Il se compose d'un tube en métal aux extrémités duquel

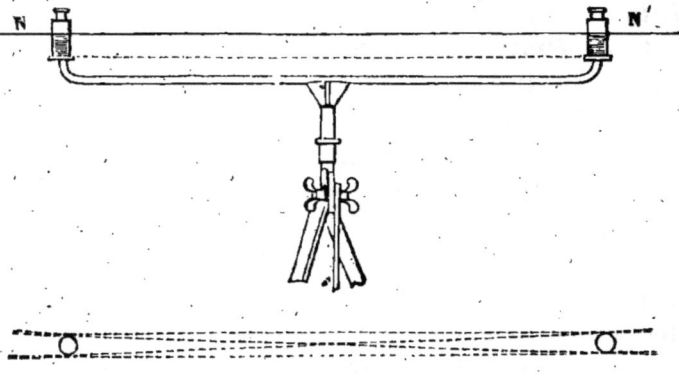

Fig. 776.

on visse perpendiculairement au tube deux fioles cylindriques en verre. L'instrument peut être placé sur un trépied à l'aide d'une douille, et il peut tourner autour d'un axe vertical, de manière à faire un tour d'horizon.

On verse de l'eau dans l'une des fioles de manière à remplir le tube, et l'on continue à verser jusqu'à ce que l'eau s'élève à peu près aux trois quarts de la hauteur des fioles. En vertu du principe des vases communicants, les deux surfaces libres de l'eau dans les deux fioles déterminent un plan horizontal qui sera toujours le même si l'on fait tourner le niveau sur son pied, autour de l'axe vertical.

La **mire à voyant** (*fig*. 777) se compose d'une règle graduée dont la forme est celle d'un prisme droit à base carrée; le long de cette règle peut glisser une plaque métallique appelée **voyant**. Cette plaque est rectangulaire; elle est elle-même partagée en quatre rectangles égaux par une horizontale et une verticale passant par le centre de la plaque; la ligne horizontale s'appelle la *ligne de foi*. Ces rectangles sont peints alternativement en rouge et en blanc.

773. — **Problème**. — *Trouver la différence des cotes de deux points.*

Si les deux points sont peu éloignés l'un de l'autre et de cotes peu différentes, on peut alors résoudre le problème par une seule opération, c'est-à-dire à

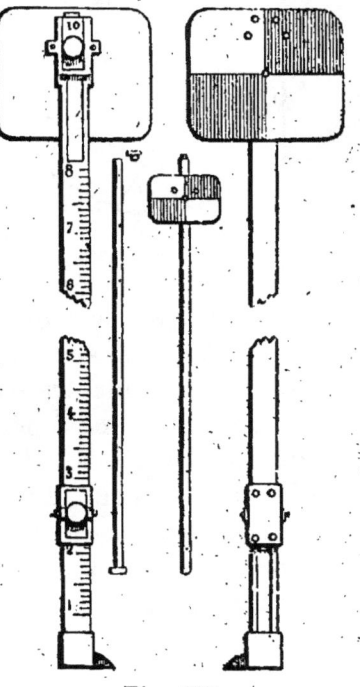

Fig. 777.

l'aide d'une seule station où l'on place le niveau. On dit alors que le nivellement est *simple*.

Si le problème exige plusieurs stationnements intermédiaires, on dit que le nivellement est *composé*.

1° **Nivellement simple.** — Pour trouver la différence des cotes de deux points A et B peu éloignés l'un de l'autre (*fig.* 778) et dont la différence des cotes n'est pas trop considérable, l'opérateur installe le niveau en un point C qui ne soit pas éloigné de plus de 50 à 60 mètres de chacun des points A et B; ce point C n'est pas nécessairement dans le plan vertical passant par A et B. Ensuite, l'opérateur envoie un aide placer la mire verticalement au point A. L'opérateur, placé derrière la fiole la plus éloignée de la mire, dirige alors un rayon

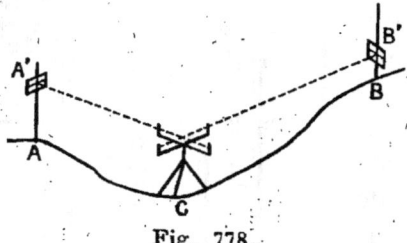

Fig. 778.

visuel tangent intérieurement aux deux *ménisques* formés par les surfaces libres de l'eau dans les deux fioles et fait signe à l'aide de monter ou de descendre le voyant de manière à

ce que le rayon visuel passe par le centre du voyant. L'aide lit alors sur la règle graduée la hauteur AA'. Ceci fait, l'aide transporte la mire au point B, et, répétant la même opération, il lit la hauteur BB'. La différence AA' — BB' donne *l'excès* de la cote du point B sur celle du point A (771), car AA' et BB' sont les distances des points A et B à un même plan horizontal défini par les deux lignes de visées.

2° **Nivellement composé.** — On fait un nivellement

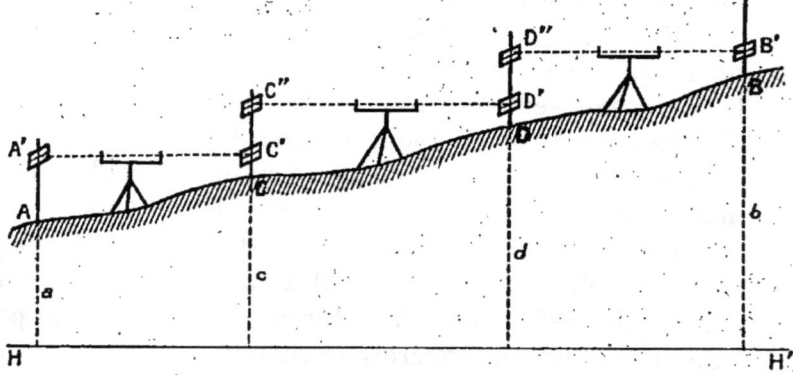

Fig. 779.

composé si les deux points A et B dont on veut déterminer la différence de niveau sont trop éloignés, car alors on ne peut plus trouver un point C d'où l'on aperçoive nettement la mire placée en A et en B ; il en sera de même si la différence de hauteur des deux points A et B est plus grande que la longueur de la mire.

Dans ce cas, on choisit entre les deux points A et B (*fig.* 779) un certain nombre de points C, D, non nécessairement dans le même plan vertical, mais tels que la différence des cotes de deux points consécutifs puisse être obtenue par un nivellement simple, puis on procède par cheminement.

On place d'abord le niveau entre les deux points A et C, et on cherche les hauteurs de mire de ces deux points. On appelle *coups arrière* les coups de niveau donnés vers les points d'où l'on vient, et *coups avant* les coups de niveau donnés vers les points où l'on va. Ainsi, le point A étant le point de départ, le premier coup de niveau que l'on donne vers A est un *coup arrière* et celui donné vers le point C est un *coup avant*.

Cette opération étant faite, on place le niveau entre les points C et D, et on lit les hauteurs de mire de ces deux points. On procède ainsi par cheminement jusqu'au point B.

Soient a, c, d, b les altitudes des points A, B, C, D. La figure donne alors (771) :

$$c - a = AA' - CC',$$
$$d - c = CC'' - DD',$$
$$b - d = DD'' - BB'.$$

Additionnant membre à membre et simplifiant, on obtient :

$$b - a = (AA' + CC'' + DD'') - (CC' + DD' + BB'); \quad (1)$$

or $b - a$ est la différence de niveau des deux points B et A; de plus, la somme $AA' + CC'' + DD''$ est la somme

350   NOTIONS DE NIVELLEMENT.

des hauteurs de mire des *coups arrière*, et la somme CC' + DD' + BB' est la somme des hauteurs de mire des *coups avant*. Donc l'égalité (1) montre que : *la différence de niveau des deux points* B *et* A *est égale à la différence entre la somme des coups arrière et la somme des coups avant*.

Si la somme des coups arrière est plus grande que la somme des coups avant, le point B est plus élevé que le point A ; dans le cas contraire, le point B est plus bas que le point A.

Les diverses opérations sont inscrites dans un tableau que l'on appelle le *registre du nivellement*.

En outre des hauteurs de mire correspondant aux coups avant et aux coups arrière, on inscrit les cotes du niveau aux points où l'on s'est placé en station.

Registre du nivellement.

POINTS nivelés.	COUPS arrière.	COUPS avant.	ALTITUDES du niveau.	ALTITUDES des points.	OBSERVATIONS.
	mètres.	mètres.	mètres.	mètres.	
A	2,10	»	42,10	40,00	A repère, cote 40^m.
C	1,55	0,75	42,90	41,35	
D	1,85	0,35	44,40	42,55	
B	»	1,05	»	43,35	
	5,50	2,15			

Vérification :

Coups arrière........	5,50	Altitude d'arrivée...	43,35
Coups avant.........	2,15	Altitude de départ..	40,00
Différence.....	3,35	Différence.....	3,35

774. — *Niveau à lunette et mire parlante*. — Avec le niveau d'eau, on ne peut guère compter sur une précision de plus de 2 centimètres pour une portée de 30 mètres. Si l'on veut obtenir plus de précision, on emploie le *niveau à lunette*. Il se compose d'un niveau à bulle d'air et d'une lunette astronomique (*fig.* 780)

Fig. 780.

reposant sur un plateau circulaire que l'on peut rendre horizontal à l'aide de trois vis calantes. Le tout repose sur un trépied.

La lunette est mobile autour d'un axe vertical et peut faire un tour complet d'horizon. Dans ce déplacement sur le plateau horizontal, elle se meut toujours dans un plan horizontal, de sorte que, en visant, à l'aide de la lunette, la mire placée successivement aux deux points A et B, on obtient la différence de niveau des deux points.

Pour que l'opérateur puisse lire lui-même la hauteur de mire, on emploie une mire spéciale appelée, pour cette raison, **mire parlante**. Cette mire est représentée par la figure 781.

352 NOTIONS DE NIVELLEMENT.

A l'aide du niveau à lunette, on peut faire des lectures de cotes à des distances de 150 à 200 mètres.

775. — *Représentation d'un terrain*. — Pour avoir un effet du relief d'un terrain, on emploie les *courbes de niveau*. Elles sont les intersections du terrain avec des plans horizontaux.

Il est évident qu'on aura une courbe de niveau d'un terrain en joignant tous les points d'égale cote. On peut donc déterminer ces points par le nivellement.

On suppose les plans horizontaux successifs *équidistants*, et la distance entre deux plans horizontaux consécutifs s'appelle l'**équidistance réelle**. Cette distance réduite à l'échelle du dessin devient l'**équidistance graphique**.

Plus l'équidistance est petite, plus on obtient de précision dans la représentation du terrain.

Fig. 781.

La figure 782 montre que, sur la projection, plus les courbes de niveau s'écartent l'une de l'autre, plus la pente du terrain diminue ; au contraire, plus les projections des courbes de niveau se rapprochent l'une de l'autre, plus la pente du terrain augmente.

On complète cette représentation par un *lavis* ou par des *hachures* tracées entre les courbes de niveau.

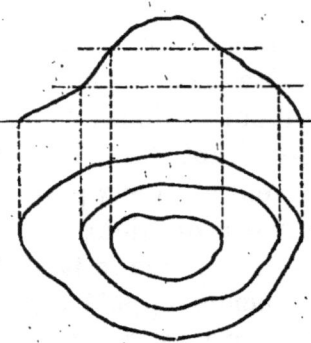

Fig. 782.

NOTIONS DE NIVELLEMENT.

776. — Tracé des hachures. — Les hachures sont des lignes de plus grande pente des diverses surfaces comprises entre les courbes de niveau consécutives. Or, on a vu (567) que la pente p d'une droite est l'inverse de son intervalle, $p = \dfrac{1}{i}$; donc, pour que p soit le plus grand possible, il faut que l'intervalle i soit le plus petit possible. Donc, de toutes les lignes qui partiraient d'un point a de la courbe C pour aboutir à la courbe C' (*fig.* 783) celle qui serait la plus petite serait obtenue en décrivant du point a un cercle tangent à C'; elle serait alors *normale* à C'. Cette ligne aa' sera une hachure partant du point a et aboutissant à la courbe C'.

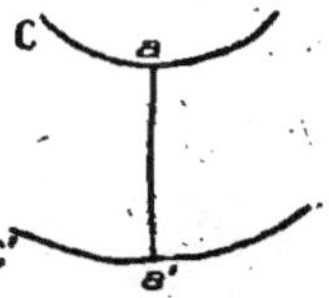

Fig. 783.

Mais les courbes de niveau ne sont pas des courbes géométriques; donc le tracé des hachures ne peut être qu'approximatif.

Pour avoir leur écartement, on peut appliquer la *loi du quart*. Soit à tracer des hachures entre deux courbes de niveau C et C' (*fig.* 784). On trace une première hachure aa', puis on porte $ab = aa'$; par le point b on trace la hachure bb' et on divise en 4 parties égales les longueurs ab et $a'b'$. On obtient les hachures intermédiaires en joignant les points correspondants. On continue ainsi pour tracer les autres hachures entre les deux courbes C et C'.

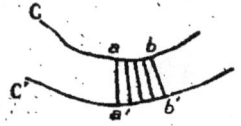

Fig. 784.

On voit que, dans la région où les courbes en projection sont plus rapprochées, les hachures sont plus serrées, ce qui indique une pente plus rapide.

777. — Lecture d'une carte topographique. — Si l'on connaît les signes conventionnels employés en

NOTIONS DE NIVELLEMENT.

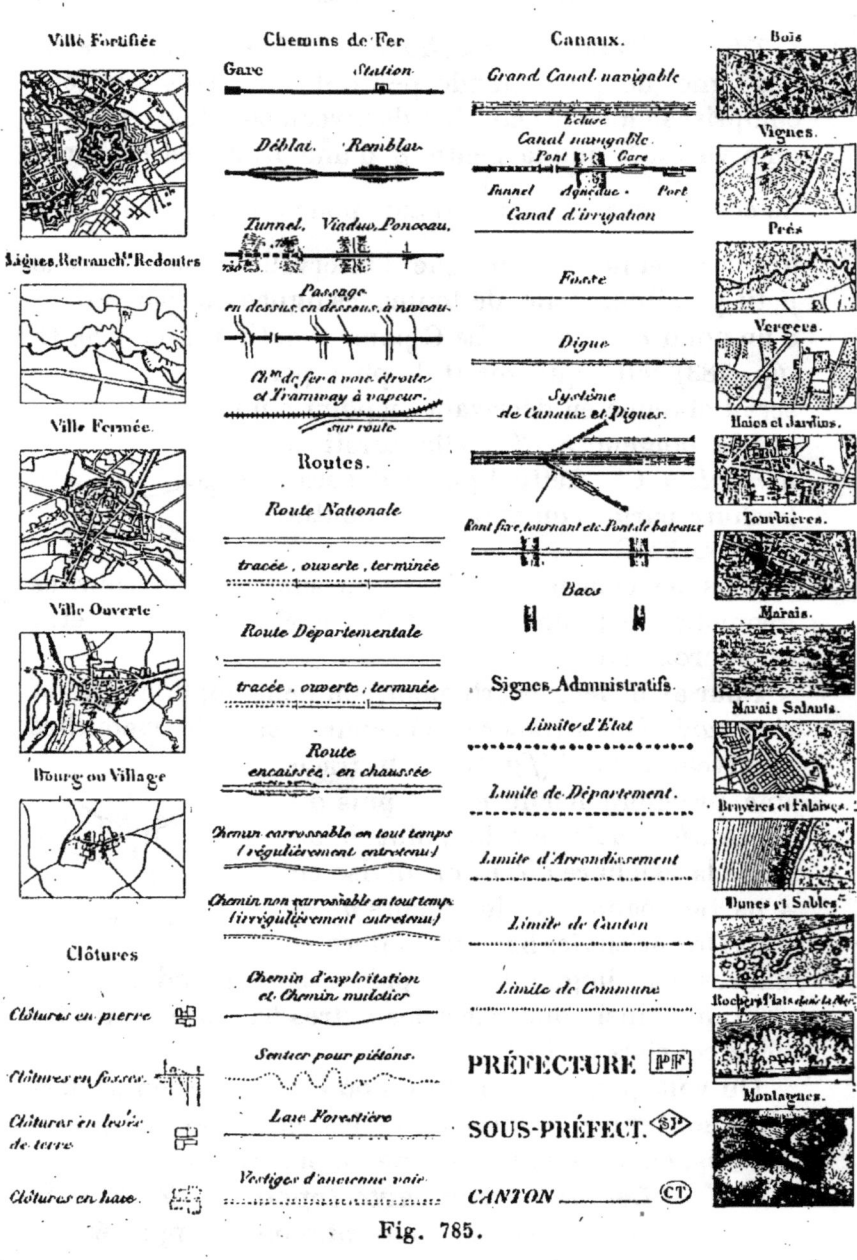

Fig. 785.

Fig. 786.

topographie, on peut, à l'aide d'une carte, en déduire la connaissance complète de la région représentée.

Nous donnons page 354 les signes conventionnels employés dans la carte d'état-major. Cette carte est à l'échelle de $\frac{1}{80\,000}$; donc une distance de 1 millimètre sur la carte représente une distance de 80 mètres sur le terrain, et comme $\frac{1000}{80} = 12,50$, on en conclut qu'une distance de 12 millimètres et demi sur la carte représente 1000 mètres ou 1 kilomètre sur le terrain.

778. — **Signes et teintes conventionnelles**. — Lorsqu'on représente une carte en couleurs, on fait en *trait noir*, à l'encre de Chine, les limites de culture, les chemins; en *trait bistre* (sépia) les courbes de niveau et les hachures.

Les rivières, les contours des lacs et étangs sont en *trait bleu*; les contours des maisons, édifices, sont en *trait rouge* avec des hachures dans les coupes ou une teinte légère de carmin.

Eaux. — Bleu de Prusse, mélangé avec une faible partie de gomme-gutte pour les mers.

Vignes. — Carmin, indigo avec très peu d'encre de Chine.

Bois. — Gomme-gutte avec une petite partie d'indigo.

Prés. — Indigo avec une faible partie de gomme-gutte.

Vergers. — Indigo et gomme-gutte en égale quantité.

Sables et dunes. — Gomme-gutte avec un peu de carmin.

Galets. — Teinte de sable avec un peu d'encre de chine.

Bruyères. — Teinte de pré faible et teinte légère de carmin passées ensemble avec deux pinceaux.

Marais. — Teinte de pré avec des flaques en bleu de Prusse.

TABLE DES MATIÈRES

LIVRE V
Du plan.

	pages
Chapitre premier. — Droites et plans. — Définitions.	5
§ I. De la détermination du plan	7
Intersection des deux plans	11
Droites parallèles	12
Angle de deux demi-droites	15
§ II. Droites et plans perpendiculaires	17
§ III. Perpendiculaires et obliques	25
§ IV. Droites et plans parallèles	30
§ V. Plans parallèles	37
Exercices proposés	47
Chapitre II. — Angles dièdres. — Plans perpendiculaires.	
§ I. Angles dièdres	50
Relations entre deux angles dièdres et leurs angles plans	63
§ II. Plans perpendiculaires	70
Exercices proposés	75
Chapitre III. — Projections. — Perpendiculaire commune à deux droites.	
§ I. Projections orthogonales sur un plan	76
Projection d'un angle droit sur un plan	78
Droite de plus grande pente d'un plan	81
§ II. Perpendiculaire commune à deux droites	83
Exercices proposés	86
Chapitre IV. — Angles trièdres.	
§ I Théorèmes généraux sur les trièdres	87
§ II. Trièdres supplémentaires	100
§ III. Cas d'égalité des trièdres	106
§ IV. Conditions nécessaires et suffisantes pour qu'avec trois faces données, ou trois dièdres donnés, on puisse construire un trièdre	112

TABLE DES MATIÈRES.

Exercices proposés 117
Exercices de récapitulation 118

NOTIONS DE GÉOMÉTRIE DESCRIPTIVE.

Représentation d'un point par deux projections 121
Différentes positions d'un point par rapport aux plans de projection 124
Représentation d'une droite à l'aide de deux projections. 128
Différentes positions d'une droite par rapport aux plans de projection 129
Traces d'une droite 132
Représentation d'un plan 134
Différentes positions d'un plan par rapport aux deux plans de projection 135
Mener une droite dans un plan 137
Droites remarquables d'un plan 137
Droite de plus grande pente d'un plan 138
Remarque sur la géométrie cotée 138

Méthodes générales de la descriptive :
Changements de plans 140
Rotations 144
Rabattements 147
Problèmes sur le point, la droite et le plan 150
Intersection de deux plans 150
Intersection d'une droite et d'un plan 151
Distance d'un point à un plan 152
Angle de deux droites concourantes 153
Exemple d'épure 153

Exercices proposés 156

LIVRE VI
Les polyèdres.

CHAPITRE PREMIER. — Le prisme.
§ I. Définitions et théorèmes généraux 159
§ II. Propriétés du parallélépipède 163
 Aire latérale du prisme et du parallélépipède .. 167
§ III. Volume du parallélépipède et du prisme 169
 Volume d'un parallélépipède rectangle 173
 Volume du parallélépipède droit 182
 Volume du prisme droit 183
 Volume du parallélépipède oblique 185
 Volume du prisme quelconque 187

Exercices proposés 190

TABLE DES MATIÈRES.

Chapitre II. — La Pyramide	191
Aire latérale d'une pyramide	195
Volume de la pyramide	197
Exercices proposés	204
Chapitre III. — Tronc de pyramide. Tronc de prisme. Applications.	
§ I. Tronc de pyramide	205
Aire latérale d'un tronc de pyramide régulier	206
Volume d'un tronc de pyramide	207
§ II. Tronc de prisme triangulaire	212
Volume du tas de pierres	215
Volume du prismatoïde	217
Exercices proposés	220
Chapitre IV. — Symétrie. — Homothétie et similitude.	
§ I. Figures symétriques dans l'espace	222
Application de la symétrie à quelques polyèdres réguliers	228
§ II. Homothétie et similitude	232
Polyèdres semblables	238
Exercices proposés	248
Exercices de récapitulation	250
Représentation des polyèdres en géométrie descriptive. — Sections planes	252
Ombres dans les polyèdres	256
Exercices proposés	260

LIVRE VII

Les corps ronds.

Notions sur les surfaces de révolution	261
Chapitre premier. — Le cylindre droit à base circulaire	262
Aire latérale du cylindre droit à base circulaire	265
Volume du cylindre droit à base circulaire	267
Exercices proposés	269
Chapitre II. — Cône et tronc de cône.	
§ I. Cône droit à base circulaire	271
Aire latérale du cône droit à base circulaire	273
Volume du cône droit à base circulaire	276

TABLE DES MATIÈRES.

§ II. Tronc de cône à bases parallèles............... 277
    Aire latérale d'un tronc de cône droit à base circulaire... 278
    Volume d'un tronc de cône droit à base circulaire... 280
    Cubage des bois. Bois en grume et bois équarris... 283
    Jaugeage des tonneaux............................ 284
Exercices proposés............................... 287

CHAPITRE III. — La sphère.......................... 289
  § I. Intersection d'une sphère avec un plan. — Intersection d'une sphère avec une droite. — Pôles d'un cercle tracé sur la sphère................ 290
    Trouver le rayon d'une sphère solide........... 294
  § II. Plan tangent à la sphère. — Tangente à la sphère.. 297
  § III. Positions relatives de deux sphères. — Relations entre les rayons et la distance des centres.. 302
  § IV. Sphère circonscrite et sphère inscrite à un tétraèdre....................................... 304
  § V. Aire de la sphère............................ 307
  § VI. Volume de la sphère........................ 315
    Volume d'un anneau sphérique.................. 326
    Volume d'un segment sphérique................. 328
  § VII. Fuseau sphérique et onglet sphérique...... 331
    Aire d'un fuseau sphérique...................... 333
    Volume d'un onglet sphérique.................. 334
Exercices proposés............................... 337
Exercices de récapitulation...................... 339

NOTIONS DE NIVELLEMENT.

But du nivellement................................. 344
Principe du nivellement............................ 345
Niveau d'eau et mire à voyant..................... 346
Nivellement simple................................. 347
Nivellement composé................................ 348
Niveau à lunette et mire parlante................. 350
Représentation d'un terrain....................... 352
Tracé des hachures................................. 353
Lecture d'une carte topographique................. 353
Signes et teintes conventionnelles................ 356

472-07. — CORBEIL. Imprimerie Éd. CRÉTÉ.

MASSON et Cie, Éditeurs
120, boulevard Saint-Germain, Paris (6e)

P. n° 520.   (Juin 1907)

ENSEIGNEMENT PRIMAIRE SUPÉRIEUR

Enseignement de la Physique et de la Chimie

Cours de Physique ✵✵✵✵✵✵
✵✵✵✵✵✵✵✵✵✵✵et de Chimie

Par P. MÉTRAL
Agrégé de l'Université
Professeur à l'École primaire supérieure Colbert, à Paris.

1re année. — **Physique et Chimie**. 3e édition. 1 vol. in-16, avec 194 fig., cart. toile. . . . . **2 fr. 50**
2e année. — **Physique et Chimie**. 2e édition. 1 vol. in-16, avec 342 fig., cart. toile. . . . . **3 fr. 50**
3e année. — **Physique et Chimie**. 2e édition. 1 vol. in-16, avec 229 figures, cart. toile. . . . . **2 fr. 50**

On vend également :

Cours de Physique (1re, 2e et 3e années). 1 vol. in-16, avec 533 figures, cart. toile. . . . . **4 fr.**
Cours de Chimie (1re, 2e et 3e années). 1 vol. in-16, avec 232 figures, cart. toile. . . . . **3 fr. 50**

L'enseignement des sciences physiques à l'école primaire supérieure doit être surtout pratique et viser aux applications. Le but n'est pas de faire des élèves des physiciens de profession, mais de leur faire connaître les grandes lois de la nature et de les mettre à même de se rendre compte de ce qui se passe autour d'eux. — L'auteur s'est conformé à ces principes en rédigeant ce cours de Physique et de Chimie ; il a laissé de côté les expériences qui ne présentent qu'un intérêt historique et s'est efforcé d'arriver à l'explication des faits essentiels, le plus rapidement possible, par la voie qui a paru la plus simple et la plus logique, tout en conservant l'ordre du programme officiel. De cette manière on peut gagner du temps et le consacrer à l'exposition des grandes applications agricoles et industrielles auxquelles l'auteur donnera une large place, surtout en deuxième et troisième années.

Pour rendre plus claire et plus rapide l'exposition, on a tracé de nombreuses figures schématiques que l'élève peut suivre aisément et reproduire avec facilité. Un certain nombre d'exercices numériques qui pourront être résolus soit par l'arithmétique, soit par l'algèbre, complètent l'ouvrage.

Enseignement des Mathématiques

Cours d'Arithmétique ✦✦✦✦✦✦
✦✦✦✦✦✦ théorique et pratique

PAR

M. H. NEVEU

Agrégé de l'Université, professeur à l'École Lavoisier.

DEUXIÈME ÉDITION

1 volume in-16, cartonné toile. . . . . 3 fr.

Cours d'Algèbre ✦✦✦✦✦✦✦✦✦
✦✦✦✦✦✦ théorique et pratique

Suivi de **NOTIONS DE TRIGONOMÉTRIE**

PAR

M. H. NEVEU

2 volumes in-16, cartonnés toile . . . . 3 fr.

Cours de Géométrie ✦✦✦✦✦✦
✦✦✦✦✦✦ théorique et pratique

PAR

MM. H. NEVEU et BELLENGER

1re et 2e années (géométrie plane) 1 vol. in-16, cartonné toile. 3 fr. 50
3e année (géométrie dans l'espace). . . . . (sous presse)

Cours de Comptabilité

PAR

Gabriel FAURE

Ancien Professeur à l'École des Hautes Études commerciales
et à l'École commerciale

volume in-16, cartonné toile. . . . . 3 fr.

Enseignement des Sciences Naturelles

Cours d'Histoire Naturelle

PAR MM.

M. BOULE
Professeur au Muséum national d'histoire naturelle.

Ch. GRAVIER
Assistant au Muséum national d'histoire naturelle.

H. LECOMTE
Professeur aux lycées Saint-Louis et Henri IV

1re Année : 1 vol. in-16, avec 398 figures, cartonné toile. . **2 fr. 50**
2e Année : 1 vol. in-16, avec nombreuses figures, cartonné toile (*Pour paraître en Juin* 1907.)
3e Année : 1 vol. in-16, avec nombreuses figures, cartonné toile (*Pour paraître en Juin* 1907).

Le Cours que nous annonçons aujourd'hui a été *écrit spécialement pour les élèves des Écoles primaires supérieures* : il a été conçu et rédigé dans l'esprit des programmes officiels les plus récents de cet enseignement.

Planches murales d'Histoire naturelle

Nouvelles planches murales d'Histoire naturelle, par P. et H. GERVAIS. 3e édition des *Planches murales* d'Achille Comte. 62 planches ainsi réparties :

Zoologie, 34 planches	102 fr.
Botanique, 14 planches	42 fr.
Géologie, 14 planches	42 fr.
La collection complète	180 fr.
Montée sur toile avec gorges et rouleaux	360 fr.
Chaque planche est vendue séparément, en feuille	3 fr. 50
et montée	6 fr. 50
Texte explicatif des trois parties. 1 vol. in-18, cartonné	3 fr.

Tableaux d'Histoire naturelle, montés sur toile :

Zoologie, par MM. PERRIER et GERVAIS, 30 tableaux	300 fr.
Botanique, par MM. BONNIER et MANGIN, 30 tableaux	300 fr.
Chaque tableau séparément	10 fr.

Un prospectus spécial de ces planches murales est envoyé sur demande

Instruction civique et sociale

Cours d'Instruction Civique

Par **Albert MÉTIN**
Professeur aux Écoles primaires supérieures de Paris.

1 volume in-16, cartonné toile . . . . **1 fr. 50**

Ce cours a été rédigé uniquement pour les élèves, par un professeur qui l'a enseigné pendant plusieurs années. On y trouvera deux préoccupations : celle de *définir* les termes juridiques, administratifs et abstraits qui sont employés et celle de donner toujours des exemples à l'appui des définitions. Chaque leçon est terminée par un questionnaire rédigé de manière à pouvoir toujours servir de guide dans la rédaction des sommaires.

Cours d'Économie Politique
et de Droit Usuel

Par **Albert MÉTIN**
Professeur aux Écoles primaires supérieures de Paris.

1 volume in-16, cartonné toile. . . . . **2 fr.**

Ce livre traite le programme de législation et économie des écoles primaires supérieures de garçons, ainsi que les questions spéciales figurant au programme de législation et économie des écoles de jeunes filles. L'auteur a suivi l'ordre général du programme ; il a cherché à donner à la matière du cours la forme la plus accessible à l'intelligence de l'élève. De nombreux exemples ajoutent à la clarté du texte et un questionnaire, placé à la fin de chaque leçon, facilite la revision.

Manuel
de Gymnastique
Rationnelle et Pratique
(MÉTHODE SUÉDOISE)

PAR

SOLEIROL de SERVES | **Mme LE ROUX**
Médecin gymnaste. | Professeur de gymnastique au Lycée de Versailles.

1 vol. in-16, avec figures dans le texte, cartonné toile anglaise. **2 fr.**

Enseignement des Langues vivantes

Lectures Méthodiques ✣✣✣✣✣
✣✣✣✣✣✣✣✣✣✣✣ Allemandes

(Première et Deuxième Années)

Par E. CLARAC et E. WINTZWEILLER

1 volume in-16, illustré de nombreuses figures, cartonné toile. **3 fr.**

La faveur avec laquelle les volumes de Lectures allemandes de MM. Clarac et Wintzweiller ont été accueillis dans les différentes classes de l'enseignment secondaire nous a engagés à les adapter à *l'Enseignement primaire supérieur*. Dans ce but, les auteurs ont développé encore les préliminaires du premier livre, ils ont réduit à leur plus simple expression les éléments du langage, ils ont réglé, le plus méthodiquement possible, les premiers pas, si difficiles, du commençant. Chaque terme fondamental de la proposition, chaque fonction essentielle a sa page, son développement graduel, ses exemples caractéristiques, sur lesquels le professeur gagnera à s'attarder jusqu'à parfaite assimilation.

Deutsche Grammatik par E. CLARAC et E. WINTZWEILLER

1 volume cartonné toile................ **1 fr. 50**

English Grammar

MANUEL CLASSIQUE DE GRAMMAIRE ANGLAISE

Par H. VESLOT

Agrégé de l'Université, professeur d'anglais au lycée de Versailles

1 volume in-16, cartonné toile............... **1 fr. 50**

Toutes les grammaires ont été basées jusqu'ici sur la comparaison entre la langue étrangère et la langue maternelle ; M. Veslot, au contraire, selon les méthodes de l'enseignement direct, a rédigé en anglais une grammaire simple et courte où l'élève retrouvera, sous forme systématique, les règles et paradigmes qui lui auront été enseignés oralement.

Grammaire Espagnole

Par I. GUADALUPE

Professeur au collège Rollin et aux Cours de la Ville

Troisième édition, revue et augmentée d'une leçon sur l'accent orthographique

1 volume in-16, cartonné toile anglaise............. **3 fr.**

Enseignement de la Géographie

Cours Normal de Géographie

Par **Marcel DUBOIS**

Professeur de Géographie coloniale à la Faculté des lettres
de l'Université de Paris, Maître de Conférences à l'École normale supérieure
de jeunes filles de Sèvres

1re ANNÉE. — **Notions générales de Géographie physique.** — **Océanie, Afrique, Amérique**, avec la collaboration de Augustin BERNARD et André PARMENTIER. 4e *édition*. 1 volume in-16, cartonné toile marron. . . . . **2 fr.**

2e ANNÉE. — **Europe, Asie**, avec la collaboration de Paul DURANDIN et André PARMENTIER. 4e *édition*. 1 vol. in-16, cart. toile marron. **2 fr.**

3e ANNÉE. — **France et Colonies**, avec la collaboration de F. BENOIT. 5e *édition*. 1 vol. in-16, cartonné toile marron. . . . **2 fr.**

Ce Cours de Géographie répond spécialement au programme de Géographie de l'*Enseignement primaire supérieur*. Il est en harmonie avec l'ordre des matières indiqué dans ces programmes. Ce cours est complété par les 3 atlas de cartes d'étude.

Cartes d'Étude pour servir à ❦ ❦ ❦ ❦ ❦
❦ ❦ l'Enseignement de la Géographie

PAR MM.
Marcel DUBOIS
et E. SIEURIN
Professeur au collège de Melun

1re ANNÉE. — **Océanie, Afrique, Amérique**, précédées de 13 cartes consacrées à la **géographie générale**. *Huitième édition*, avec 5 cartes nouvelles et 14 cartes refaites. 1 vol. in-4°, contenant 47 cartes et 250 cartons, cartonné. . . . . **2 fr. 25**

2e ANNÉE. — **Europe, Asie**, *huitième édition*. 1 vol. contenant 49 cartes et 200 cartons, cartonné. . . . . **2 fr. 25**

3e ANNÉE. — **France et Colonies**, *dixième édition*, avec 6 cartes refaites. 1 vol. in-4° contenant 40 cartes et 200 cartons, cart. **1 fr. 80**

Les 3 Atlas réunis en un seul volume in-4°, cartonné toile. . . **6 fr.**

Enseignement de la Géographie (Suite)

Géographie de la France et des Cinq Parties du Monde

A L'USAGE DES CANDIDATS AU BREVET ÉLÉMENTAIRE ET DES ÉLÈVES DES COURS SPÉCIAUX

Par E. SIEURIN
Professeur de Géographie au Collège de Melun.

TROISIÈME ÉDITION

1 vol. in-16, avec 119 cartes dans le texte, cartonné toile. **2 fr. 50**

Chaque chapitre, souvent même chaque paragraphe, est accompagné d'une ou de plusieurs cartes dans l'exécution desquelles on retrouve la précision et la clarté des *Cartes d'Étude pour servir à l'Enseignement de la Géographie*. (Voir, page 9, le cours d'Histoire correspondant.)

Géographie agricole de la France et du Monde

PAR J. DU PLESSIS DE GRENÉDAN
Professeur à l'École supérieure d'Agriculture d'Angers.

1 vol. in-8° avec 118 figures et cartes dans le texte. . . . . . . **7 fr.**

Viennent de paraître :

Cahiers Sieurin

A L'USAGE DE L'ENSEIGNEMENT PRIMAIRE SUPÉRIEURE

1re Année	0 fr. 75
2e Année	0 fr. 90
3e Année	0 fr. 75

Cette publication a un but essentiellement pratique : économiser le temps de l'élève ; lui procurer le moyen de faire des croquis moins informes et plus profitables ; présenter sur le même papier les résumés et les cartes ; permettre au professeur de s'assurer rapidement que le travail donné a été fait.

Enseignement de l'Histoire

Cours d'Histoire

Par E. SIEURIN et C. CHABERT
Professeurs à l'École primaire supérieure de Melun.

1re année. — Histoire de France de 1453 à 1789. 3e édition.
1 vol................................... **1 fr. 75**
2e année. — Histoire de France de 1789 à nos jours. 2e édition.
1 vol................................... **1 fr. 75**
3e année. — Le Monde contemporain. 2e édition. 1 vol. . **1 fr. 75**

Dans ce nouveau cours d'histoire, les auteurs se sont conformés à l'esprit et à la lettre des programmes du 18 août 1893. Ils se sont efforcés de faire une œuvre simple, claire, intéressante, facile à apprendre et à retenir. Ils n'ont pas voulu encombrer la mémoire des élèves de détails inutiles, mais quand cela leur a paru nécessaire ils ont donné quelques lectures et quelques documents originaux. Chaque leçon est précédée d'un plan assez détaillé qui permet à l'élève de voir d'un seul coup d'œil ce qu'il a à apprendre. Elle est toujours terminée par une conclusion qui résume les traits caractéristiques du chapitre. Elle est suivie de quelques sujets de devoir et de composition.

Cartes d'Étude pour servir à ✣ ✣ ✣ ✣
✣ ✣ ✣ ✣ l'Enseignement de l'Histoire

PAR
F. CORRÉARD | E. SIEURIN
Professeur au lycée Charlemagne | Professeur au collège de Melun

Moyen Age. — Temps modernes et contemporains
(395 à nos jours)

Troisième édition complètement mise à jour, avec 7 cartes nouvelles et 3 cartes refaites

Un atlas in-4° comprenant 110 cartes et cartons, relié. . . . **2 fr. 50**

Ces cartes d'Étude pour l'enseignement de l'Histoire ont le même but que les cartes d'Étude pour l'enseignement de la Géographie. On s'est attaché à les simplifier autant que possible en n'inscrivant que les indications correspondantes à un cours normal d'histoire : de cette façon les élèves trouveront, sans difficulté, les noms mentionnés par leur professeur ou ceux cités dans leur manuel.

Enseignement de l'Histoire (Suite)

Histoire de France ✶✶✶✶✶✶✶✶
✶✶✶ des Origines à nos jours

A L'USAGE DES CANDIDATS AU BREVET ÉLÉMENTAIRE ET DES ÉLÈVES DES COURS SPÉCIAUX

Par E. SIEURIN et C. CHABERT
Professeurs à l'École primaire supérieure de Melun

Deuxième édition. 1 vol. in-16, cartonné toile . . . . **2 fr. 50**

Les auteurs ont laissé de côté tous les détails inutiles, ne s'attachant qu'aux faits principaux dont ils expliquent les causes et les conséquences. C'est un vrai tableau de notre histoire depuis les origines jusqu'à nos jours, présenté sous une forme concise, intéressante, bien faite pour rester gravée dans la mémoire. — Parallèlement à ce cours M. E. SIEURIN a rédigé, pour la Géographie de la France et de ses Colonies, un petit volume destiné également aux candidats au brevet élémentaire et aux élèves des cours spéciaux. (V. page 7).

Histoire de la Civilisation

Par Ch. SEIGNOBOS
Docteur ès lettres, Maître de conférences à la Faculté des lettres de Paris

2 volumes in-16, avec figures, cartonnés toile verte . . **8 fr.**

Histoire ancienne de l'Orient. — **Histoire des Grecs.** — **Histoire des Romains.** — **Le Moyen âge jusqu'à Charlemagne.** *Huitième édition.* 1 vol. in-16, avec 105 figures . . **3 fr. 50**

Moyen âge (depuis Charlemagne). — **Renaissance et temps modernes.** — **Période contemporaine.** *Sixième édition.* 1 vol. in-16, avec 72 figures . . . . **5 fr.**

Abrégé de l'Histoire ✶✶✶✶✶✶
✶✶✶✶✶✶ de la Civilisation

DEPUIS LES TEMPS LES PLUS RECULÉS JUSQU'A NOS JOURS

Par Ch. SEIGNOBOS

Ouvrage couronné par la Société d'instruction élémentaire

Nouvelle édition avec figures dans le texte. 1 vol. in-16, cartonné toile . . . . **1 fr. 25**

Enseignement du Français

OUVRAGES DE
MM. E. BAUER et E. DE SAINT-ÉTIENNE
Professeurs à l'École Alsacienne

Premières Lectures Littéraires
Douzième édition
1 volume in-16, cartonné toile............ **1 fr. 50**

Ouvrage couronné par la Société pour l'Instruction élémentaire.
lectures intéressantes, simples et familières, qui plaisent aux enfants et forment leur goût.

Nouvelles Lectures Littéraires
AVEC NOTES ET NOTICES
Septième édition
1 volume in-16, cartonné toile............ **2 fr. 50**

Cet ouvrage, suite naturelle du précédent, est divisé en sept chapitres : *Contes et Légendes ; Fables ; Anecdotes et Récits ; Études morales ; Portraits et Caractères ; Scènes et Tableaux de la Nature.* Il comprend 200 morceaux, prose et poésie, empruntés aux meilleurs auteurs, et renferme la matière de deux années d'études.

Récitations Enfantines
POUR LES ÉCOLES PRIMAIRES
Deuxième édition
1 volume in-16, illustré de six frontispices, cartonné toile. **1 fr. 25**

Histoire de la Littérature Française
depuis les origines jusqu'à nos jours
Par M. PETIT DE JULLEVILLE
Professeur à la Faculté des lettres de Paris

Nouvelle édition augmentée pour la période contemporaine
1 volume in-16, cartonné toile............... **4 fr.**

On peut se procurer séparément :
DES ORIGINES A CORNEILLE. 16ᵉ éd. 1 vol. in-16, cart. toile... **2 fr.**
DE CORNEILLE A NOS JOURS. 17ᵉ éd., mise à jour, par M. A. AUDOLLENT, maître de conférences à l'Université de Clermont. 1 vol. in-16, cart. toile............................ **2 fr.**

Nouveau Traité de versification française, par CH. LE GOFFIC et E. THIEULIN, professeurs agrégés de l'Université. 4ᵉ édition revue et augmentée. 1 volume in-16, cartonné toile....... **1 fr. 50**

Enseignement de la Littérature

Leçons de Littérature Grecque
Par M. CROISET
Membre de l'Institut, professeur à la Faculté des lettres

9ᵉ édition. Un vol. in-16, cartonné toile. . . . . **2 fr.**

Leçons de Littérature Latine
PAR MM.

LALLIER	**LANTOINE**
Maître de conférences	Secrétaire
à la Faculté des lettres de Paris	de la Faculté des lettres de Paris

7ᵉ édition. Un vol. in-16, cartonné. . . . . **2 fr.**

Premières leçons d'Histoire Littéraire
LITTÉRATURE GRECQUE, LITTÉRATURE LATINE
LITTÉRATURE FRANÇAISE

Par MM. **CROISET, LALLIER et PETIT DE JULLEVILLE**

7ᵉ édition. Un vol. in-16, cartonné toile. . . . . **2 fr.**

COLLECTION LANTOINE

Extraits des Classiques Grecs et Latins
TRADUITS EN FRANÇAIS

Homère. *Odyssée* (Analyse et Extraits), par M. ALLÈGRE.
Plutarque. *Vies des Grecs illustres* (Choix), par M. LEMERCIER.
Hérodote (Extraits), par M. CORRÉARD.
Homère. *Iliade* (Analyse et Extraits), par M. ALLÈGRE.
Plutarque. *Vies des Romains illustres* (Choix), par M. LEMERCIER
Virgile (Analyse et Extraits), par M. H. LANTOINE.
Xénophon (Analyse et Extraits), par M. Victor GLACHANT.
Eschyle, Sophocle, Euripide (Extraits), par M. PUECH.
Eschyle, Sophocle, Euripide (Pièces choisies), par M. PUECH.
Aristophane (Pièces choisies), par M. FERTÉ.
Plaute, Térence (Extraits choisis), par M. AUDOLLENT.
Sénèque (Extraits), par M. LEGRAND.
Cicéron (Traités, Discours, Lettres), par M. H. LANTOINE.
César, Salluste, Tite-Live, Tacite (Extraits), par M. H. LANTOINE.

Chaque volume est vendu cartonné toile anglaise. . . **2 fr.**

www.ingramcontent.com/pod-product-compliance
Lightning Source LLC
Chambersburg PA
CBHW050256170426
43202CB00011B/1706